KB037630

심리학을 넘어서

심리학을 넘어서

초판 1쇄 발행   2015년 7월 10일

원제   Beyond Psychology
지은이   오토 랑크
옮긴이   정명진
펴낸이   정명진
디자인   정다희
펴낸곳   도서출판 부글북스
등록번호   제300-2005-150호
등록일자   2005년 9월 2일

주소   서울시 노원구 공릉로63길 14, 101동 203호(하계동, 청구빌라)
                (139-872)
전화   02-948-7289
팩스   02-948-7269
전자우편   00123korea@hanmail.net

ISBN   978-89-92307-96-3 03180

심리학을 넘어서

 이 책의 아이디어는, 제목이 말해주듯, 10년 전쯤(1929/1930) 나 자신
이 개인 심리학을 벗어나서 이데올로기가 인간의 운명을 결정지을 만큼
인간의 행동에 강력한 영향력을 미치는 현상을 분석하면서 3권의 책을
발표하는 동안에 잉태되었다. 정치 이데올로기가 세상을 아직 그다지 강
하게 지배하지 않고 있던 그즈음, 나는 다양한 양식의 예술적 창조에서뿐
만 아니라 모든 교육제도에서까지 시대의 집단 이데올로기가 자신에게
주어진 그 이상의 무엇인가를 창조해내려는 개인의 노력을 어떤 식으로
좌지우지하게 되는지를 보여주려고 노력했다. 그 책들 중 세 번째인『영
혼과 심리학』(Seelenglaube und Psychologie: 1930년 출간)에서, 나는 개
인의 존재에 대한 이해를 바탕으로 한 것이 아니라 개인을 벗어난 어느
지점에서 비롯된 집단 이데올로기가 어떤 식으로 개인의 심리를 다듬고
결정하는지에 대해 설명했다.
 따라서 이 책의 아이디어는 현재의 사회·정치적 위기에서 생겨난 것
이 아니다. 비록 현실의 정치 영역에서 이데올로기의 힘을 결정적으로 입
증하는 수수께끼 같은 사건들 때문에 이 책이 훨씬 더 시의적절하고 또

책의 내용도 훨씬 더 쉽게 이해될 수 있게 되었을지라도, 이 책의 탄생과 현재의 사회·정치적 위기는 서로 별로 관련이 없다. 심리학이 처한 어떤 위기에서 비롯된 나의 주제는 현재 사회 전반에 퍼져 있는 당혹감에도 그대로 적용될 것 같다. 이 주제가 심리학이 이성적으로 설명하려고 노력하는 인간 행동의 비이성적인 뿌리를 들춰 보여주고 있기 때문이다.

사람들이 이성적으로 생각하고 말하고 또 행동할지라도 실은 비이성적으로 살고 있다는 사실이 처음 확인되었을 때, 나는 개인 심리학의 "그 너머"는 단지 사회 혹은 집단 심리학을 의미한다고 생각했다. 그러다가 나는 사회 혹은 집단 심리학도 마찬가지로 똑같은 이성적인 용어로 이해되고 있다는 사실을 발견하기에 이르렀다. 따라서 개인의 행동을 완벽하게 이해하는 데 있어서는 심리학적 이론을 좌우하는 이데올로기를 포함한 다양한 이데올로기들을 고려하는 것만으로는 충분하지 않다. 왜냐하면 이데올로기도 마찬가지로 인간 삶의 이성적인 측면을 말해주는 용어로 제시되었기 때문이다. 사실 이데올로기들은 인간이 비이성적으로 사는 데 필요한 합리화를 다른 어떠한 것보다 더 많이 꾀하는 것 같다. 정말 기이하게도, 우리 시대의 새로운 집단 이데올로기들은 그 뜻을 더욱 명료하게 전하려는 의도로 인격화된 형식으로 자주 제시되고 있다. 일간지의 평범한 저널리스트뿐만 아니라 정치적 사건들을 해석하는 시사평론가까지도 이상화한 국가들의 '전기'를 개인의 성공 스토리 형식으로 쓰거나 "깡패" 국가들을 음흉하게 그리고 싶은 유혹에 쉽게 굴복한다. 그렇게 함으로써 저널리스트나 시사평론가는 본의 아니게 인간 행동의 비이성적인 요소를 설명하기는커녕 오히려 강조하는 결과를 낳고 있다.

이런 의미에서 본다면, 개인 심리학을 넘어선다는 것은 내가 애초에 생각했던 것처럼 사회 심리학의 주제로서 집단 이데올로기들에 의존한다는 뜻이 아니었다. 사실 그것은 개인 심리학이나 집단 심리학 그 너머에 있는 인간 본성의 비이성적인 바탕을 의미했다. 지난 몇 년 사이에 일어난 사회 · 정치적 움직임들이 그 유효성을 강력히 뒷받침하고 있는 이 깨달음이 이 책의 탄생으로 이어졌다. 또 당초 개인 및 사회 심리학에 대한 하나의 도전으로 잉태되었던 이 책이 이 깨달음 덕에 그 자체로 하나의 창조적 경험이 될 수 있었다.

　그런데 불행하게도 현재 우리가 사용하는 단어들이 이 경험을 표현하기에 부적절한 것으로 드러났다. 이 책이 내가 처음으로 영어로 쓴 책이라서 그런 것이 아니다. 모든 언어는 이성적인 용어로 사상을 전달하고 또 인간의 행동을 설명하게 되어 있는 이성적인 도구라는, 그보다 훨씬 더 깊은 이유 때문이었다. 따라서 우리에게 필요한 것은 새로운 어휘들을 가진 비이성적인 언어이다. 현대 예술이 "잠재의식"을 표현하기 위해 발견하려고 노력하고 있는 것과 비슷한 뭔가가 언어에도 필요한 것이다.

　언어가 비이성적인 것을 어휘로 담아내지 못하는 그 무능함은 단지 아주 깊은 인간의 문제를, 말하자면 인간이 동시에 살고자 하는 두 개의 세계, 즉 자연적인 세계와 인공의 세계 사이의 갈등을 보여주는 것에 지나지 않는다. 인간은 문명을 발달시키는 과정에 실질적으로 인간의 자아의 관점에서 우주, 혹은 적어도 지구를 바꾸어 놓았으나 최종적으로 이 자아를 인간이 창조한 세상의 관점에서 바꿔놓는 데 실패하고 말았다. 그래서 자연적인 것과 인간이 만든 "대용품"을 구별하기 위해 모든 것에 두 종류의 단어가 필요하게 되었다. 나 자신이 영어 철자법 때문에 힘들어 하는 동안에 문득 인공적인 것과 자연적인 것을 표현할 때 똑같은 단어에 자연이나 인공을 뜻하는 단어를 붙이는 방법을 쓰면 좋겠다는 생각이 들었다 (예를 들면 'control-natural'과 'control-willful'). 그런 한편으로 나는 예술가의 자유를 요구하기는커녕, 새로운 종류의 예술적 창조를 빌리지 않고는 달리 직접적으로 표현할 길이 없는 비이성적인 것들에 대한 단순한 인상을 커뮤니케이션의 매체를 이용하여 전할 수 있는 것만으로도 만족해야 한다. 다양한 "이즘"(ism)을 추구하고 있는 현대의 예술조차도 이론가들의 온갖 주장에도 불구하고 비이성적인 것을 직접적으로 표현하는 데 성공하지 못했다. 현대의 화가와 작가들은 자신들이 "무의식"이라고 부르는 것을 표현하기 위한 의식적 노력의 일환으로 현대 심리학을 따르면서 도저히 불가능한 일을 시도하고 있다. 말하자면, 비이성적인 것을 합리화하려고 애를 쓰고 있는 것이다.

이 같은 역설적인 상황은 정신분석의 기본 원리 안에 내포되어 있다. 모든 정신 작용과 감정적 반응이 무의식에 의해, 즉 알 수도 없고 또 분명하지도 않은 무엇인가에 의해 좌우된다는 이론이 바로 그 역설적인 상황을 그대로 보여주고 있다. 현대 예술은 비이성적인 것을 밝히려고 노력하는 이성적인 심리학을 정당하게 채택했다. 여기서 '정당하게'라는 표현을 쓰는 이유는 예술 자체가 심리학처럼 애초부터 삶을 현재의 이데올로기를 바탕으로 해석함으로써 그 삶을 이성적으로 지배하기 위한 시도이기 때문이다. 다시 말하면, 삶을 통제하기 위해 삶을 재창조하려는 노력이 곧 예술이기 때문이다.

우리 시대의 사회·정치적 사건들은 우리의 심리학 "그 너머"에 있는 무엇인가가 필요하다는 점을 여실히 보여주고 있다. 지금의 심리학은 이런 이상한 일들을 설명하는 데 부적절하다는 사실이 입증되었다. "세상이 어떻게 돌아가는지 도무지 모르겠어."라는 소리가 자주 들린다. 이는 인간 존재에 대한 우리의 개념이 어쨌든 인간의 것임에는 틀림없는데도 "비이성적"인 것으로 고려되어야 할 것들을 설명하는 데는 충분하지 않다는 점을 암시한다. 왜냐하면 비이성적인 것들이 이성적인 도식과 결코 맞아떨어지지 않기 때문이다. 인간은 우리의 "심리학"을 벗어나 있는 존재라는 생각을 강하게 품을수록, 나는 인간은 타고난 본성 때문에 언제나 우리의 심리학 그 너머에서, 비이성적으로 살았다는 점을 더욱 강하게 깨닫게 된다. 만약 이 같은 역설적인 사실을 제대로 이해하고 또 우리의 삶의 바탕으로 받아들일 수만 있다면, 우리는 지금 눈앞에서 무너져 내리고 있는 것처럼 보이는 낡은 가치들을 대신할 새로운 가치들을 발견하게 될 것이다. 각자 선호하는 이데올로기에 의해 미리 결정된 그런 심리학적 해석들이 아니라, 극히 중대한 인간의 가치들을 발견하게 될 것이라는 뜻이다.

발견되고 또 종종 재발견되어야 할 이 새로운 가치들은 실은 오래된 가치들이다. 다시 말해, 세월 속에서 이런저런 종류의 합리화 과정에 실종되어 버린 그런 자연적인 인간의 가치들이다. 그럼에도 인간의 자연적인 자아를 재발견하기 위해선, 인간의 삶에서 비이성적인 요소의 중요성을 확인하고 그것을 이성적인 용어로 지적하는 것만으로는 충분하지 않다. 이보다 더 멀리 나아가, 비이성적인 요소를 실제 삶으로 사는 것이 필요하다. 그런데 시대를 막론하고 비이성적인 요소를 삶으로 살 수 있었던 개인은 극소수였던 것 같다. 그들은 영웅적인 유형으로서 창조적인 유형과 구분된다. 왜냐하면 원래 영웅은 과감하게 당대의 용인된 "심리학"이나 이데올로기를 벗어나 삶을 영위하는 존재이기 때문이다.

이런 의미에서 보면, 영웅은 행동에 적극적으로 나서는 반항아의 원형이다. 이 반항아는 비이성적이고 새로워 보이는, 역사 속에서 상실한 가치들을 부활시킴으로써 인간의 영원한 가치들을 지켜나가는 존재이다. 우리가 "비이성적"이라고 부르는 것들 대부분은 단지 자연적으로 존재하는 것일 뿐이다. 그러나 우리의 "이론적 해석"이 지나치게 부자연스럽다 보니 우리가 자연스런 모든 것을 비이성적인 것으로 보게 되었다. 따라서 인간의 자기 합리화가 극치를 이루고 있는 우리의 심리학은 변화를 설명하기에 부적절하다. 그 심리학이 기존의 사회질서를 대표하는 유형만을 정당화할 수 있기 때문이다.

비록 이 책이 비이성적인 요소를 인간 삶의 가장 중요한 부분으로 받아들이고 인정해줄 것을 바라고 있을지라도, 인간이 아득한 옛날부터 종교와 예술, 철학과 심리학에서 일군 이성적인 구조들도 똑같이 인간 존재의 근본적인 부분이라는 점도 동시에 이해해야 한다. 중요한 것은 인공적인 것에 비춰가며 자연적인 것을 적절히, 균형감 있게 평가하는 것이다. 인간이 타고난 자아를 곧잘 무시하고 따라서 현실을 광기의 수준으로까지 왜곡하는 현상은 자연의 힘에 대한 인간의 공포에 깊이 뿌리를 내리고 있다. 이 자연의 힘은 외부 환경에서 일어나는 힘뿐만 아니라 내부에서, 그러니까 인간의 본성에서 일어나는 힘도 포함한다. 특히, 인간 본성의 힘들이 야기하는 파괴에 대한 두려움은 인간이 안전감을 느낄 수 있는 그런 어떤 세계와 삶을 구축할 필요성을 느끼는 이유를 설명해준다. 그러나 죽음이 자연의 건방진 정복자를 기다리고 있는 한, 자연의 힘들을 통제하려는 인간의 노력에는 반드시 한계가 따르게 마련이다. 그것이 바로 두려움을 모르는 영웅이 죽음을 부정하면서 인류의 영구한 가치들을 끌어내기 위해 자신의 내면에 있는 힘들을 이용하다가 정작 자신의 영웅적인 모험에 희생되고 마는 이유이다. 그리하여 그런 비이성적인 힘들을 경험하는 것은 이런저런 방식으로 재앙으로 드러나게 된다.

파괴적인 생명력들에 의해 야기된 두려움이 이따금 새로운 가치들을 능동적으로 표현하는 행동으로 바뀔 수도 있지만, 대체로 보면 그 두려움은 보통 사람들이 대리적인 참여 그 이상의 행동을 하지 못하도록 막는다. 내가 나 자신의 경험을 타인들에게 전하려는 이 노력을 통해 기대하는 것도 바로 그런 대리적인 참여이다. 나는 누군가를 설득시키거나, 개종시키거나, 행복을 추구하는 방법을 바꾸도록 할 생각은 없다. 나에게는 다른 사람들에게 건넬 만병통치약 같은 것도 없고, 또 이 지구상에서 이뤄지는 인간의 삶의 일부를 이루는 인간적인 문제들을 해결할 뾰족한 대책도 없다. 인간은 고통 속에서 태어나 고통 속에서 죽는다. 우리는 삶의 고통을 피할 수 없는 것으로, 말하자면 쾌락의 대가가 아니라 세속적 존재에게 정말로 필요한 부분으로 받아들여야 한다. 이 책은 인간의 삶을 그리려는 시도이다. 나 자신이 한 세대가 넘는 세월 동안 수많은 형태로 공부해온 인간의 삶을 그릴 뿐만 아니라, 나 스스로 인위적인 이데올로기에 맞춰 삶을 변화시키려는 충동을 누르면서 실제 경험을 통해 성취한 삶의 그림까지 그려낼 것이다. 인간은 심리학 그 너머에서 태어나고 심리학 그 너머에서 죽는다. 그러나 인간이 심리학 그 너머에서 살 수 있는 것은 종교적인 표현을 빌리면 오직 계시나 개종 혹은 재탄생을 통해서 자기 자신을 온전히 경험할 수 있을 때에만 가능한 일이다. 나 자신의 필생의 연구는 마무리되었다. 이전에 내가 관심을 쏟았던 주제들, 즉 영웅이나 예술가, 신경증 환자가 한 번 더 무대에 등장한다. 영원한 삶의 드라마에 참여하는 주체로서만 아니라, 막이 내려진 뒤 가면도 벗고 의상도 벗고 온갖 가식을 다 벗어던진 가운데, 일그러진 환상으로서가 아니라 어떠한 해석자도 필요로 하지 않는 인간 존재들로서 무대에 서는 것이다.

1939년 6월 15일

오토 랑크

차례

1장

심리학과 사회 변화

심리학 체계들의 상대성

인류 역사를 보면 두 가지 변화의 원칙이 서로 번갈아가며 작용해 왔다
는 사실이 확인된다. 이 두 가지 변화의 원칙이 영구히 풀리지 않는 딜레
마를 제시하는 것 같다. 사람들의 내면에 변화를 일으키는 것과 사람들의
외적 삶에 변화를 일으키는 것 중에서 어느 것이 인간의 조건을 향상시키
는 데 더 나은가, 하는 물음이 바로 그 딜레마이다. 사회적 고통이 두드러
진 우리 시대에는 두 가지 변화의 원칙이 서로 겹치고 있는 것처럼 보인
다. 그런 가운데 우리는 자신의 의지와 상관없이 태어난 이 문명의 사회
적 영향에 맞서는 개인의 이런 인간적 갈등에 원래부터 있는 두 가지 역
동적인 힘을 점점 더 강하게 느끼고 있다. 통제 불가능한 상황을 의지로
통제해 보려는 인간이 겪는 이 영원한 갈등은 세계대전이라 불린 시기에
서로 충돌한 두 개의 상반된 운동을 통해 극적으로 표출되고 있다. 세계
대전 이전에 팽배했던 개인주의는 교육적 및 치료적 도구로 마련된 개인

심리학의 성장과 발달로 나타나고 있으며, 자연스레 그에 대한 반작용으로 나타난 대중 운동은 전후 시대의 특징인 사회적 및 정치적 이데올로기로 강력히 표현되고 있다.

정치인들과 교육자, 심리학자들이 저마다 이 갈등의 가장 시급한 징후들을 치료할 방법을 내세우고 있는 사이에, 역사에서 흔히 그랬듯, 예상하지 못한 사건들이 일어나서 그들이 문제에서 손을 떼게 만들고, 사람들만 아니라 제도까지도 예상한 것보다 훨씬 더 심하게 바꿔놓고 있다. 이런 상황에서 우리가 할 수 있는 최선의 길은 개인적으로나 사회적으로 우리의 삶에 영향을 미치고 있는 사건들의 전개를 제대로 따라잡는 것이다. 따라잡는다는 표현은 단순히 주변에서 벌어지고 있는 일을 제대로 파악하고 또 취해야 할 조치를 안다는 것만을 의미하지 않는다. 사건들의 흐름 속에서 그 흐름을 실제로 몸으로 느끼며 산다는 것까지, 말하자면 항상 변화하고 있는 물살을 거슬러 헤엄을 치면서 깊은 곳을 흐르는 위험한 저류를 온전히 느끼며 산다는 것까지 의미한다.

지금 우리가 겪고 있는 것과 같은 사회적 위기의 시대는 깊은 사색을 허용하지 않고 신속한 행동을 요구한다. 19세기에 절정에 달했던 주지주의는 세계대전 동안에 퇴조했으며 이어 전후에 어수선한 시기가 전개되었다. 이 시기에 우리는 우리의 정신이 그 민첩성에도 불구하고 급속도로 밀려드는 사건들의 격랑을 따라잡지 못한다는 사실을 깨닫고는 당혹감을 감추지 못하고 있다. 이미 흘러가버린 보다 나았던 것 같은 과거와 앞으로 다가올 보다 밝을 것 같은 미래에 대한 생각에 골몰하면서, 우리는 지금 무력감을 느끼고 있다. 왜냐하면 우리가 현재의 방향을 보다 지적으로 잡기 위해서는 한 순간 현재의 움직임을 정지시켜야 하는데 그렇게 할 수 없기 때문이다. 인간이 자신의 정신으로 생명의 비이성적인 힘들을 정복하려고 끊임없이 시도하는 경향에 맞서, 생명은 스스로를 지켜나가기 위해서 기회가 날 때마다 반란을 일으켜야 한다. 비이성적인 힘들을 정복하겠다는 건방진 목표가 어떤 조건에서 추구되든, 조만간 그에 대한 반작용이 지적 회의주의 혹은 염세주의로 나타나거나 아니면 좌절한 인간 본성이 반란을 일으키게 되어 있다. 여기서 지적 회의나 염세주의 때문에 망한 예를 들자면, 고대 그리스인들이 있다.

우리가 인정하거나 말거나 관계없이, 지금까지의 역사를 보면 가장 근본적인, 그래서 가장 결정적인 변화는 전쟁이나 혁명을 통해서, 즉 질서의 능동적 변화를 통해서 일어났다는 사실은 어디까지나 진실이다. 이 같은 질서의 변화를 통해서 사람들은 변화했다. 아니, 변화할 수밖에 없었다. 새로운 질서가 폭력을 통해 정착된 뒤에, 사람들을 변화시키는 근본적인 수단은 언제나 넓은 의미에서 말하는 교육이었으며 지금도 마찬가지이다. 그런 교육을 통한 교화의 약점뿐만 아니라 강점까지도 교육의 유연성 결여에 있으며, 정치 이데올로기를 대표하는 것으로서 교육제도는 옛날에 교육의 기본적인 철학을 제공했던 종교 체계만큼이나 절대론적인 경향을 보인다.

아리스토텔레스가 국가가 정체(政體)에 따라 젊은이들을 교육시키는 것을 원칙으로 선언한 이래로, 이 원칙은 지금까지 강력한 정치가의 능력에 반드시 필요한 것으로 꼽혀왔다. 현대사의 결정적인 순간들을 보면, 교육의 정치적 중요성에 대한 인식이 더욱 커지고 있는 것이 확인된다. 독일에서는 1866년에 오스트리아를 누르고 승리를 거둔 것은 "선생"이었다는 말이 전설처럼 내려오고 있다. 또 최근에 영국 이튼의 학생들이라면 히틀러의 청년 훈련을 견뎌내지 못할 것이라는 말이 자주 들린다는 사실에서도 그런 인식이 확인되고 있다. 사실 독일 국민의 호전적인 정신은 학교 교실에서 익힌 훈련이 성인의 삶으로까지 연장된 것에 지나지 않는 다. 빅토리아 시대의 영국 국민까지도 제도와 이론을 좋아하지 않는 국민 성에도 불구하고 워털루 전투의 승패는 학교에서 갈렸다는 점을 인정했 다. 또 개인주의적인 프랑스인은 1870년에 전쟁에 패한 뒤 독일의 "김나 지움"이 프랑스의 "리세"보다 우수함에 틀림없다고 결론을 내렸다.

그러나 우리 시대의 교육자들은 사회 질서의 불안정과 일반적으로 받 아들여지던 이상들의 약화에 당황해 했으며, 따라서 일치를 추구하던 전 통적인 교육 철학을 과학적인 심리학에 바탕을 둔 보다 개인적인 교육 철 학으로 대체하려 노력했다. 그 결과 진보주의 교육자들은 지속적으로 변 화하며 그 바탕까지 흔들리고 있는 사회 질서에 개인을 적응시키려 하 지 않고 개인의 변화 능력을 확대시키는 것이 교육의 주요 목표라고 선 언하기에 이르렀다. 그리하여 진보주의 교육자들은 그 성격상 집단 이데 올로기를 지키기만 하고 개인의 자아 발달을 도모하지 못하는 전통적 교 육에 대해 암묵적으로 파산 선고를 내렸다. 이에 따라 일단의 진보주의자 들이 수행한 심리 실험에서 나온, 개인주의를 뒷받침하는 결과들이 미국 의 집단 교육의 이상과 정반대인 것으로 확인되었다. 사실은 미국의 진보 적인 교육 혹은 진보적인 학교들은 자식을 "아이 중심"으로 운영되는 학 교에 보낼 수 있는 "특권" 집단을 만족시키는 반민주적인 행태를 보였다 는 비판에 시달려왔다. 항상 변화하는 환경 안에서 위협적인 폭풍을 견 뎌내기 위해서 내면의 안전감이 필요한 사회적 소요의 시대에는 자아 를 강화하는 교육이 개인에게 바람직할 수 있지만, 그런 교육은 이런저 런 방식으로 획일성을 추구하는 사회적 영향력으로부터 개인을 떼어 놓 는다. 그런데도 미국의 진보적인 교육자들이 그 위험을 깨닫기까지는 외 국 이데올로기의 위협이 필요했다. 이 점을 나는 1930년『현대의 교육』

(Modern Education)에서 지적했다. 진보교육연합(Progressive Education Association)은 1939년 미국 디트로이트에서 개최된 총회에서 개인주의의 이상을 재정의할 필요가 있다는 사실을 깨달았다. "아이 중심"의 학교가 아니라 민주적 가치의 배양을 강조하는 "사회 청사진" 교육 이론에 초점이 맞춰졌다.

이와 동시에, 전통적 교육이 기존의 사회질서와 그 질서를 대표하는 심리 유형을 확립하고 영구화하는 것을 목표로 잡고 있는 것과 똑같이, 개인의 자기개발은 차이를 추구하고 따라서 변화에 이바지하는 것은 사실이다. 이런 의미에서 본다면, 교육 철학들은 그 기원이야 아무리 급진적이라 할지라도 그 철학을 뒷받침하는 사회 제도가 지속되려면 보수적인 경향을 띠게 되어 있다.

그런 한편, 학교에서 가르쳐지고 있는 전통적인 성격 심리학과 동시에 그보다 더 현실적인 또 다른 심리학도 작용하고 있다. 이 심리학은 자연스런 발달을 통해 배워야 하고 다른 사람들을 변화시키는 데 뿐만 아니라 자기 자신을 변화시키는 데도 적용되어야 한다. 모든 교육적 노력에서, 우리는 기존의 사회 질서 밖에서 작용하고 있는 힘들, 다시 말해 교실 밖에서 이뤄지는 교육의 결정적 영향력을 인정해야 한다. 일반적으로 이론과 실천의 불행한 불일치라는 비판의 소리를 듣고 있는 이런 상황은 실제로 보면 한 쪽의 과도함을 다른 쪽의 과도함으로 균형을 맞춰야 하는 인간적 필요를 충족시키고 있다. 우리는 일방적인, 말하자면 엄격히 따지면 정체(停滯)를 의미할 그런 절대적인 해결책을 찾으려 노력할 것이 아니라, 어떤 역동적인 이중성이 인간 존재의 내면에서 갈등의 원천임과 동시에 균형을 잡아주는 힘으로도 작용하고 있다는 것을 깨달아야 한다.

인간 본성에 있는 이 같은 근본적인 역동성을 무시하면, 모든 교육, 특히 정치 이데올로기에 의존하는 서구 문명의 교육은 조만간 통일성을 성취하지 못하게 될 것이다. 왜냐하면 그 같은 교육이 의도하지 않게 당초 생각했던 유형과 정반대 유형의 성장과 발달을 촉진할 것이기 때문이다. 우리는 세계대전 전에 유럽에서 제국주의가 어떤 식으로 사회주의를 낳고 통치와 교육의 민주주의 이데올로기가 어떤 식으로 파시즘과 공산주의를 낳는지를 보았다. 더욱이, 그런 극단적인 정치 이데올로기에 바탕을 둔 교육제도는 거꾸로 개인주의적인 반작용을 촉진시킬 것이다.

어쨌든, 세뇌의 방법과 통일성의 결과라는 측면에서 보면, 우리는 지금 전체주의 국가들에서뿐만 아니라 개인주의적 자유와 정치적 평등 사이에서 진정한 민주주의적 균형을 찾아내야 하는 미국에서도 전통적 교육이 요란하게 복귀하고 있는 것을 목격하고 있다. 그럼에도 불구하고, 민주적인 형식의 정부와 전체주의 국가의 교육 철학 사이에 다음과 같은 근본적인 차이는 그대로 남는다. 민주적인 정부가 사람들이 보다 나은 삶을 살도록 교육시키면서 사람들을 변화시키는 방법을 택하고 있는 한편, 전체주의 국가는 각 개인에게 종국적 혜택을 약속할 체제의 변화에 국민들이 적응하도록 유도하고 있는 것이다. 여기서 첫 번째 방법은 진화론적 원칙을 따르고 있는 반면에 두 번째 방법은 반드시 혁명적 성격을 띠게 된다는 사실이 확인된다. 두 가지 방법이 채택하고 있는 원칙들은 똑같이 생명의 유지에 반드시 필요해 보이는 자연의 두 가지 과정을 단순히 따르거나 모방하고 있다. 이 점에서 보면, 진화와 혁명은 "자연적인 것"과 "인공적인 것"의 대결이나 서로 배타적인 이데올로기들이 아니고 삶 자체를 굴러가게 만드는 두 가지 상반되는 원칙과 일치하는 개념들이다.

이 같은 시각에서 본다면, 반드시 막다른 골목에 닿게 되어 있는 모든 "이분법적" 논쟁은 그 바닥까지 분석하고 들어가다 보면 삶을 지배하고 삶의 운명을 결정하는 두 가지 원칙이 동시에 아니면 교대로 작용하고 있다는 진리를 인간이 받아들이지 못하는 무능 혹은 받아들이지 않으려는 저항 때문인 것으로 드러난다. 그럼에도, 그것은 아주 힘들어 보이는 두 가지 측면을 직시하거나 지적으로 받아들이는 문제일 뿐만 아니라 실제 삶에서 경험하는 문제이기도 하다. 왜냐하면 삶은 행위로 이뤄지고, 행위는 다른 대안적인 행동을 배제하는 일방적인 것이기 때문이다.

이런 인식을 바탕으로 할 때, 우리가 주어진 어떤 문제 앞에서 일방적인 해석이나 해결책을 고집하는 것은 행동의 중요한 특징인 일방성을 두 가지 측면을 번갈아 고려해야 하는 사고로 전이시킨 결과라는 주장이 가능하다. 말하자면, 서구 문명에서 사고가 점점 행동을 더 많이 대체하게 되었다고 할 수 있다. 그러는 가운데 사람들의 행동은 점점 줄어들고 말은 그 만큼 더 많아졌다. 이 같은 현상은 행동이 요구되는 시대에 사람들이 사건의 뒤에서 작동하고 있는 역동적인 힘들의 상호 작용을 파악하려 들지 않고 변증법적으로 해석하려 드는 현실을 설명해줄 것이다.

이처럼 사고가 지배하는 현상은 동시적으로 작용하는 역동적인 생명의 힘들을 "비이성적"이라고 규정하는 한편 정반합(正反合)의 변증법적 설명을 이성적인 것으로 받아들이는 현실에서 명백히 확인되고 있다. 인간 본성 중 의지가 작용하는 부분은 의지의 통제력을 벗어나 있는 자연 발생적인 것들이 일어나는 것을 허용하지 않기 때문에, 우리는 자연 발생적이고 자연스런 발달을 비이성적인 것으로 인식하고 온갖 증거와는 반대로 계획적인 것을 이성적인 것이라고 믿음으로써 삶의 의미와 인생관 자체를 왜곡하고 있다.

이 같은 역설적인 상황은 다양한 정치적, 교육적, 심리학적 이데올로기들이 서로 갈등을 빚고 있는 현실에 그대로 반영되고 있다. 문제의 한 측면을 다른 측면을 희생시켜 가면서까지 강조함으로써, 말하자면 진화와 혁명을 대립적인 것으로 보듯이 의지적인 것과 자연 발생적인 것, 이성적인 것과 비이성적인 것을 대립시킴으로써, 다양한 정치적 신념과 교육제도, 심리학파들은 절대적 교조주의로는 절대로 성취하지 못할 패권을 이루려고 노력하고 있다. 이 이데올로기들은 저마다 진리를 발견했다고 주장하고 있지만 실제로 보면 단지 인간의 본성 중 어느 한 측면의 일시적 필요와 욕구를 표현하고 있을 뿐이다. 이데올로기들은 그렇게 함으로써 좌절된 다른 측면이 어쩔 수 없이 폭력적 반응을 통해 스스로를 표현하도록 만든다. 이리하여 늘 변화하는 이데올로기들의 영원한 순환이 생겨나며, 이 순환 앞에서도 사람들은 여전히 절대적 해결책에 대한 믿음에 매달릴 것이다.

진짜 문제는 절대적인 것에 대한 우리의 요구 혹은 고집인 것 같다. 이것은 심리학의 범위 밖에 있는 인간의 일반적인 문제이다. 그럼에도 "심리학을 넘어선다"는 것은 단순히 인간 행동을 결정하는 요소로 경제학이나 정치학 혹은 기술과 같은 다른 요소들을 강조하는 것을 받아들인다는 뜻은 아니다. 심리학을 넘어서기 위해서는 개인 및 사회 심리학을 벗어나 집단 혹은 대중 심리학으로 가야만 한다. 왜냐하면 길게 보면 심리학을 만들어내고 또 심리학을 적용할 대상이 바로 집단들이기 때문이다. 심리학을 넘어선다는 것은 더 적은 심리학이 아니라 더 많은 심리학을 의미하고 기본적으로 다른 종류의 심리학을 의미한다. 그것은 삶과 인간의 행동을 지배하고 있는 역동적인 힘들을, 한마디로 말해 비이성적인 것을 강조해야 한다는 뜻이다. 그런데도 현재의 심리학은 인간 행동을 이성적으로 설명하고 있는 것으로 인식되고 있다. 비이성적인 것을 근본적인 원동력으로 받아들이지도 않고 기껏해야 비이성적인 것을 합리화하는 것에 지나지 않는데도 말이다. 사실, 우리 시대에 인간 행동에 대한 심리학적 설명의 중요성을 최소화하려는 경향이 나타나고 있는 것은 내가 볼 때 이성적인 심리학이 현대 생활에 작동하고 있는 비이성적인 힘들의 점점 커지는 파워를 제대로 설명하지 못하고 있다는 점을 암시하는 것 같다. 따라서 인간 행동을 제대로 설명하지 못하는 이성주의적인 심리학 대신에 다른 합리적인 설명이 제시되어야 한다. 다른 설명 중에는 경제적인 설명이 가장 논리적인 것처럼 보인다. 물론 경제적인 설명도 실제로 보면 다른 이성적인 설명만큼 비이성적으로 작동하지만, 그래도 그 중에서 가장 덜 비이성적일 수 있다는 뜻이다.

"비이성적인" 힘들이라는 표현을 쓸 때, 그것이 분석 심리학에서 합리적으로 고려되고 있는 맹목적인 생물학적 충동을 의미하지 않는다는 점을 이해해야 한다. 우리는 오히려 강력한 이데올로기들을 "비이성적인" 힘으로 표현하고 있다. 그런데 이 강력한 이데올로기들은 엄격히 따지면 감정적인데도 순수하게 이성적인 것으로 받아들여지거나 해석되고 있다. 그런 반면에 인간 존재의 내면에서 작용하고 있는 자연적인 힘들은 통제 불가능한 것 같다는 이유로 비이성적이라는 오명을 뒤집어쓰고 있다.

따라서 우리는 두 가지 종류의 심리학을 고려해야 한다. 하나는 개인이나 국민이 실제로 살고 있는 심리학이다. 이 심리학은 두 가지 상반되는 원칙들을 동시에 표현하고 있는 관계로 "비이성적"인 것으로 여겨진다. 다른 하나는 이성적인 심리학이다. 이 심리학은 하나의 해석적인 학문으로서 교육 및 치료의 목적을 위해 과학적인 방법들을 제시한다. 당연히 비이성적인 심리학은 행동으로 옮겨질 수 있는 삶의 태도를 창조해내는 한편, 겉보기에 이성적인 심리학은 쉽게 이데올로기로 변질한다. 그렇게 되면 이 이데올로기는 삶 자체를 표현하기는커녕 어떤 사회 질서에 이

바지하는 쪽으로 삶을 변화시킬 수단으로 이용될 것이다. 이 이데올로기를 점진적으로 현실로 구현하려는 모든 시도는 교육적인 것이든 정치적인 것이든 자연스레 발달하게 되어 있는 비이성적인 요소들에게 짓밟히기 쉽다. 이 이데올로기들은 감각 유형, 즉 사람들의 급박한 필요와 욕망을 잘 예측하고 구체화하는 유형이 만든 것인 한 언제나 시기적으로 다소 부적절하고 조화롭지 못한, 말하자면 한 발 앞서 예상되거나 뒤늦게 적용되는 모습을 보인다.

우리 자신의 심리학 시대가 급격히 일어났다가 급격히 약해지고 있다는 사실 자체는 어떤 시기의 즉각적인 노력들과 창조적인 어떤 성격이 그 노력들을 이데올로기적으로 표현하거나 공식화한 것과, 그 이데올로기의 체계적 적용 사이에 그 시간과 내용에 있어서 중대한 불일치가 존재한다는 사실을 보여주는 좋은 예이다. 현재의 집단 운동을 이해하고 그 방향을 잡아주는 데 실패한 개인 심리학이 있기 전에, 1870년에 벌어진 프로이센과 프랑스의 전쟁에 영감을 얻은 니체(Friedrich Wilhelm Nietsche)가 패권을 노려 줄기차게 갈등을 빚고 있던 양측의 서로 다른 반작용들을 분석한 문화적 집단 심리학이 있었다. 문화적 유형들이라는 이 역동적인 개념에 이어 비교적 안정을 누리던 시기에 프로이트(Sigmund Freud)의 의학적 접근이 선보였다. 겉으로 건강해 보이는 문명 안에서 병으로 고통을 받고 있는 개인들을 대상으로 한 과학적 심리학이었다. 특히 20세기 초부터 세계대전이 발발한 시점까지 급속도로 발달하는 동안에, 이 치료 심리학은 인간이 온갖 악을 치료하기 위해 오랫동안 찾아왔던 바로 그 만병통치약처럼 보였다. 교육과 재교육이라는 이성적인 방법을 통해서 개인을 변화시키려던 19세기의 인본주의적 이상이 특별히 성취된 것처럼 보였다. 개인의 행복에 관심을 기울이게 되어 있던 일반적인 심리요법까지도 단지 이 이상주의적인 교육 계획의 일부일 뿐이었다. 이 심리요법의 기본 철학이 일탈자들을 사회적으로 용인된 규범에 적응시키는 것이라는 점에서 보면 그렇다. 그러나 정신분석의 교육적 목표는 처음부터 개인의 성격 발달이라는 보다 매력적인 측면에 가려져 버렸다. 따라서 개인이 치료 과정에 얻은 경험은 일반적인 이론으로 다듬어졌으며, 이 이론은 시간과 장소를 불문하고 모든 인간 행동을 보편적으로 설명하는 것으로 여겨졌다.

나는 나 자신의 경험을 바탕으로 이 심리학의 상대성을 깨달았다. 다른 사람들이 사회적 사건들을 통해서 현대 심리학이 일반적으로 유효한 것, 즉 절대적인 과학이 될 수는 없다는 점을 확신하기 전의 일이었다. 인구 중 큰 집단들에게 영향을 미치고 있는 사태의 자연 발생적인 전개가 이런 심리학 이론들이 나왔던 그 사회 질서를 크게 흔들어놓았다. 물질적 고통과 정신적 고통을 수반한 전쟁과 전후의 혁명, 뒤이은 이런저런 종류의 사회적 조직화 등이 심리학적 방법들이 사람들을 변화시킬 기회를 갖기도 전에 삶의 방식을 근본적으로 변화시키고 있다. 실제로 프로이트도 자신이 신경증에 걸린 개인들을 치료한 것이 아니라 병에 걸린 문명을 치료하고 있었다는 비관적인 깨달음으로 필생의 역작을 마무리 지으면서 전체 정신분석 운동에 대해 회의를 품는 모습을 보였다. 이 같은 언급은 아무리 진솔할지라도 질서의 변화에 대한 요구가 따르지 않는다면 무의미하다. 설령 그 같은 요구가 따랐다 하더라도 그 요구도 다시 미리 정한 이데올로기, 즉 심리학의 용어로 옹호되었을 것이다. 게다가, 모든 문명은 나름의 질병과 쇠퇴와 타락을 보이게 되어 있다. 오직 우리가 현재 겪고 있는 고통만을 "신경증적으로" 과장함으로써, 프로이트는 현재의 고통에 심리학적 해석이 아닌 치료적 해석을 제시할 수 있었다. 왜냐하면 우리의 문명이 "신경증"을 앓고 있다면, 아직 "치유"의 희망이 있고 그 악이 치명적이지 않기 때문이다.

한편 실제로 보면 그런 위기들은 삶의 일부이며 또 그런 것으로 받아들여져야 한다. 그런 종류의 병들은 어떠한 경우든 상담실에서는 치료될 수 없으며 사람들 본인의 자연 발생적인 반응에 의해서 다스려질 수 있다. 이 같은 불쾌한 반응이 치료 결과에 대한 프로이트 본인의 실망과 맞물려 작용함에 따라, 프로이트는 우리의 문명이 병에 걸렸다고 진단했다. 니체가 반세기 앞서 '문화 심리학'(Kultur-Psychologie)에서 내린 결론과 비슷하다. 니체는 거기서 피지배 계급의 분노와 지배계급의 권력 의지를 다루었다.

영구한 그런 투쟁들 중 하나가 벌어지고 있는 가운데, 우리는 인간 행동에 대한 절대적 기준이라고 주장하는 과학적 심리학이 기존의 인간 유형을 설명하고 교육시키기에 부적절하다는 것을 발견한다. 우리가 실제로 의료 현장에서 깨닫고 있는 것은 다양한 지도자들이 제시하는 수많은 심리학적 이론들이 실은 어떤 계층과 유형을 대표하는 이데올로기에 지나지 않는다는 것이다. 그런데도 이 지도자들은 자신의 심리학이 현장에서 어떤 식으로 해석되고 이용되고 있는지를 보지도 않은 채 무조건 서로를 향해 과학적이지 못하다고 비난하고 있다. 나는 오히려 이 이론들의 "비과학적인" 측면이 진정한 가치를 지닌다고 믿는다. 비과학적인 측면이 구체적인 어떤 시간의 틀과 환경 안에서 어떤 유형 혹은 계층의 중요한 필요와 욕구를 표현하고 있다는 점에서 보면 그렇다. 상황이 변하면, 심리학 이론의 의미도 퇴색된다. 그러나 그 심리학 이론도 그 시대와 장소에서는 유용했다.

다양한 심리학 학파들의 사상을 객관적인 과학이라는 이름으로 통합시키려고 노력하는 것은 바람직하지 않다. 그 대신에, 우리는 거듭 되풀이되는 사건들을 통해서 현실적인 심리학은 사람들을 생생하게 표현하는 한 학문으로서 다른 모든 것들과 마찬가지로 언제나 변화하고 있다는 점을 배워야 한다. 더 나아가 심리학은 생생하게 살아 있기 위해서라도 변화해야만 한다는 진리를 배워야 한다. 그런 살아 있는 심리학은 엄격한 의미에서 절대로 과학적일 수 없다. 따라서 사람들이 찾고 있는 절대적 기준은 절대로 될 수 없다. 우리가 실험실에서 배우고 교과서에서 배우는 심리학은 살아 있는 심리학이 아니다. 우리 자신이 일상에서 실천하는 심리학이 살아 있는 심리학인 것이다. 살아 있는 심리학은 시간과 장소에 따라서도 변화할 뿐만 아니라 같은 문명 안에서도 달라진다. 인간의 심리학은 그 심리학을 낳은 구체적인 문명을 구축하고 다듬고 있는 모든 힘들의 영향을 끊임없이 받고 있다. 모든 심리학 체계는 기존의 사회질서와 그 질서를 대표하는 유형을 표현하는 것임과 동시에 해석하는 것이다. 달리 말하면, 심리학은 개인이나 집단의 반응을 관찰하는 목적에 쓸 수 있는, 망원경이나 현미경과 같은 그런 객관적인 도구가 아니다. 또 심리학은 설명의 대상으로 삼고 있다고 주장하는 그 문명 너머에 있거나 위에 있는 학문도 아니다. 반대로, 심리학적 이론들 자체는 전체 사회체계의 일부로 설명되고 그 체계의 특별한 어느 층을 대표하는 유형을 표현하는 것으로 이해되어야 한다. 이것이 똑같은 문화적 계층 안에서도 여러 개의 심리학 학파가 동시에 발견되는 이유이다. 이 모순적인 체계들은 저마다 절대적 진리를 나타내고 있다고 주장하지만, 현실을 보면 다양한 유형과 집단, 계층을 대표하며 인간 조건의 변화를 기록하고 있는 것에 지나지 않는다. 이런 의미에서 본다면, 심리학 이론들도 패션처럼 변화해야 하고, 또 기존의 인간 유형이 존속과 영속성을 위해 역동적인 투쟁을 벌이는 과정을 이해하고 표현하기 위해서는 당연히 변화해야만 한다고 말할 수 있다.

현대 심리학들의 비이성적인 바탕

심리학적 논쟁의 사회적 함의에 초점을 맞추려면, 현대 심리학 중에서 가장 논쟁적인 이론들을 그냥 나란히 놓고 서로 비교하기만 하면 된다. 약 반세기 전에, 정신분석은 순수하게 개인을 치료하는 한 방법으로 출발했으며, 그러한 것으로서 특정한 유형의 환자에게 도움이 되었다. 프로이트와 그의 추종자들이 치료 경험을 일반적인 심리학 체계로 담아내면 낼수록, 보편적이라고 주장하던 이 심리학의 이론과, 치료 현장에서 어떤 유형의 행동을 사회적 이데올로기를 바탕으로 해석하는 데 이 이론을 활용하는 것 사이의 간극이 더욱 분명해졌다. 이리하여 이론적으로 "규범"이라고 묘사되는 것으로부터 일탈하는 것은 어떤 것이든 "신경증"이라 불리기에 이르렀다. 심지어 그 일탈이 명백한 병이 아니고 단지 기질이나 성격 혹은 사회적 기준에 따르는 차이의 문제일 때에도 신경증이라 불리었다. 정말로, 정신분석의 과학적 바탕은 개인의 발달에 적용된 진화생물학이었으나, 이 자연주의적인 이론은 "부르주아" 유형이나 중상류 계층으로 불릴 수 있는 사람들의 필요와 욕구를 표현하는 교육 철학으로 도입되었다. 말하자면, 프로이트는 인간의 내면에 있는 근본적인 동인들을 거의 자동적으로 당시에 성공을 거두고 있던 계층의 심리를 정당화한 치료적 이데올로기를 바탕으로 해석했다. 전문직 보수주의자들이 정신분석을 두고 가장 먼저 비판했던, 혁명적으로 비친 경향은 규범에서 벗어난 개인을 지배적인 사회 질서에 적응시킨다는 치료적 목적과 모순되는 것이었다. 이런 교육적인 개념에서 나는 실용적인 심리학의 생생한 가치를 확인한다. 그러나 조건이 있다. 이 심리학이 표준화된 규범이나 다른 모든 유형에 적용될 수 있는 절대적 체계로 받아들여지지 않아야 한다는 것이다. 그래야만 그런 가치를 인정받을 수 있다.

프로이트의 심리학은 인간 본성을 설명하기보다는 해석하는 측면이 더 강하기 때문에 모든 민족에게 두루 유효하지는 않다고 칼 융(Carl Jung)은 지적했다. 또 프로이트의 심리학은 다양한 사회적 환경에 두루 적용되지 않는다고 알프레드 아들러(Alfred Adler)는 강조했다. 그러나 프로이트의 심리학이 민족도 같고 사회적 배경도 같은 개인들에게도 사회적으로 용인된 유형에서 벗어나는 것을 허용하지 않는다는 사실은 나로 하여금 다양한 심리학들의 이 같은 차이들을 넘어 어떤 차이의 심리학으로 나아가도록 이끌었다.

공교롭게도, 정신분석 운동 안에서 저절로 일어난 이런 반작용들이 그 같은 전개의 훌륭한 예를 제공하고 있다. 자신의 심리학을 절대화하려는 프로이트의 경향은 초기에(세계대전 이전) 정반대인 2개의 반작용에 직면했다. 그것은 아들러의 안티테제(反)와 융의 진테제(合)였다. 이로써 전체 체계가 변증법적으로 마무리되었고 그것으로 정신분석 운동은 정지되기에 이르렀다. 프로이트는 잘 알려진 바와 같이 개인의 동인으로 성적 본능을 강조한 한편, 아들러는 개인의 에고가 권력과 지배와 우월을 추구하려 하는 자아 욕구를 강조했다.

이 심리학자들 모두가 인간 본성 중 어느 한 가지 측면만을 보았다고 주장하는 것으로써 그들의 관점 차이를 설명할 뜻은 없다. 우리에게는 이 심리학자들이 각자의 사상에 특별한 주장을 갖게 된 이유를 깨닫는 것이 훨씬 더 중요하다. 내가 볼 때, 아들러가 정신분석에 관심을 갖기 전에 빈의 빈민 지역에서 의사로 활동했고 정치적으로 사회당 소속이었다는 사실도 그의 이론과 무관하지 않은 것 같다. 그의 환자들 모두가 "열등 콤플렉스"로 힘들어했던 한편 프로이트의 환자들은 죄의식으로 힘들어했던 것처럼 보이는 것은 그들의 고객들이 서로 다른 계급 출신이었기 때문인 듯하다. 어쨌든, 열등감으로 고통 받는 것과 지배를 위해 노력하는 것은 두말할 필요도 없이 억압당한 유형 혹은 패배자의 심리학이다. 반면에 프로이트가 신경증을 생물학적 억압의 결과로 인식한 것은 사실상 "출세 제일주의자", 즉 권력을 얻고 자리를 지키기 위해 본능적인 힘들을 소진시키는 유형의 심리학을 표현하고 있다. 융은 프로이트와 아들러가 한 가지 특별한 유형을 다루고 있다는 점을 알고 있었으면서도 그런 상반된 힘들의 역동적인 투쟁에 담긴 사회적 함의는 보지 못했다. 융은 두 가지 "심리 유형", 즉 내향성과 외향성 이론을 개발함으로써 두 심리학자의 논쟁을 조정하려고 노력했다. 추상작용의 산물인 이런 정적인 유형들은 실용적 가치를 거의 지니지 못한다. 왜냐하면 현실을 보면 억압된 유형도 감정을 쉽게 행동으로 폭발시키는 모습을 보이면서 외향적 유형이 되는 한편, 성공을 거둔 유형도 죄의식에 양심의 가책을 느끼게 되고 따라서 내향적인 유형이 될 수 있기 때문이다.

모순적인 이 이론들을 이런 식으로 사회적으로 분석함으로써 발견해낸 것은 인류 역사를 관통하고 있는 심리적 이중성이다. 통치자의 심리와 피지배자들의 심리를 대조함으로써 심리적 이중성을 처음으로 이론화한 사람은 니체였다. 이 이중적인 심리학은 집단들이나 계급들 혹은 국민들이 서로 맞서 싸우는 투쟁에도 적용되고, 지도자와 추종자, 선생과 학생, 치료사와 환자, 부모와 자식, 그리고 니체가 보았듯이 남자와 여자 사이의 관계 같은 개인적 관계에도 적용된다. 현실적인 차이의 심리학이 지닌 인간적인 가치를 무시하면서, 프로이트는 자연인은 기본적으로 서로 똑같다는 루소(Jean-Jacques Rousseau)의 감상적인 개념을 되살려냈다. 프랑스 혁명 이후로 사회적 실험을 촉발시켰던 바로 그 인본주의적 이데올로기를 말이다.

이 정치적 평등 이론이 안고 있는 근본적인 오류는 사람들 모두가 똑같이 태어난다는 심리학적 전제 조건에 있다. 사실, 내가『출생의 외상』(The Trauma of Birth)에서 지적한 바와 같이, 분만 행위 자체가 개인에 따라서 너무나 다르기 때문에 유전적 요소나 환경적 영향과 관계없이 그 행위 하나만으로도 기질과 행동의 다양성을 설명할 수 있다. 그럼에도 우리의 모든 교육제도는 사람의 내면은 근본적으로 똑같다는 전제를 바탕으로 하고 있다. 또 현대의 심리 치료에 나타나는 모든 불일치는 성격의 개인적 차이를 강화함과 동시에 사회가 선호하는 유형과 일치하도록 만들려는 이중적인 시도로 설명될 수 있나.

외관상 인간 행동을 설명하는 보편적인 심리학처럼 보이는 어떤 심리학의 뒷받침을 받는 가운데, 정치인과 교육자들은 대중도 시민으로서 평등권과 기회를 누려야 한다는 점을 솔직히 인정하지 않고 그 대중을 자신의 목적이나 이상에 따라 다듬으면서 자신들의 행태가 정당하다는 느낌을 받았다. 사람들이 서로 같지도 않고 또 동등할 수도 없기 때문에, 심리학은 적어도 교육적, 치료적 혹은 정치적 이데올로기의 주입을 통해서 그들을 비슷하게 만든다는 다소 공개적인 목표를 갖고 그들을 비슷한 존재로 설명할 수 있을 것이다. 이 같은 대담한 시도에서는, 심리학의 이중적 아니 삼중적인 양상이 "공리(功利)의 도구"로 이용될 것이다. 이유는 어떤 한 유형의 심리 상태를 표현하는 것으로서, 심리학은 바로 그 유형을 영속화하고, 따라서 그 유형을 설명하는 데 편리하게 이용될 것이기 때문이다. 그럼에도 사람들에게 영향력을 행사하는 것을 목표로 잡고 있는 이런 "영감" 심리학(inspirational psychology)의 반대편에서 또 다른 현실적인 심리학이 사람들의 자연스런 표현을 통해 작동하고 있다. 이 심리학은 우리가 타인들을 변화시키기 위해서 창조하는 그런 심리학이 아니고, 우리 자신의 내면에서뿐만 아니라 다른 사람들의 내면에서도 자연 발생적으로 변화를 이뤄내는 그런 심리학이다.

두 종류의 심리학, 즉 자연 발생적인 심리학과 계획적인 심리학, 다시 말해 비이성적인 심리학과 이성적인 심리학이 이처럼 서로 겹치고 있다는 사실은 인간이 해석한 삶의 진화론적 원칙과 혁명적 원칙 사이에 깊은 갈등이 빚어지고 있다는 점을 보여준다. 우리가 말하는 "진화"의 개념은 하느님이 모든 살아 있는 것들을 지금의 모습으로 창조했다는 교리에 표현된 종(種)의 불변성에 대한 해묵은 믿음을 거부하는 것을 의미한다. 창조론을 점진적 진화론으로 대체함으로써, 다윈(Charles Darwin)은 기계의 시대에 어울리게 생물에 대한 기계적 개념을 확고히 정착시켰다. 이 개념은 생물학을 넘어서 교육과 통치의 개념까지 새롭게 바꿔놓기에 이르렀다.

그럼에도 다윈과 다른 많은 사람들에게 대단히 혁명적인 사상으로 비쳤던 그것은 사실 인간이 자기 자신을 만든 창조주가 아니라는 점을 인정하고 또 인간의 운명을 결정하는 통제 불가능한 사건들을 인정한 것에 불과했다. 따라서 다윈을 계기로 인간은 자신이 창조주가 아니고 창조물이 되고 또 주인이 아니고 희생자가 되는 그런 자연적 발달을 받아들였다. 다윈이 20년 동안 망설인 끝에 기념비적인 자신의 업적을 발표했다는 잘 알려진 사실은 세상에 안겨줄 충격에 대한 두려움 때문이었다는 식으로는 명쾌하게 설명되지 않는다. 그 자신이 인공의 우주를 창조하고 있었는데 정작 인간의 창조성을 부정해야 하는 데 대한 저항이 그의 내면에서 일어남에 따라 그렇게 오랜 세월을 끌었던 것이다. 마찬가지로, 다윈이 평생 동안 하루에 3시간 이상 연구를 하지 못하게 막았고 또 진화론의 공개를 미룬 원인으로 지적되기도 하는 허약함도 그의 내면적 갈등의 결과처럼 보인다. 어쨌든, 친구들의 방문에 따르는 약간의 흥분에도 "오한과 신경성 구토"를 일으키며 침대에 누워야 했던 사람은 생물학적 의미에서 말하는 "적자생존"이라는 자신의 이론과 모순된다. 다윈을 생존하게 만들었을 뿐만 아니라 그가 마침내 육체적 장애와 정신적 저항까지 극복할 수 있도록 한 것은 그의 창조적 충동과 사회적 지위였다. 이 중에서 전자, 즉 창조적 충동을 다윈은 자신의 "자연 선택" 이론을 통해서 부정했는데, 이 이론은 단지 생물의 종(種)들이 멸종하는 이유를 설명해줄 뿐 새로운 창조의 신비에 대해서는 아무런 이야기를 들려주지 않는다. 후자, 즉 자신의 사회적 지위와 계급 의식을 그는 자신의 이론에서 긍정적으로 확인했다. 이는 산업혁명에서 승리를 거둔 계급의 성공을 정당화하는 데 이용되었으며, 그 의미는 적자(適者)가 생존한다는 것이 아니고 생존한 것이 바로 적자로 여겨져야 한다는 것이었다.

다윈의 이론이 자유방임의 원칙을 뒷받침하고 따라서 경쟁적인 자본주의를 옹호하는 데 이용된 것은 사실이지만, 그가 니체와 다르지 않게 자신의 이론에서 자신의 육체적 약함을 보상하고 동시에 창조를 통한 특권적 지위를 정당화한 것도 똑같이 사실이다. 이는 당대의 위대한 사회이론가 칼 마르크스(Karl Marx)에게도 똑같이 적용되는 말이다. 자본주의에 맞선 그의 외침에서 산업혁명의 희생자들은 자신을 표현할 기회를 발견했다. 계급 없는 상태를 선전했던 이 사회이론가는 프랑스 혁명의 인도주의적 효과가 느껴지기 시작하던 리버럴한 독일에서 산업주의 부르주아로 성장했다. 나폴레옹(Napoleon)이 특별히 해방 전쟁의 명분에 포함시켰던 유대인의 해방은 성공적으로 동화한 유대인의 아들이던 마르크스가 1세기 동안 이어져 온 염원, 즉 유대인도 똑같이 시민권을 누릴 수 있다는 희망을 다시 품도록 자극했음에 틀림없다. 그 시절 독일에 그런 희망을 정당하게 여기는 분위기가 일부 있었음에도, 마르크스는 대부분의 다른 훌륭한 이론가들처럼 단순히 "현실"에 만족할 것이 아니라 지구상에서 완벽한 평등 상태를 이뤄야 한다고 주장해야 했다. 그러면서 그가 한 것은 "경제 시대의 특별한 것들을 인류 역사의 보편적 요소들로 재구성한 것 외에는 아무것도 없었다". 획기적인 이론들은 그 주제가 생물학적이든 사회학적이든 아니면 심리학적이든 불문하고 대중적 호소력을 그 이데올로기의 보편성에서 찾는 것 같다. 이런 이유 때문에, 획기적인 이론들은 과학적 예측성을 넘어서 독단적인 확실성의 영역으로 넘어가면서 쉽게 종교적 믿음들을 대체하게 된다. 묵시록적인 비전에 등장하는 예언가들처럼, 이들 지적 지도자들도 미래가 어떤 식으로 전개될 것인지를 정확히 아는 것처럼 보인다. 그들은 과거를 해석하고 세속적 "종교"의 용어를 빌려 미래를 예측함으로써 어느 시대의 구체적인 조건들을 시간도 없고 장소도 없는 우주로 투사한다.

다윈과 마르크스는 생존과 자기 보존에 필요한 유전적 및 환경적 조건을 다루면서 똑같이 개인이 생존 투쟁에 나서면서 갖추게 되는 장비들 중에서 서로 다른 것에 관심을 보인다. 다윈이 생물학적으로, 또 마르크스가 경제학적으로 결정론자였던 것 못지않게 심리학적으로 결정론자인 프로이트는 용서하기 어려운 잘못을 저질렀다. 다윈의 생물학적 결정론과 마르크스의 사회적 결정론을 성격 자체에 적용함으로써, 프로이트는 성격에서 인간의 삶을 인간답게 만드는 바로 그 특성들을 빼앗아버렸다. 자율성과 책임, 그리고 양심이 바로 그 특성들이다. 이 중 양심에 대해서, 프로이트는 인간의 의식 안에서 인간적인 특성들이 어떤 결정론에 맞서 역동적인 투쟁을 벌이고 있다는 점을 깨닫지 못하고 구약 성경의 분위기를 풍기면서 원죄나 다름없는 과거의 죄의 결과라는 식으로 설명해야 했다. 결정론은 생물학적 영향과 심지어 경제적 영향에는 적용될 수 있다 하더라도 인간의 문제에 대한 심리학적 대답은 절대로 될 수 없다. 왜냐하면 그것이 인간적인 현상, 특히 개인의 의지를 부정하기 때문이다. 설령 인간의 본성과 인간의 행동이 절대적으로 결정된다 할지라도, 자유의지와 선택권, 개인의 책임에 대한 인간의 믿음은 여전히 그의 "심리"를 이루고 있을 것이며 인간 심리학의 진정한 대상이 될 것이다. 그러나 그런 "비현실적인" 인식이 프로이트에 의해 윤리적 논쟁과 신학적 성찰의 영역으로 끌어들여졌다. 이때 프로이트는 "과학적" 심리학이 인간을 하나의 이성적인 꼭두각시로 전락시키기 전에 종교와 신학이 몇 세기에 걸쳐서 민족과 개인의 진정한 심리학을 대표했다는 사실을 까마득히 망각하고 있었다. "정신"에 관한 이런 기계론적인 이론은 성격의 창조적 구축에 적용될 경우에는 반드시 종교처럼 죄의식을 낳게 되어 있다. 이유는 간단하다. 기계론적 이론이 개인의 의지를 결정론적인 "신의 의지"와 반대되는 것으로 인식할 뿐만 아니라, 하나의 영감 심리학으로서 개인들이 인간 본성의 비현실적인 그림에 맞춰 살 것이라고 기대하기 때문이다. 이 점에서 본다면, 개인이 종교적 이상에 의해 판단을 받든, 사회적 이상에 의해 판단을 받든, 아니면 자신의 이상에 의해 판단을 받든, 거기에는 별 차이가 없을 것이다. 어떠한 경우든, 개인은 죄의식이나 열등감 때문에 "나쁜 존재처럼" 여겨지게 될 것이다. 그러나 종교는 여전히 죄, 즉 인간의 본성을 받아들이는 것을 건설적인 치료로 제시하고 있는 한편, 정신분석은 자연주의적인 용어에도 불구하고 인간의 본성을 받아들이지 않는다. 왜냐하면 정신분석 자체가 개인을 선(善)의 기준에 일치시키는 것을 목표로 삼은 사회적 이데올로기를 바탕으로 하고 있기 때문이다.

현대의 심리학자들은 인간이 근본적으로 서로 같다는 점을 다시 강조함으로써 자신의 철학을 생존을 위한 이런 생물학적 투쟁과 우월을 노린 사회적 투쟁보다 더 높은 경지로 끌어올리려고 노력했지만 단지 자신들의 이론들이 서로 너무나 다르다는 점을 확인시키는 결과만을 낳았다. 프로이트는 우리 모두가 무의식에서 서로 비슷하다고 언급하는 한편, 융은 우리 인간이 서로 다른 것은 무의식이라고 말한다. 이 점에서 보면, 융의 "종족 무의식"은 심리학적으로 프로이트의 "초(超)자아"와 같은 것처럼 보인다. 종족 무의식이 개인의 성격을 형성하고 개인의 행동을 결정하는 환경적 영향을 뜻한다는 점에서 보면, 종족 무의식과 초자아 사이에는 비슷한 점이 많다. 따라서 프로이트는 성격 구조의 맨 꼭대기에서 근본적인 차이를 찾고, 융은 맨 밑바닥에서 차이를 찾는다. 여기서 우리는 두 사람의 해석 차이 자체가 유사성과 차이라는 근본적인 문제와 관련하여 강조점을 이동시킨 것에 지나지 않는다는 점을 확인하게 된다. 프로이트는 모든 사람들을 기본적으로 똑같은 존재로 인식하고 있지만, 융에게는 사람들은 (종족적으로는 비슷할지라도) 다 다른 존재이다.

그런 한편, 아들러는 사람들의 행동이 다를지라도 그것을 같도록 만들어야 한다고 주장한다. 아들러의 치료 목표는 "사회적 감정"을 개발하는 것이다. 그런데도 아들러는 자신의 심리학 체계를 "개인 심리학"이라고 부르고 있다. 이 같은 사실도 현대의 모든 심리학이 갖고 있는 야누스적인 경향을 보여주고 있다. 현대의 심리학은 이론적으로는 사람들 모두가 심리적으로 같지 않다는 점을 입증하면서도 치료와 교육을 통해서는 모든 사람의 심리가 똑같다는 교리를 전파하고 있다. 따라서 아들러가 인간의 행동에 관한 연구에서 "신경증적 성격"이라고 묘사한 것들은 사실 개인의 심리일 뿐이다. 왜냐하면 아들러가 볼 때 과도한 개인주의는 서구 문명에서 "신경증적" 반응을 야기하게 되어 있기 때문이다.

아들러는 그에 대한 치료로 개인의 내면에 "사회적 감정"을 발달시켜야 한다고 강조하면서 일종의 내면으로부터의 균등화를 추구하고 있는 반면, 프로이트의 "적응"은 외적 일치를 목표로 잡고 있다.

목사의 아들로 개인의 환경에 대한 관심이 덜했던 융은 프로이트나 아들러에 비해서 개인의 주관적인 심리를 더 많이 강조하고 있다. 융이 초기에 많이 접한 정신병 환자들의 유형은 현실을 철저히 도외시하며 자신의 내면에 별도의 세계를 구축하는 특징을 보였는데, 이때의 경험이 융으로 하여금 개인의 근본적인 문제는 환경을 불문하고 고립감에 있다고 믿도록 만들었다. 따라서 융은 현실과의 관계 속에서 반항이나 복종을 통해 개인의 구원을 찾지 않고 좌절된 내면의 힘들을 승화시키는 데서 구원을 찾았다. 융에 따르면, 이 승화의 과정에서 개인은 자신의 종족 무의식에 있는 상징을 이용하며 따라서 자신의 자기 안에서 일종의 집단성을 성취한다. 개인의 자기와 종족적 배경 사이에 거의 신비적인 연결을 찾으려는 노력은 고립된 개인을 보다 큰 전체, 즉 그 개인이 일부를 이루고 있다고 느낄 수 있는 그런 전체와 연결시켜 주는 것으로 여겨진다.

이제 섹스를 보자. 융에게 있어서 섹스는 이 같은 우주적 결합에 접근하는 한 가지 방법에 지나지 않는 한편, 아들러는 섹스를 권력을 위한 투쟁으로, 프로이트는 온갖 종류의 억압된 감정들의 전반적인 배출구로 인식하고 있다. 개인의 심리를 그리려는 노력을 서로 다르게 펴면서, 이 세 명의 심리학자 모두는 비슷한 결론에 도달한 것처럼 보인다. 즉 우리의 성격을 힘들게 만드는 악은 과도한 개인화라는 식으로 결론을 내리는 것 같다. 따라서 이 심리학자들은 '자기' 너머에 있는 무엇인가와의 정서적 결합이 그 치유법이라는 데 동의하고 있다. 이 결합을 프로이트는 섹스에서, 아들러는 사회적 동료 의식에서, 융은 종족의 집단성에서 찾는다. 이 점에서, 심리학은 고대인이 생활 속에서 즐기고 또 종교에서 표현했는데도 그만 현대인이 잃어버린 그 우주적 조화를 대체할 것을 찾고 있다고 볼 수 있다. 말하자면 현대인이 상실한 바로 그것이 신경증 유형이 생기는 이유를 설명해줄 것이라는 인식이 보인다.

이 점에서 보면, 니체 이후로 모든 심리학 체계들이 어떤 우월의 심리학을 직접적으로 옹호하거나 적어도 묘사하고 있다는 사실이 흥미롭다. 이 심리학 체계들은 억눌린 에너지의 이성적 활용을 통해서 힘과 권력을, 한마디로 말해 남자다운 자질들을 약속한다. 이런 의미에서 본다면, 문명의 전반이 그렇듯, 심리학도 인간이 만든 것일 뿐만 아니라 그 사고방식을 보면 남성 위주이기도 하다. 따라서 심리학은 여자에 대한 설명도 남자를 기준으로 하고 있다. 다양한 심리학들이 존재한다는 사실 자체가 인간에 대한 설명조차 제대로 하지 못하고 있다는 점을 보여주고 있다. 그런데도 이 심리학들은 이상하게도 여성을 단지 남성의 특징들을 결여하고 있거나 남성의 자질과 다른 자질을 가진 것으로 설명하는 데 있어서는 서로 쉽게 동의하고 있다.

아들러의 "남성 지향"(masculine protest: 여자들이 남성을 흉내 내면서 여성의 역할을 피하려 드는 경향을 일컫는다/옮긴이)과 프로이트의 "거세 콤플렉스"는 모든 차이를 성별의 차이로 돌리려 드는 심리학들이 남성 위주로 되어 있다는 점을 암시하는 태도들이다. 이 두 가지 개념은 반항을 남녀 성별 차이를 바탕으로 표현하고 있다. 아이가 자기 아버지를 죽이고 자기 어머니와 함께 자고 싶어 하는 욕망을 품는다는, 프로이트의 그 유명한 "오이디푸스 콤플렉스"는 관습과 전통에 대한 소년의 자연스런 반항을 상징한나. 명확한 성 심리학을 갖지 않은 융은 이 같은 차이를 무의식에 두고 있으며 그렇게 함으로써 차이를 기본적으로 종족적인 것으로 정의하고 있다. 이 논의를 다양한 심리학들 사이의 논쟁을 넘어서 "차이의 심리학"으로 끌고 가기 위해, 우리는 사회적 차이와 종족적 차이 뿐만 아니라 개인의 차이까지도 허용해야 한다. 더 나아가 여성을, 그리고 마찬가지로 아이까지도 그들만의 심리학을 필요로 하는 중요한 집단으로 받아들여야 한다. 만약에 "남성적" 혹은 "여성적"이라는 표현을 생물학적 사실들이나 심리학적 해석 혹은 특정 문명의 문화적 패턴에서 제시하는 바탕보다 훨씬 더 넓은 바탕에서 이해하지 않는다면, 현재로서는 "남성적" 혹은 "여성적"이라는 표현이 의미하는 바를 정의하는 것 자체가, 문화인류학에서 보듯, 오히려 혼란만 가중시킬 뿐이다. 그것은 차이를 다루는 모든 문제에서와 마찬가지로 최종적으로는 서로 다른 두 개의 세계관, 말하자면 삶을 대하는 상반되는 태도의 문제로 압축된다. 이 삶의 태도는 인간 존재의 내면에서 이성적인 경향과 비이성적 경향 중에서 어느 것이 더 우세하다고 보느냐에 따라 달라진다.

차이의 심리학

문화적 연구를 통해서, 억압된 자아 안에 있는 비이성적인 힘들의 인간적인 가치를 처음으로 인식한 인물은 니체였다. 그런데 프로이트는 자신의 이성적인 심리학 체계에서 이 비이성적인 힘들을 신경증의 원인으로만 보았다. 따라서 정신분석이 개인에게 제시하는 치료는 절대로 그런 에너지들의 창조적 표현이 될 수 없었다. 프로이트의 치료 방법은 단지 개인이 비이성적인 자아를 의식하게 하고, 그렇게 함으로써 그 개인에게 비이성적인 자아가 억눌린 것은 그럴 만한 이유가 있어서 그랬으며 지금 그것을 이성적으로 다스려야 한다는 점을 확신시키는 것이다. 그리하여 그 유명한 "무의식" 이론이 생겨나게 되었다. 무의식이라는 용어는 인간 행동을 결정하는 가장 역동적인 힘을 단지 의식의 부재로 설명하고 있다. 정신분석의 전반적인 바탕에 깔린 이런 부정적인 인식은 순수하게 이성적인 프로이트의 접근법뿐만 아니라 그의 도덕 철학까지 드러내 보여주고 있다. 애초에 개인의 "악"이 저장된 곳으로 인식된 무의식은 사악한 자아가 거주하는 일종의 개인의 지옥이 되었다. 융이 무의식의 범위를 개인의 내면에 억압된 것들 그 너머로까지 확장한 뒤에야, 무의식은 보다 폭넓은 용어인 "이드"(id)로 불리게 되었다. 부적절하게도, 자기표현에 관한 니체의 직관 철학("나는 생각한다"라는 심리학적 관념과 반대되는 것으로서, "이드가 내 안에서 생각한다.")에서 빌린 용어이다. 이런 식으로 새로운 이름을 얻음에 따라 무의식에 긍정적인 인식이 새로 더해졌지만, 프로이트의 인식은 여전히 비이성적인 것을 합리화하려는 실패한 시도로 남아 있다.

　프로이트는 무의식을 발견하지 않았다. 그의 추종자들이 잘못 알고 그렇게 주장하고 있을 뿐이다. 프로이트는 단지 독일 낭만주의 철학의 특징인 이 불명확한 개념을 합리화했을 뿐이다. 나폴레옹 전쟁 이후 독일 철학에 나타난 낭만주의자들은 무의식을 종족의 민간 전통에 나타나는, 인간 본성의 비이성적인 요소로 인식했다. 한편 프로이트는 자신의 성취를 조이데르 해(海)의 간척사업 같은 점진적인 토목공사에 비유하면서, 무의식을 "심리학적인 것"으로 만든 것을, 다시 말해 무의식을 개인의 통제 아래에 두게 된 것을 자랑스럽게 여겼다. 프로이트는 비이성적인 자아의 생명력을 에고의 생물학적 용어로 해석함으로써 인간의 황폐한 영역을 "문명"을 위해 구해냈다고 믿었다. 융은 개인을 초월하는 힘을 그런 식으로 개인화하는 데 불만을 품고 무의식에서 종교적 전통으로 표현된 종족의 유산의 총합을 보았다. 한편 아들러는 그런 종족적인 개념을 역시 초

개인적 개념인 사회적 감정 혹은 집단 감정으로 바꾸었다.

따라서 세 명의 심리학자들은 무의식의 초개인적인 특성을 인정하는 한편으로 각자의 개인 심리학의 용어를 빌려 무의식을 합리화했으며 그렇게 함으로써 무의식의 진정한 의미를 놓쳐버렸다. 즉 인간의 본성 중에서 부정당해왔던 이 부분이 실은 언제나 힘을 발휘하고 있었으며 앞으로도 그럴 것이라는 점을, 그리고 이 부분이 좌절하게 될 경우에 신경증적 혹은 반사회적, 즉 비이성적 행동으로 터져 나오게 된다는 것을 보지 못하게 된 것이다.

그러나 이런 일탈을 대하는 우리의 태도에 우리의 심리학의 바닥에 흐르고 있는 그 순응의 충동이 다시 나타나고 있다. 기존의 사회질서를 유지하려고 노력하는 바로 그 힘으로 인해 생기는 현상이다. 우리는 정서적 부적응을 "신경증"이라고 규정하면서 그 개인이 규범에 적응하도록 기꺼이 도우려 노력하는 한편으로 반사회적인 행동을 "범죄"로 비난하고 처벌한다. 범죄를 심리학적으로 "치료"하려는 최근의 시도는 만족을 느끼지 못하는 유형의 행동을 변화시키는 것 같지는 않다. 이 대목에서 말하는, 만족을 느끼지 못하는 유형이란 자신의 차이를 "신경증적으로" 가만히 받아들이지 않고 사회적 행동으로 강력히 표현하는 사람을 뜻한다. 그렇다면 적응시키거나 돕거나 치료하려는 우리의 모든 시도들은 종국적으로 보면 사회 제도에 적응하길 원하지 않거나 적응할 수 없는 사람들의 반항 때문에 우리의 안전이 깨어질지도 모른다는, 내면 깊은 곳에 자리 잡고 있는 두려움에서 비롯된 것은 아닐까? 이 같은 인식은 물질적 능력과 정치적 지배를 노린 계급 투쟁 그 이상의 무엇인가를 암시하고 있다. 그 투쟁은 기본적으로, 인류의 모든 영구한 싸움과 마찬가지로, 자기 영속성을 위한 투쟁이다. 그러나 인간의 내면에서 이런 기본적인 투쟁은 죽음 때문에 분명 한계를 지니게 되어 있는, 순수하게 생물학적인 차원에서 어떤 종류의 영적 영속화로 격상된다. 이 영적 영속화는 어떤 유형이나 집단, 계급 혹은 민족 안에서든 이뤄진다.

여기서 나는 지금까지 역사에서 가장 결정적인 사회적 변화를 촉진시켰던 전쟁과 혁명적 투쟁의 기원과 의미를 보고 있다. 이 역동적인 변화의 힘은 개인적 불멸에 대한 인간의 욕망과 생물학적 생존 사이의 영원한 투쟁에서 비롯된다. 이 생물학적 생존은 반(反)개인주의적이며 오로지 다소 동질적인 사람들의 집단에 의해서만 성취될 수 있는 것이다. 인간의 불멸성, 즉 인류가 지구에서 지속적으로 존속하는 문제는 아득한 옛날부터 개인화되어 왔다. 이유는 인간이 자신의 개인적 불멸에 대한 믿음을 간직하기 위해서였다. 그러나 개인적 불멸이 언제나 불확실하기 때문에, 인간은 처음 씨족이나 부족 같은 작은 단위에서 시작하여 최종적으로 민족의 개념으로까지 확대되고 있는 집단 불멸성에 기대게 되었다. 따라서 전반적인 인류의 존속과 비교할 때 민족주의는 이미 어떤 형식의 개인화된 불멸성을 표현하고 있다. 이웃한 씨족들 사이의 온갖 적대감과 부족들 사이의 반목은 결국 생물학적 생존뿐만 아니라 영원한 생존, 즉 불멸성을 위한 투쟁으로 변하게 되어 있다. 누가 다른 모든 것들을 물리치고 존속할 "선민"이 될 것인가 하는 물음은 "선민" 집단의 영원한 삶을 누릴 특권에 포함되기 위해 유사성을 추구하려는 노력과 다른 집단을 영원의 축복으로부터 배제하기 위해 인격적으로나 민족적으로 서로 다른 점을 강조하려는 노력 사이에 영원한 갈등이 빚어지고 있는 현상을 설명해준다.

역사적으로 볼 때, 모든 전쟁과 혁명은 제아무리 그럴 듯하게 합리화되더라도 불멸성이라는 비이성적인 이데올로기에, 말하자면 존속이라는 인위적 개념에 그 기원을 두고 있다. 이 때문에 현실 세계에 초자연적인 조건을 확립하려는 전쟁과 혁명은 반드시 실패하게 되어 있다. 그 같은 비이성적인 힘들을 지적인 이데올로기로 합리화함으로써 적어도 그 힘들을 어느 한 방향으로 돌리는 것은 지도자의 특별한 재능이다. 지도자는 글자 그대로의 뜻으로 보면 자신의 통제 하에 있는 강력한 집단의 우두머리로 활동하고 있고, 집단은 그 지도자가 그 구성원 중 한 사람이기 때문에 그를 따른다. 지도자는 집단의 사람 중에서 나오며, 그 집단에게 혁명은 단지 명확하지 않은 어떤 목표를 가진 그들의 비이성적인 자아를 표현하는 것에 지나지 않는다. 특권을 누리지 못해 불만을 품고 있는 집단들은 참을 수 없는 사회적 차이로 힘들어하고 있기 때문에 절대로 실현 불가능한 평등화에도 아주 민감하게 반응할 가능성이 크다. 그 혁명도 결국엔 새로운 차이를 낳게 될 뿐인데도 말이다. 이런 의미에서 본다면, 혁명은 언제나 실패하게 되어 있다. 왜냐하면 혁명이 단순히 이 계급 혹은 이 집단에서 다른 계급 혹은 다른 집단으로 권력을 이동시키는 결과만 낳을 것이기 때문이다. 정치적으로나 경제적으로 평등 사회를 추구하면서, 서구 문명의 역사에서 일어난 모든 중요한 혁명들, 말하자면 매우 영적이었던 기독교 운동에서부터 시작해 피의 바다를 이룬 프랑스 혁명, 그리고 현재 독일에서 일어나고 있는 "차가운" 혁명에 이르기까지 모든 혁명들은 이 지구상에 보다 나은 내세에 속하는 이데올로기를 인위적으로 확립시키는 것이 불가능하다는 점을 결정적으로 증명하고 있다. 기독교 신앙의 바탕을 형성하고 있고 지금도 통치와 교육의 이데올로기적 바탕을 이루고 있는 평등이라는 영적인 원칙은 정치적 평등과 경제적 자유라는 현실적인 용어로 옮겨질 수 없다. 프랑스 혁명의 아버지인 루소가 믿었던 것과는 달리, 평등이란 것은 자연적인 자유의 조건에서는 번창하지 못한다. 다윈이 자연에서 본 것처럼, 진정한 자연의 조건은 평등이 아니라 불평등과 경쟁을 촉진한다. 따라서 다소 감각적으로 "중대한 모든 혁명들의 배신"이라 불리는 것은 자연 발생적으로 전개되는 사건을 이데올로기를 바탕으로 해석하려는 인간의 노력에 원래부터 담겨 있는 역설인 것으로 확인된다.

따라서 혁명은 불가피하게 프랑스 혁명 때 혁명력으로 테르미도르에 있었던 그런 일련의 사건들을 부르게 되어 있다. 말하자면 불만 집단에게 이데올로기를 제공했던 원래의 혁명가들이 반동을 받아 더욱 거세진 반항적인 움직임을 어느 정도 균형 잡힌 상태로 끌고 갈 수 있는 타협적인 정치인에게 길을 비켜주는 일이 벌어지는 것이다. 혁명 운동에서 균형을 잡는 것이 바로 나폴레옹의 역할이었다. 전형적인 부르주아였던 나폴레옹은 상류층 부르주아가 승리할 길을 닦아주었다. 혁명 운동을 정리하는 지도자 쪽에서 저지르는 이런 "배신"은 현대의 그의 계승자에게도 여전히 숙명처럼 보인다. 현대의 혁명 지도자들도 중산층 출신이기 때문에 인구 중에서 중산층을 강화한다. 이는 중산층이 현대 사회의 경제적 중추를 이루고 있기 때문에 불가피한 결과이다. 그러나 그보다 더 깊은 이유는 중산층의 구성원들이 심리적으로 균형이 잘 잡힌 유형이고 따라서 이들의 이데올로기가 현실로 구현 가능한 정치적 및 사회적 질서를 의미한다는 사실에서 발견된다.

이런 이유로 모든 혁명과 반(反)혁명은 좌파로 기울든 우파로 기울든 한 가지 공통적인 원칙을 보인다. 이성적으로 본다면 혁명이나 반혁명에서 거의 기대할 수 없는 그런 원칙이다. 정치적 신조가 어떻든 불문하고, 상반되는 집단들 사이의 차이를 나타내는 최종적 상징으로 불가피하게 선과 악의 도덕적 원칙이 등장한다는 점이다.

이 과정은 역사학자들에게 공포와 미덕의 교대 지배로 잘 알려져 있으며, 프랑스 혁명 동안에 아주 분명하게 드러났지만 모든 혁명 운동에 공통적으로 나타난다. 미국 혁명이 그 배경과 결과를 놓고 보면 프랑스 혁명이나 영국 혁명과 다르고, 또 최근에 러시아 혁명이 독일 혁명과 다르지만, 공포와 미덕의 교대 지배라는 현상은 똑같이 나타났다. 종국적으로 보면, 서로 싸우는 두 집단은 혁명 과정에 한껏 잔악한 면을 보인 다음에 선한 집단과 악한 집단으로 나뉜다. 당연히 최종 전투에서 승리한 집단이 전자가 된다. 신도 그들의 편에서 싸웠으며, 따라서 그들은 불멸의 축복을 받게 된다. 싸움에서 승리를 거둔 지도자들은 그런 성공을 거둠으로써 사동직으로 덕을 갖춘 존재가 된다. 이런 도덕적 성취를 통해서 지도자들은 국민들을 덕을 갖춘 존재로, 즉 새로운 체제의 선량한 시민으로 만드는 것을 자신의 임무로 여긴다. 그들은 나쁜 품행을 국가를 해치는 중대 범죄로 다스림으로써 이 목표를 성취한다. 그러나 공포의 통치가 오래 지속될 수 없는 것과 똑같이, 미덕의 통치도 그리 오래 가지 못한다. 왜냐하면 선과 악의 구분이 너무나 인위적이기 때문이기도 하고, 또 인간 존재가 어느 쪽이든 극단적인 것을 오랫동안 견뎌내지 못하기 때문이기도 하다.

이런 의미에서 본다면, 혁명들은 조직화된 공포일 뿐만 아니라 조직화된 미덕 또는 질서도 된다. 그렇기 때문에 혁명은 시민의 질서를 파괴하는 것이 아니라 불만스런 요소를 해소시킬 배출구를 일시적으로 제공한 뒤에, 말하자면 국가가 인간 본성에 있는 악을 척결하는 일을 직접 맡아 시행한 다음에 그 질서를 다시 회복시키게 된다. 그러므로 혁명은 인간의 내면에 고유한 불평등에 근거한 사회의 자연스런 구분으로 저절로 돌아가게 된다. 이 차이들은 경제적 현실 혹은 정치적 이데올로기를 불문하고 심리학적 유형으로 존재한다. 레오나르도 다 빈치(Leonardo da Vinci)는 이 유형을 "보지 않는 사람, 보여줄 때에만 보는 사람, 그리고 자기 스스로 보는 사람"으로 묘사한다. 후자, 즉 창조적인 유형은 실제로 타인을 지배하지 않더라도 언제나 이런저런 식으로 지도자가 될 것이며, 새로운 유형을 창조할 막강한 이데올로기를 전파함으로써 사회적 변화를 촉진하게 된다. 지도자의 권력을 공유하기 위해 그에게 합류하려 드는 집단은 언제나 있게 마련이다. 이들 외에도 이 지도자의 지도를 받기를 원하는 훨씬 더 큰 집단이 있다.

따라서 혁명 운동들은 정치적으로나 사회적으로 극단적인 목표를 절대로 성취하지 못하며, 지금까지 거듭된 경험을 통해서 똑같은 교훈만을 가르쳐주고 있다. 심리적 차이 때문에 사회 조직 안에 계급 조직이 형성되는 것이 불가피할 뿐만 아니라 인간 본성에 있는 이성적인 힘들과 비이성적인 힘들 사이의 타협을 위해서라도 그런 계급 조직이 반드시 필요하다는 가르침이 바로 그것이다.

인간의 내면에 있는 두 가지 요소 사이의 영원한 충돌에서 인간 행동의 역동적인 원천이 발견된다. 또한 내면에 있는 자연을 통제하려는 인간의 최종적 시도로서의 심리학 자체에 대한 설명도 거기서 발견된다. 이에 반해, 원시인은 그들의 주술적 신앙과 관행에서 확인되듯, 주로 자신의 밖에 있는 힘들, 말하자면 초자연적인 것들을 통제하는 데 관심을 두었다. 이같은 실용적 측면, 즉 다른 사람들의 행동을 통제하고 바꿔놓으려는 경향을 심리학은 지금까지 한 번도 놓지 않았다. 현대로 들어와서 이 실용적인 측면은 다른 사람의 내면에 있는 것들 중에서 우리의 마음에 들지 않는 것을 "치료"하겠다고 약속하는, 일종의 "선한 목적의 마술"인 심리 치료를 통해 다시 복구되었다. 여기서 신경증을 치료하는 우리의 심리학은 소크라테스의 덕목처럼 심리를 "가르쳐질 수 있는" 것으로 보이도록 만듦으로써 기만적인 성격을 드러낸다. 그러나 큰 규모로 이뤄진다면 그런

"교육"은 폭력을 통해서만 시도될 수 있을 뿐이다. 이 폭력을 통해서 상반되는 집단들은 서로를 향해 비이성적이라고 비난할 것이고, 그 사이에 집단의 지도자들은 집단의 필요와 요구사항을 합리화한 척 행동하게 된다. 이 갈등 전체가 내면화되고 종교적 용어나 정치적 용어 대신에 심리학적인 용어로 언급되는 시점에 이를 때, 개인 본인은 자기관찰의 대상이 됨과 동시에 자기 반성적인 자기치유의 주체가 되었다. 그래서 "너 자신을 알라."라는 역사 깊은 슬로건에 대한 새로운 해석을 통해서 그리스 후반의 세련된 이성주의가 되살아났다. 그러나 자기 자신에 내한 새로운 지식은 소크라테스의 경우처럼 인류 역사에서 자의식의 시대의 시작으로 여겨지지 않고 인간이 자신의 내면에 있는 자연을 최종적으로 정복한 것으로, 다시 말해 진화론적 전개의 절정으로 여겨졌다.

이런 의미에서 보면, 현대의 심리학들은 주어진 문명 안에서 어떤 유형 혹은 계급을 대표하는 것에서 그치지 않는다. 심리학 자체가 하나의 "세계관"(Weltanschauung)으로서, 19세기 후반에 번성한 특별한 어떤 사고방식의 산물이기 때문이다. 당시에 자부심 강한 지식인 유형이 등장했다. 자연의 신비를 노출시키고, 따라서 자연을 정복할 수 있게 되었다는 사실에 대단한 긍지를 느끼는 그런 유형이었다. 그 전까지 확고했던 신에 대한 믿음을 과학, 즉 순수 이성이라는 새로운 여신에 대한 숭배로 교체하면서, 현대인은 자부심 강한 부르주아 유형에게 정치적 이데올로기를 제공했던 프랑스 혁명의 자취를 따랐다. 이 유형은 민주주의적 이상의 핵심적인 요소를 심리학적으로 상징한다. 민주주의적 이상은 원래 동질적인 어느 계급, 즉 중하층의 특징이었으며, 이 계층의 구성원들은 실제로 매우 비슷했다. 심리적 유사성에서 비롯된 평등이라는 민주주의의 이상이 통치의 일반적 원칙으로 채택되자마자, 미국의 예에서 보듯, 인간의 본성과 사회적 조건에 실제로 존재하는 불평등을 보완하기 위해 상당히 많은 통제가 필요하게 되었다. 당시 미국 헌법의 아버지들은 자신은 새로 획득한 자유를 한껏 누리면서도 타인을 노예로 부릴 수 있었던 냉혹한 식민지 개척자들의 난폭한 개인주의를 저지하기 위해 모든 인간이 생명과 자유와 행복 추구(로크(John Locke)가 원래의 논문에서 주장한 "재산"이 아니었다)에서 평등한 권리를 누린다고 강조한 것 같다.

민주주의 국가의 바탕으로 여겨진 자치라는 사상은 칸트(Immanuel Kant)가 강조한 자결이라는 정치 이데올로기에서 비롯되었다. 프랑스 혁명에서 성공한 유형을 이상화하고 이데올로기화함으로써, 이 독일 철학자는 스스로 결정하고 또 본연의 모습을 지킬 줄 아는 새로운 유형의 지배자를 상상했다. 그 '지배자'란 바로 칸트의 "냉철한 혁명"의 결과로 나타나 독일의 미덕이 된, 문화적 형식의 자기훈련이었으며 정치적 자치는 결코 아니었다. 정치적 자치는 제퍼슨(Thomas Jefferson)이 자기훈련을 교육에 적용한 결과로 미국 문명의 바탕이 되었다. 따라서 민주주의는 무엇보다 먼저 칸트의 그 유명한 정언명령(定言命令)에 표현되고 있는, 도덕적 절대 기준이었다. "당신 자신의 인격이든 다른 사람의 인격이든 수단으로서만 절대로 대우하지 말고 언제나 똑같이 하나의 목적으로 대우하도록 행동하라." 애초에 민주주의는 정치적 신념이 아니었던 것이다. 그럼에도 실제로 보면 해방된 개인의 내면에서 일어나는, 자율을 추구하려는 노력은 평등이라는 정치적 신념의 방해를 받았고 결과적으로 시험을 통과하지 못하게 되었다. 에고의 자율을 뒷받침하기 위해선 자기에 관한 어떤 학문이 필요했다. 따라서 자결의 민주적 이상을 보완하고 정당화하는 하나의 "세계관"으로 개인 심리학이 발달하게 되었다.

현대 심리학이 교육의 영역 밖에서 자신의 해방을 위해 심리학을 이용할 수 있는 개인에게 자기실현의 가능성을 제공한다는 점을 부정하기는 어렵다. 하지만 수없이 많고 또 미묘한 교육적 영향력들의 한계는 어디이며, 또 개인이 자신의 심리와 자신의 일부가 된 환경 사이의 경계선을 어떻게 그어야 한단 말인가? 이 복잡한 문제를 밝힐 수 있는 유일한 빛은 현재의 지배적인 교육 체계와 맞지 않는 개인들을 다룬 심리학자들의 경험에서 나온다. 심리학은 그런 개인들에게 특별한 종류의 교육 또는 재교육을 제공했다. 이 치료 심리학은 그런 개인에게 자기실현과 자율을 약속하고 있지만 실제로 보면 그 사람을 소위 말하는 현실에 적응 또는 재적응시키는 것을 목표로 잡고 있다. 그런데 이 현실이 삶의 현실이 아닌 것이 문제이다. 삶에 적응시키는 것이 아니라 "현실", 즉 환경에 그런 식으로 재적응시키는 것은 실은 인간의 행동 문제를 다루는 다양한 전문직 종사자들이 자신들의 공동체의 기준을 낳는 사회 철학에 맞추는 것이다. 개인의 해방을 가장한 이 같은 환경의 강요는 우리가 심리학을 통한 치료와 현대 교육에서 확인하고 있듯이, 비효과적이고 또 위험하다.

자기개발과 적응이 나란히 이뤄지는 경우는 극히 드물다. 만약 자연 발생적인 힘들이 역동적으로 상호 작용하는 것이 허용되지 않는다면, 일탈한 유형을 지배적인 관념과 이상을 따르도록 교육시키려는 노력은 성공을 거두지 못한다. 개인이 강력한 성격을 발달시킬 잠재력이 크면 클수록, 그 사람은 기회가 주어질 경우에 그 성격을 새롭고 다른 형식으로 그만큼 더 강하게 표현하게 될 것이다. 평균에서 벗어난 어떤 개인이 천재가 될 것인지 바보가 될 것인지 아니면 폐인이 될 것인지에 관한 교육자의 우려에 대해서는 오직 삶만이 대답을 내놓을 수 있을 뿐이다. 말하자면 심리적 실험과 통제된 테스트가 아니라 실제 생활을 통해 기회를 누리는 과정을 거쳐야만 그 같은 우려에 대한 대답이 나올 수 있다는 뜻이다. 이런 의미에서, 나는 개인을 인간적으로 돕겠다면 그 사람의 자극과 반응을 통제할 심리 치료 기법을 제시할 것이 아니라 그 사람이 자신의 내면에 있는 비이성적인 힘들을, 말하자면 그가 지금까지 감히 자발적으로 표현하려 들지 않았던 것들을 경험하도록 해야 한다고 생각한다. 그렇다고 에고의 숨겨진 욕망에 무제한적인 자유를 부여하자는 뜻은 아니다. 그보다는 개인이 자신의 내적 한계나 외적 제한을 자신의 의지에 따라 받아들일 수 있도록 허용하자는 뜻이다.

내가 프로이트로부터, 그리고 에고를 흔히 유전적 및 환경적 결정 요소로 흔히 알려진 "이드"와 "슈퍼에고"라는, 개인을 넘어선 힘들의 단순한 산물이자 꼭두각시로 보는 그의 기계론적인 개념으로부터 결정적으로 벗어나게 된 것은 개별적 치료의 바탕에 깔려 있는 이런 중요한 철학의 문제 때문이었다. 행동을 그런 식으로 결정론적으로 해석하면 어떤 태도를 신경증적으로 규정하는 데는 도움이 될지 모르지만 자율과 책임감의 건설적 발달이 이뤄질 여지가 거의 남지 않는다. 심리 치료의 전체 문제는 결국엔 결정론적 관점이냐 활력론(活力論)적 관점이냐 하는 철학적 문제로 귀결된다. 그러나 설령 심리학이 엄격한 결정론의 용어로 과학적으로 인식될 수 있다 하더라도, 성격 발달의 한 생생한 과정으로서의 심리 치료는 결정론적 관점에서는 절대로 이뤄지지 못한다. 개인에게 무슨 일이 일어났는지를 밝히는 것이 아니라 개인이 어떤 존재인지를 밝히려고 노력하면서, 구성주의 치료(constructive therapy)는 적응을 목표로 잡지 않고 개인의 내면에서 자율을 발달시키고, 그렇게 함으로써 그 사람의 창의성을 해방시키려고 노력한다.

신경증은 다수가 받아들이는 것 같은 사회적 억제의 산물도 아니고 충동의 억압으로 야기되는 것도 아니다. 어떤 사람의 의지가 본성을 과도하게 통제한 결과로 나타나는 것이 신경증이다. 요약하면, 신경증은 자연 발생적인 것을 의지로 다스리려 한 결과이다. 달리 말하면, 이론상이 아니라 실제 삶에서 결정론과 자유 사이에 벌어지는 갈등을 해결하려는 시도나 마찬가지이다. 이런 의미에서 본다면, 우리 시대의 신경증적 유형은 과도하게 합리화된 우리의 심리학을 우습게 만들어 버리는 것 같다. 말하자면 신경증적 유형의 내면에서 이성적 자제가 절정에, 즉 비이성적인 힘들이 우위에 서기 직전의 한계점에 달하고 있다고 할 수 있다.

이 맥락에서 본다면, 신경증에 대한 진반적인 인식은 우리가 이성적 혹은 비이성적이라고 여기는 것들을 바탕으로 재고되어야 한다. 왜냐하면 우리가 "신경증"이라고 부르는 것은 비이성적인 것에 존재의 권리마저 거부하는 우리의 이성적 관점에서 볼 때에만 신경증처럼 보이기 때문이다. 따라서 신경증적이든 아니든 불문하고 행동의 전체적인 문제는 인공적인 것과 자연적인 것 사이의 해묵은 갈등으로 드러난다. 이 딜레마를 대하는 개인의 태도에 따라서 개인의 의지는 창조를 통해 강화되거나 신경증을 겪으며 실종된다. 신경증 환자는 말하자면 우리의 결정론적 세계관의 희생자이기 때문에 절대로 자유롭다는 느낌을 받지 못한다. 그러면서도 그는, 자기 억제적인 징후들로 보여주듯, 과도한 의지의 힘으로 자신을 자유롭지 않도록 만든다. 그러면 그의 전체 자아가 그냥 자연스럽게 가만있지 않고 의지력을 발휘할 것이기 때문에 그의 전체 성격이 비뚤어지게 된다. 왜냐하면 그가 우리 모두와 마찬가지로 삶에 의미를 부여하려고 노력할 뿐만 아니라 타고난 자아에 대한 두려움 때문에 어쩔 수 없이 자신만의 은밀한 삶을 창조해내게 되고, 그것으로 인해 생명력 자체가 스스로를 부정하는 방향으로 왜곡될 것이기 때문이다.

다른 한편으로 보면 신경증 환자가 대량으로 발생하고 있다는 사실은 인간이 자신의 본성을 통제하려는 노력을 과도하게 벌이고 있다는 점을 암시하지만, 신경증적 유형은 동시에 자신들이 과도한 합리화의 희생자가 되는 데 대해 반발한다. 신경증 환자의 내적 갈등에 따른 이중적인 역할은 신경증적 성격이 그 사람 본인뿐만 아니라 다른 사람에게도 비이성적으로 비치도록 만든다. 정신분석이 이성적으로 시도하고 있는 바와 같이, 신경증 환자를 "이해하는" 것은 단지 그를 오해하는 것에 지나지 않는다. 왜냐하면 그의 전체 존재가 심리학이 쓸데없는 마지막 노력으로 제시하는 과도한 합리화에 맞서 반란을 일으키고 있기 때문이다.

중세 통치자들의 궁정에 고용되었던 광대와 마찬가지로, 우리 시대의 신경증 환자는 우리 자신의 어리석음을 징후로 가장해서 보여주고 있다. 중세의 광대와 우리 시대의 신경증 환자 사이에 유일한 차이가 있다면, 신경증 환자의 경우에는 병으로 여겨지고 있는 어리석음 때문에 정말로 고통을 당하고 있다는 점이다. 그런데 실제로 보면 우리 시대의 신경증은 우리 모두의 병을 고칠 길을 암시하고 있다. 말하자면 정당한 어리석음의 필요성, 즉 우리가 비이성적이라고 비난하는 자연스런 자아를 창조적으로 표현할 필요성을 제기한다는 뜻이다. 이런 의미에서 본다면, 신경증적 유형을 위한 치료가 아니라 신경증적 유형의 심리학으로서 정신분석은 그 자체로 쇠퇴하는 문명의 한 신호이다. 따라서 신경증 환자를 이성적으로 치료하는 임무를 맡는 정신분석가는 반드시 기존 질서의 대표자가 된다. 평소에 기존 질서에 대해 아주 나쁘게 생각하던 정신분석가일지라도 예외가 되지 못한다. 정신분석가는 "치료"에 대해 자신의 심리학 이론으로 표현된 사회 철학을 바탕으로 생각해야 한다.

나는 자기실현을 위한 개인의 노력을 지지함으로써 치료 과정을 이데올로기적 편향의 족쇄로부터 자유롭게 만들었고, 또 치료 과정이 일치를 추구하는 교육적 훈련이 되지 않고 성격을 성숙시키는 과정이 되도록 만들었다. 감정적 표현을 "저항"으로 여겨 비판하지 않고 오히려 긍정적인 의지의 표현으로 존중하면서, 나는 개인의 과거로부터 현재의 자아로 강조의 초점을 옮겼다. 그렇게 함으로써 나는 현재의 자아에게 치료사가 주무를 대상이라는 역할보다 훨씬 더 능동적인 역할을 허용했다.

이런 식의 역동적인 인식은 치료 활동에서 가장 건설적인 요소인 환자 본인의 의지가 발달하고 역할을 수행할 여지를 준다. 여기서 말하는 의지는 니체와 아들러가 묘사한 권력에의 의지를 의미하지도 않고 프로이트가 말한 "소원"을 의미하지도 않는다. 물론 내가 쓰는 의지라는 표현도 이 두 가지 측면을 포함할 수는 있지만, 그 정확한 뜻은 그렇지 않다. 그보다는 개인의 내면에 있는 자율적 조직력을 뜻한다. 이 자율적 조직력은 특별한 생물학적 충동이나 사회적 동인을 뜻하지 않는다. 그것은 전체 성격의 창조적 표현력이며 한 개인을 다른 개인과 구별되도록 하는 요소이다. 이 개인적 의지는 충동과 억제 사이에 균형을 잡는 힘으로서 인간 행동에 결정적으로 중요한 심리적 요인이다. 충동이자 억제력으로서 의지가 갖는 이중적 기능은 어떤 사람이 자기 자신과 삶에 대해 어떤 태도를 갖느냐에 따라 그 사람의 의지가 창조적으로 나타나기도 하고 파괴적으로 나타나기도 하는 그 역설을 설명해준다. 신경증 환자가 자신의 개성을 주장하지 않고 부정하도록 강요하는 것이 바로 의지의 조직력에 나타나는 균형의 결여인 것 같다.

그래서 나는 전체 성격에 나타나는 이 같은 역동적 성장으로부터 신경증적 유형이라는 새로운 개념을 끌어냈다. 정상에서 벗어난 모든 것에 "신경증"이라는 오명을 씌우지 않고, 나는 신경증적 유형에서 창의성의 실패를 보았다. 이 유형은 생생한 상상력이 특징으로 꼽히는데, 이 상상력이 방해를 받고 있기 때문에 병적인 형태를 취하고 있다. 달리 말하면, 신경증적 징후를 낳는, 의지의 파괴적인 측면이 바로 이 상상력인 것이다. 반면 창조적 유형은 강력한 의지의 조직력을 통해서 자기 창조를 작품으로 객관화할 수 있다. 두 가지 유형은 똑같이 평균에서 일탈해 있으며, 사회적으로 통용되는 정상의 기준에 스스로를 적응시키려고 노력하면서 비슷한 어려움을 겪고 있다. 따라서 그런 일탈을 "적응"시키려는 모든 교육적, 치료적 시도에서, 우리는 자발적 성장과 창조적인 충동의 힘들이 환경을 용인하길 거부하고 또 자기를 용인하는 데 저항하고 있는 것을 발견한다. 따라서 심리 치료는 오직 각 개인의 심리학에 바탕을 둘 수 있을 뿐이다. 말하자면 심리 치료는 개인이 자기 자신에게 적응할 수 있도록 해줘야 한다는 뜻이다. 그것은 곧 신경증 환자가 자기 자신을 받아들일 수 있도록 한다는 의미이다. "환경"을 불문하고, 이런 자기 용인은 체념을 의미하지 않는다. 개인이 자기 자신과 환경을 최대한 활용할 수 있도록 하면서, 자기 용인은 오히려 새로운 출발을 암시한다.

한편 모든 사회적 실험은 제아무리 큰 규모로 이뤄질지라도 결국엔 교육적 방법이 개인을 내면적으로 변화시키는 데 불충분하다는 사실이 확인된 다음에 환경의 변화를 통해 인간의 조건을 향상시키려는 시도에 지나지 않는다. 그러나 두 가지 방법, 즉 사람의 변화와 시스템의 변화는 개인이 환경과 상호 작용하는 데 "최적"의 조건을 갖추도록 만드는 것을 목표로 잡지 않고 있으며, 오히려 권력을 쥔 집단에 의해 자기 집단의 목적을 이루는 도구로 이용되고 있다. 집단의 목적을 위해 동원하는 두 가지 사회적 방법, 즉 사람의 변화와 시스템의 변화를 그 생물학적 바탕까지 추적해 들어가면서, 말하자면 개인에게 미치는 유전적 요소와 환경적 요소의 영향까지 분석하면서, 심리학은 이데올로기적 편향에서 벗어나

지 못했다. 이 두 가지 근본적 요소들에 대한 평가가 바뀌고 있다는 사실
에서, 우리는 과학적인 방법들이 사회 발달의 추세에 미치는 영향을 다시
확인하고 있다. 정신분석은 이 점에서도 다른 부분에서와 마찬가지로 모
호해 보인다. 실용적인 측면에서, 정신분석은 치료적 노력을 정당화하기
위해서 당연히 환경적 요소들을 강조해야 했다. 그런 한편, 정신분석의 이
론적 구조의 전개는 환자의 근본적인 심리적 성향의 중요성을 부각시켰
는데, 이 점이 정신분석의 실패를 정당화하는 데 도움이 되었다. 이처럼
강조의 초점을 이동한 것은 보다 큰 질서의 사회적 동인과 맞아떨어지는
것 같다. 정신분석이 번창하던, 비교적 안정을 누리던 시대에 사회적 규범
에서 일탈한 사람이 있으면 그 탓은 그 사람 본인에게로 돌려졌다. 그러
나 사회적 위기를 맞고 있는 오늘날엔 정신분석의 치료적 중요성은 개인
의 고통을 "병적인 문명"의 탓으로 돌리는 것으로 뒷받침된다.

그렇다면 진보적인 정신분석가들이 신경증 환자를 놓고 "문화적 요소"
를 들먹이는 것은 편의상 그럴 뿐이다. 언제나 있어 온 "환경"의 영향을
그처럼 예리하게 자각한다는 사실 자체에서 치료의 실패에 대한 구실이
라는 냄새가 아주 강하게 풍긴다. 사회적 규범에서 벗어난 사람들이 생기
는 것을 막는 방법으로 개인적인 치료 대신에 심리학적 집단 교육을 옹호
하면서, 그런 사회 진화론자들은 마차를 말 앞에다가 다는 행태를 보이고
있다. 본말이 전도되었다는 뜻이다. 그렇게 되는 이유는 교육은 언제나 기
존 질서의 표현이며 사회를 지배하는 유형이 이용하는 도구이기 때문이
다. 사회를 지배하는 유형은 교육을 이용하여 대중에게 자신의 심리학을
강요한다. 한편 급진적인 사회 운동은 주로 개인의 어려움에 관심을 보인
다. 사회 운동에 따른 사회적 향상은 오직 한 집단에게만 유리하게 작용
하고 다른 집단에게는 오히려 해를 입히게 된다. 새로운 통치 집단이 불

만을 품은 개인과 집단을 이런저런 방법으로 억압할 때, 이는 그 집단이 모든 사회악을 척결했다는 의미가 아니다. 단지 신경증과 범죄를 포함한 부적응의 형식과 개념에 변화를 주었다는 뜻일 뿐이다. 패배주의적인 태도가 개인의 문제로 여겨지든 아니면 공적인 위협으로 여겨지든 상관없이, 어쨌든 신경증적 유형은 어떤 환경에서든 부적응자로 느낄 것이고 또 그렇게 보일 것이다.

신경증과 부적응과 범죄를 척결할 만병통치약은 어디에도 없기 때문에, 우리는 진화론적인 과학 이론에서 전혀 아무런 위안을 얻지 못한다. 진화의 과정이 습득한 특징들의 유전에 의해 결정되는가 아니면 자연의, 즉 환경의 선택의 결과로 일어나는 것인가 하는 생물학적 문제는 자신의 환경을 스스로 창조해내는 인간의 행동과는 무관해 보인다. 유전적 요인이 인간의 행동을 좌우한다는 주장과 환경이 인간의 행동을 좌우한다는 주장 사이의 논쟁은 오직 우리의 소망적 사고가 벌이고 있는 숨바꼭질 놀이에 지나지 않는다. 현실주의적인 철학은 언제나, 적어도 암묵적으로는 개인의 성격을 인간 행동의 실질적 원인으로 인정해왔다.

그러나 이는 개인이 자신의 욕망과 사회적 필요를 성취시키는 데 충동과 환경을 똑같이 이용하면서 내면에 나름의 정신적 인과관계를 만들어 낼 것이라는 점을 암시한다. 개인의 충동이 환경에 그런 식으로 창조적으로 작용할 경우, 개인을 문화와 분리시키는 그런 기계론적 인과관계를 넘어 의지의 역동적 인과관계가 나타난다. 이런 경우에 역동적 인과관계는 그 사람의 성격뿐만 아니라 그 사람이 속한 문화에까지 영향을 미치게 된다. 정신분석 학파들 사이에 나타나고 있는 거의 모든 모순과 논쟁은 이론이 그 근거를 두고 있는 기계론적 인과관계와 치료가 의지해야 하는 역동적 인과관계 사이의 혼동 때문이다. 이는 곧 해석적인 심리학은 인과관계의 고리를 찾아 그 개인을 넘어서 아득히 먼 과거의 사회적 및 집단적 원천으로까지 거슬러 올라가야 한다는 뜻이다. 인간의 문화와 성격의 기본적인 개념이 시작된 그곳으로까지 말이다. 반면에 치료는 유전과 환경을 넘어선 곳에서 작용하고 있는 자율적인 힘으로서의 개인의 의지에 바탕을 둬야 한다. 달리 말하면, 인과적 해석은 오직 과거 쪽으로만 움직인다. 그리고 무엇인가가 일어난 이유에 대해서는 다양한 방법으로 해석하는 것이 가능하다. 그러나 그런 바탕에서 효과적인 치료를 기대하는 것은 불가능하다. 자아의 성장과 발달을 허용하고 또 바라는 한, 우리는 통제라고 부를 만큼 인간의 행동을 예측하지도 못하고 또 그렇게 해서도 안 된다. 더욱이, 인간의 의지는 창조적인 가치들을 낳을 뿐만 아니라 바람직하지 않은 반작용까지 낳는데 이 반작용 역시 예측 불가능하다.

사람들의 자연적 반응으로 나타나는 집단 치료도 인간 존재의 내면에서 좌절된 힘들을 자동적으로 해방시키는, 똑같은 추세를 따르는 것 같다. 이 점에서 본다면, 치료적인 대중 운동으로 인식되는 혁명들은 개인의 신경증과 역설적으로 비슷한 점을 보인다. 이 대목에서 나는 "신경증"이라는 표현으로 혁명적인 행동의 겉에 드러나는 그 변덕성을 뜻하지 않고 대중 운동의 맥락에서 일어나는 사회적 행동의 창조적 중요성을 의미하고 있다.

다른 한편으로 보면 신경증은 그 사람의 일부분이 일으키는 일종의 혁명이다. 자신의 환경과 유전에 반대하여 일으킨 혁명일 뿐만 아니라, 환경과 유전을 대표하고 있는 자아에 맞서는 혁명이기도 하다. 이 점에서 본다면, 신경증은 교육의 바탕을 이루고 있는 심리학에 반대하는 혁명이기도 하다. 니체는 예리한 통찰력을 보인 어느 글에서 정신과의사들에게 대담한 질문을 던지고 있다. "건강한 신경증 환자들"은 절대로 있을 수 없는

가? 즉, 좌절한 개인이 봉쇄된 자신의 에너지를 긍정적인 방향으로 해방시키는 것은 불가능한 일인가? 그러나 내가 볼 때 모든 신경증 환자는 보다 능동적인 형태의 혁명적인 행동에 나타나는 것처럼 환경에 반대하는 것이 아니라 자아의 또 다른 부분에 맞서 반항을 일으키는 경향을 보인다. 이 내면의 투쟁이 지나치게 치열해질 때마다, 이 투쟁은 육체적, 정신적 혹은 영적 차이를 근거로 개인이나 집단, 계급 혹은 민족 사이의 충돌로 외면화된다. 이처럼 강압적으로 터져 나오는 차이에 대한 주장을 모든 사람들의 내면에 원래부터 갖고 있는, 구별하려는 성향과 혼동해서는 안 된다.

유사성에 대한 영적 욕구를 과학적으로 합리화하는 최종적 수단으로서, 현대 심리학은 단지 표현이 좌절된 자연적 차이가 적의와 증오의 방향으로 표출되도록 몰아붙이고 있을 뿐이다. 따라서 반목의 악순환의 고리가 만들어지고 반목은 점점 더 커지게 된다. 개인 사이에서든 집단 사이에서든, 이 악순환에서 증오는 자기주장을 지속적으로 펴는 수단으로 더욱 강화되어야 하고, 그러면 "신경증"이 진정한 자아를 대체하게 된다. 평등이라는 민주적 이상을 믿고 있는 희생자로서, 우리 시대의 자부심 강한 유형은 자신의 내면에서 차이를 상대로 전투를 벌이지 않을 수 없다. 따라서 피할 수 없는 구별에 따른, 두려움과 죄의식의 온갖 반응은 "신경증"으로 용서를 받지 못할 경우에는 이기적이라는 비난을 듣게 된다. 자신의 자기중심적인 성향 때문에 내적 차이나 외적 차이를 받아들이지 못하게 된 자부심 강한 유형은 자기 자신에 맞춰 다른 사람들을 변화시켜야 한다고 느낀다. 개인적인 것이든 사회적인 것이든 아니면 인종적인 것이든 온갖 형태의 차이 앞에서 일어나는 이런 유사성을 향한 갈망은 영속성이라는 원시적이면서도 근본적인 사상을 통해서 개별화의 부정적 양상에,

그리고 최종적으로 죽음에 맞서야 하는 필요성에서 비롯된다.

불멸에 대한 이 같은 보편적 욕구는 종교적 용어로 표현되든, 정치적 용어로 표현되든 아니면 심리학적 용어로 표현되든 개인의 차이를 강화하고 따라서 적대감을 일으키게 되어 있다. 이런 관점에서 보면 자유와 평등, 박애라는 민주적 이상은 과도한 차이를 막는 수단으로 이해될 수 있다. 적정한 수준의 차이는 어떤 종류의 삶에서든 그 삶의 유지를 위해 필요하다. 최근에 민주주의는 기대와 달리 개별화를 촉진시키지 않고 오히려 방해하고 있다는 비난을 받아왔다. 특히 민주주의의 2가지 근본 개념, 즉 평등과 자유는 서로 완전히 대립하고 화해 불가능하다는 소리가 자주 들렸다. 스페인 역사학자 마다리아가(Salvador de Madariaga) 같은 리버럴한 인물까지도 솔직히 "자유와 평등은 실제 삶에서 함께 갈 수 없다. 불평등은 자유의 불가피한 결과이다."라고 언급했다.

그러나 마다리아가가 불평등을 들고 나온 것은 경제적이거나 정치적 의미의 불평등이 아니라 인간 존재들에게 고유한 불평등을 솔직히 인정하자는 뜻이었다. 사실 우리 시대의 위대한 민주주의 국가들에서 자유라는 개념은, 자유 경쟁의 경제적 현실로부터 민주적 유형이 생존하기 위해 필요로 하는 자기표현의 심리적 비현실로 점점 변화해가는 모습을 보이고 있다. 가톨릭교회의 고백과 치료 상의 카타르시스와 마찬가지로, 언론과 표현에서 보장되는 여론의 정치적 자유는 불만을 품은 개인들이 분노와 적의를 폭발시키는 것을 막아주는 안전장치의 기능을 하고 있다.

이런 식으로 개인의 자유를 극적으로 부각시키더라도 지배 계층이 권력을 쥐고 있는 한 지배 계층의 실제 정치에는 거의 아무런 영향을 미치지 못한다. 예를 들어, 300년 이상 동안 "귀족정치" 유형의 과두정치의 통치를 받아온 영국에는, 프랑스 태생의 영국 역사학자 벨록(Hilaire Belloc)

에 따르면, "언론의 자유가 더 이상 존재하지 않는다". 법으로 언론에 재갈을 물려서 그렇게 보는 것이 아니다. 단지 언론이 관습의 제한을 받는다는 이유에서 하는 말이다. 그런데도 개인의 자유라는 사상은 아직도 떠받들어지고 있으며, 하이드 파크의 가두 연설자도 머릿속에 든 것을 자유롭게 풀어놓는다. 그래서 스스로 공산주의와 파시스트 독재자로 입지를 확고히 굳힌 현대의 혁명가들은 이 "부르주아" 심리학을 거부했다. 이 심리학이 그 이중성 때문에 그들의 이데올로기까지 두루 포용하는데도 말이다. 모든 인간은 심리학적으로 똑같다는 행동주의의 전제는 공산주의에서 사회 · 경제적 극단으로 확장되고 있다. 반면에 구별을 꾀하는 심리주의(Psychologism)의 개인주의적 극단은 니체의 초인을 찬미하는 민족주의적 파시즘으로 표현되고 있다.

이런 극단적인 집단 운동을 대하는 태도를 불문하고, 이 운동들이 근본적인 민주적 원칙들의 암적 파생물이라는 사실을 직시할 필요가 있을 것 같다. 어떤 민주주의 국가에서도 실질적으로 구현되지 못하고 있는 평등이라는 이상은 공산주의에서 극단적인 형태로 뒤틀려졌다. 한편 개인 심리학에서 전체 민족으로 확대된 자결이라는 민주적 원칙은 비민주적인 전체주의의 바탕이 되고 있다. 이승에서 내세의 절대적 자유를 추구하면서, 인간은 더욱더 자유롭지 못하게 되었다. 자기 자신에게 반란을 일으킨 신경증 환자의 신세와 별로 다를 바가 없다. 따라서 자유라는 이상은 경제학에서 "자유방임" 원칙을 정당화하는 데 이용되는 동시에 경제적 노예제도의 지속을 허용한다. 게다가, 개인이 전적으로 자유롭거나 적어도 자유롭다고 느낄 때에만 창조력을 충분히 표현할 수 있다는 믿음은 심리학적 오류이다. 이를 뒷받침하는 예를 하나만 제시한다면, 문학에서 명작으로 꼽히는 작품들의 대부분이 자유가 억압당하는 데 대한 항의로 창작되었지만 자유의 성취를 축하하여 쓴 작품은 별로 없다는 사실이 있다. 실제로 명작 중 많은 것이 감옥에서나 망명 중에 쓰인 작품이다.

이런 모순적인 역설을 이해하고 조화시키기 위해서, 우리는 통치 이론에 표현된 절대주의적 이상을 넘어 항상 변화하는 가치들이라는 역동적인 개념을 받아들여야 한다. 민주적 원칙들이 개인주의에 반대하고 동조를 옹호하는 쪽으로 작동하는 한, 그 원칙들은 당연히 정치나 경제, 심리학적인 측면에서 일부 개인 혹은 집단의 반발에 봉착하게 된다. 달리 말하면, 통치상의 집단성에 맞서는 반발이 언제나 있게 마련이라는 뜻이다. 중요한 차이는 이 반발들이 사회가 계획한 것이 아니고 개인들의 의지에 따른 것이라는 점이다.

결국, 혼동을 일으키고 있는 이 역동적 원칙에 대한 모든 오해는 인간이 추구하는 목표이기보다는 인간의 현실적 삶을 정당화하는 바탕으로 삼아야 할 이상적인 개념들 사이의 차이로까지 거슬러 올라간다. 말로 정의되는 그대로의 평등은 현실에서는 절대로 성취될 수 없는 이상이지만 위험한 개인주의를 견제하는 장치로 옹호되고 있다. 그런데도 평등이 마치 현실에서 이룰 수 있는 사실인 양 인식되고 또 다뤄지고 있다. 정말이지, 통치로 구현되는 법은 평등의 상징으로 통하지만 모든 사람이 신 앞에서 똑같아질 수 있는 때는 이 법을 아주 일반적인 의미로 해석할 때뿐이다. 사실 평등은 원래 기독교가 소개하거나 충실하게 표현한 종교적 개념이었으며 주로 모든 사람에게, 특권을 가졌거나 특권을 갖지 못한 사람에게 똑같이 사후의 불멸을 약속하고 있다. 따라서 심리학을 포함한 모든 비이성적인 이데올로기들의 완전한 붕괴에 직면하고 있는 오늘날, 몇 남지 않은 인본주의자들이 민주주의가 파시즘과 공산주의라는 세속의 종교에 맞서 투쟁을 벌일 수 있는 유일한 기회를 기독교에서 찾으며 기독교로 개종하고 있다. 그럼에도 정치적 민주주의가 진정한 기독교 이데올로기를 성취하지 못했고, 그 결과 2개의 전체주의적 이데올로기가 성공을 거둘 수 있게 되었다. 이 전체주의적 이데올로기들은 기독교 없이도 성공할 수 있었다. 왜냐하면 이 이데올로기들이 소외된 사람들의 희망을 성취시키는 데 있어서 민주적인 기독교, 특히 산업 자본주의에 적응한 프로테스탄트보다 더 적극적이었기 때문이다. 사실, 우리의 위기는, 드러커(Peter Drucker)가 명저『경제인의 종말』(The End of Economic Man)에서 지적하듯이, 서구 문명이 평등의 영적 개념을 현실로 옮겨놓지 못한 탓에 일어난 것이다. 경제적 평등을 이루려는 노력은 이 실패들의 마지막을 의미할 뿐이다. 앞서 정치적 평등을 확립하려는 노력도 실패로 끝났다. 이런 점에서 본다면, 특히 지금과 같은 공산주의로 해석된 마르크스주의는 기독교가 영적으로 지키지 못했던 것을 이성적으로 성취하는 데, 말하자면 초자연적인 것을 자연적인 것으로 옮겨놓는 데 실패했다. 그것은 불가능한 일을 하려는 시도이다. 왜냐하면 이성적인 인간의 정치적 및 경제적 가치들, 즉 평등과 자유는 근본적으로 사후의 세상에서나 발견될 수 있는 "완벽"을 이승에서 성취하는 것을 목표로 잡고 있는 비이성적인 이데올로기이기 때문이다. 이 같은 전개에서 심리학은 그 절정을 의미함과 동시에 그 종말을 의미한다. 왜냐하면 이성적인 인간이 심리학을 통해서 합당한 범위 그 이상으로 자연을 통제하다가 결정적인 생명력까지 부정하는 단계에 이르렀기 때문이다.

견디기 어려운 고통을 수반하는 인간의 모든 문제는 자연의 세계를 인공의 현실로 만들려는 끝없는 시도에서 비롯된다. 이로 인해 자연의 영역과 인공의 영역에서 가치들에 대한 혼동이 절망적일 만큼 심각하게 일어난다. 이런 면에서 본다면, 인간의 모든 가치들은 예를 들어 돈처럼 우리의 눈에 아주 진정해 보이는 것일지라도 절대로 진정하지 않다. 대단히 역설적이게도, 진정하지 않다고 해서 비이성적이라는 뜻은 아니다. 똑같이 인간적인 가치인 이성적인 것과 비이성적인 것은 자연적인 가치들을 나타내는 진정하거나 진정하지 않은 것과 같지 않다. 이 같은 혼동의 결과는 우리가 살고 있는 현실이 우리가 이성적이라고 생각한다는 이유로 진정하다고 믿는 비현실에 의해 결정되는 그 역설에 잘 나타나고 있다.

이 모든 것은 나의 주된 주제, 즉 이데올로기들이 개인의 행동에, 따라서 민족의 운명에 현실보다 훨씬 더 강력한 영향을 미친다는 주장의 중요성을 한 번 더 여실히 보여주고 있다. 사람들의 다양한 사고방식으로 표현되는 기본적인 정신적 가치들이 개인들의 삶과 민족의 운명에 부차적인 중요성만을 지니는 것으로 여겨지는 한, 사람들 모두가 먹고 자고 생식(生殖)한다는 단순한 사실만이 일반 심리학의 바탕이 되어 줄 수 있을 뿐이다. 따라서 우리 시대에도 정치 이론들은 앞서 타도의 대상으로 삼았던 종교적 및 심리학적 이데올로기들이 했던 것과 똑같이 절대론적 보편성의 필요성에 호소해야 한다. 그럼에도 서로 맞서는 진영들이 공통적으로 갖고 있는 것은 자아의(혹은 그들의 유형의) 불멸에 대한 근본적인 욕구이다. 유일한 차이는 한 집단은 유사성을 바탕으로 불멸을 추구하고 있고 다른 집단은 차이를 바탕으로 불멸을 추구하고 있다는 점이다. 말하자면 집단주의적으로나 개인주의적으로 불멸을 추구하는 점이 유일한 차이라는 뜻이다.

우리 시대를 흔들어 놓고 있는 사회 운동의 맥락에서 보면, 현대의 심리학은 극단적인 정치 이데올로기들이 사회 제도의 변화를 통해 이루려고 노력하고 있는 것을 개인의 자아 안에서 내면적으로 성취하려고 하는 절망적인 시도처럼 보인다. 민주적 이상을 중요하게 여기는 심리 유형의 내면에서 성취된 일시적 타협은 한 번 더 극단적인 구성요소로 찢어졌으며, 이 극단적인 구성요소들은 대립적인 정치 철학의 용어로 표현된 두 개의 세계관 사이의 투쟁에서 그 모습을 분명히 드러내고 있다. 사람들을 일정한 유형에 맞춰 다듬는다는 교육적 이상은 새로운 유형의 사회를 다듬는 것으로 대체되었으며, 따라서 사람들은 서로 똑같지 않은데도 이 사회 안에서 어쩔 수 없이 서로 똑같은 존재로 태어나야 한다. 그러나 외부에서 개인에게 강요한 균일은 개인에게 만족을 안겨주기 어려우며, 그래서 개인은 이 개인적 만족을 유사성을 추구하는 내면의 투쟁에서 발견하는 것 같다. 따라서 우리는 평등에 바탕을 둔 최근의 체제들이 유사성을 추구하는 인간의 노력을 성취한 것으로 선언되기는커녕 사회적 및 민족적 차이와 관련하여 대단히 예민한 저항에 봉착하고 있다는 것을 확인하고 있다.

이를 근거로, 현재의 투쟁은 개인들과 민족들의 동등한 권리를 추구하려는 투쟁은 더 이상 아니고 개인들과 민족들이 자신의 본래의 모습으로 남을 수 있는 권리, 즉 다를 수 있는 권리를 추구하려는 투쟁이라고 볼 수 있을 것이다. 억압당하고 박해 당한, 다양한 부류의 소수자들이 착취자에게 저항하거나 굴복하고 있는 어느 대중 운동의 온갖 외양에도 불구하고, 전 세계적으로 전개되고 있는 이 혁명은 대단히 개인주의적인 원칙을 갖고 있다. 두 개의 극단적인 정치 운동이 각자의 깃발 아래에서 전진하고 있음에도 불구하고, 그것은 평등을 위한 투쟁도 아니고 지배권을 노린 투쟁도 아니다. 그것은 개인에서 그 사람의 민족으로 확장된, 자기 존속을 위한 투쟁이다. 그러면 그 민족의 이데올로기는 인종적인 것이든 정치적인 것이든 아니면 지적인 것이든, 영속성을 부여받은 어떤 유형의 내면에서 자아의 영적 영속성을 한 번 더 보장한다. 개인적, 사회적 및 인종적 차이의 영역에 맞서서 평등 혹은 유사성을 얻기 위해 벌이고 있는 서구인의 이 같은 투쟁은 초자연적인 계획에 맞춰 삶으로써 이승의 존재를 영구화한다는 인간의 기본적인 문제를 보여주는 것에 지나지 않는다. 인류 역사는 인간이 자연의 현실에 맞서 벌인 투쟁을 뒷받침하는 증거보다 영원한 영혼에 대한 믿음의 비현실성을 추구하며 벌인 투쟁을 뒷받침하는 증거들을 훨씬 더 많이 제시하고 있다. 이런 의미에서 보면, 심리학은 그 성격상 모든 인간들을 근본적으로 비슷하다고 설명하면서도 성격적으로 서로 다른 점을 강조하는 모호한 면을 보일 수밖에 없다. 하나의 해석적인 학문으로서 심리학은 모든 개인은 본래 이 세상에서 유일한 존재라는 점을 보여주고 있지만, 모든 심리학 이론에 의해 표현되고 있는 이데올로기는 모든 개인에게 동료들과 기본적으로 비슷하다는 점을 확인시키고 있으며 또 그렇게 함으로써 사회적 및 정치적 차이와 상관없이 자기 영속성을 보장하고 있다. 이런 면에서 본다면, 나의 책 『영혼과 심리학』에서 보여주었듯이, 심리학은 종교의, 더 구체적으로 보면 영혼에 대한 오래된 믿음의 막내 자식이라고 할 수 있다. 그럼에도, 평등과 자유라는 우리의 정치적 및 경제적 이데올로기들이 처음에 했던 약속을 지킬 수 없었던 것과 똑같이, 심리학도 종교를 결코 대체하지 못했다. 왜냐하면 심리학이 이성적으로 보이기 위해선 심리학의 부모랄 수 있는 영혼에 대한 믿음의 존재 자체를 부정해야 했고 또 불멸에 대한 인간의 욕구를 심리학적 평등 혹은 유사성을 보여주는 언어로 합리화해야 했는데, 이 불멸에 대한 욕구가 거꾸로 경제적으로나 정치적으로나 인종적으로 차이에 대한 주장을 강력히 옹호하게 했기 때문이다. 이 같은 옹호로 인해 우리가 지금 고통을 당하고 있는 것이다.

2장

불멸의 자아, 더블

인간의 행동을 개인 심리학을 넘어서 성격이라는 보다 넓은 개념으로 확장해서 본다는 것은 곧 문명화된 인간은 자신의 지적인 에고의 이성적 판단에 따라서만 행동하고 있지도 않고 또 본능적 자아의 근본적인 힘들에만 맹목적으로 휘둘리고 있지도 않는다는 것을 암시한다. 인류의 문명과 그 문명을 대표하고 표현한 다양한 성격 유형은 초자연적인 어떤 개념을 바탕으로 이성적인 요소와 비이성적인 요소를 하나의 세계관으로 결합한 제3의 원칙이 끊임없이 작동한 결과로 생겨난 것이다. 이는 주술적인 세계관을 바탕으로 영위되었던 원시적인 집단생활에도 그대로 통할 뿐만 아니라 고도로 기계화된 현대 문명에서도 영적 가치들에 대한 간절한 욕구에 의해 증명되고 있다. 인간은 아무리 원시적인 조건에 처해 있을지라도 순수하게 생물학적인 바탕에서만, 즉 자연적인 바탕에서만은 살지 못한다. 우리가 알고 있는 가장 원시적인 사람들조차도 초자연적인 의미로서만 이해될 수 있는, 이상하고 복잡한 생활양식을 보인다.

현대의 인류학자들도 이 같은 사실을 확인했다. 그럼에도 대부분의 인류학자들은 이런 초자연적인 세계관을 우리가 오래 전에 미신이라고 치부한 주술에 대한 원시적 믿음을 보여주는 재미있는 유산 정도로 낮춰보면서 심리학자들과 별반 다르지 않은 모습을 보였다. 영국 인류학자 제임스 프레이저(James Frazer)는 주술의 역사에 관한 방대한 책『황금가지』(The Golden Bough)의 마지막 책에서 주술을 "인간의 잘못과 어리석음, 헛된 노력, 시간 낭비, 좌절된 희망 등의 어두운 연대기"로 여기고 있다. 프로이트는 원시적인 미신과 신경증적 행동을 서로 비교하면서 단순히 현대인의 내면에 비이성적인 힘들이 남아 있다는 사실에 대해서만 언급했으며, 그렇게 함으로써 원시인의 세계관을 설명하는 데는 이성적인 심리학이 부적절하다는 점을 드러내 보였다. 몇몇 진보적인 저자들이 그런 과학적 분류를 옆으로 밀쳐놓으면서 우리 현대인도 원시인만큼 미신적이라는 점을 기꺼이 인정하려 하는 때, 프로이트의 노력은 별다른 의미를 지니지 못한다.

　실제로 현대인의 속을 들여다보면 여전히 미신적인 구석이 많다. 그런데 이 같은 인정은 개혁의 냄새를 지나치게 강하게 풍기고 있으며 그래서 사람들을 해방시키는 효과보다 놀라게 만드는 효과를 내는 것 같다. 우리 내면에 있는 이 "원시성"을 두려워하고 있는 것은 분명히 원시성을 부정하려는 시도가 성공하지 못했기 때문이다. 어쨌든, 우리가 쉽게 인정할 수도 있는 원시성은 대부분 우리 자신의 상상력의 산물이다. 말하자면, 우리가 아득히 먼 조상과 진정으로 공유하고 있는 것은 원시적인 자아가 아니고 영적인 자아라는 뜻이다. 이 영적인 자아를 우리는 인정하지 않고 있다. 왜냐하면 우리가 순수하게 이성적인 차원에서 살아가고 있는 자신을 자랑스럽게 여기고 있기 때문이다. 그 결과, 우리는 현재의 영적 필요에서 그런 비이성적인 생명력을 인정하지 않고 그 생명력을 원시적인 과거의 것으로 부정하게 되었다. 내가 앞에서 초자연적인 것을 진정으로 자연적인 생물학적 삶과 대비되는 인간적인 요소로 이해한 것은 바로 이런 의미에서였다.

인간적인 나의 해석은 초자연적인 것을 기본적으로 "문화"와 똑같은 것으로 인식한다. 어쨌든 "문화"는 자연에 존재하지 않는 것들로 이뤄져 있지 않은가. 나는 "문화"라는 단어로 인류 초기의 영혼 숭배에서부터 종교, 철학, 심리학에 이르기까지, 인류의 모든 영적인 가치들뿐만 아니라 사회 제도까지 의미하고 있다. 이런 것들은 원래 인간이 초자연적인 삶을 영위하는 것을 뒷받침하기 위해 만들어졌다. 말하자면 인간이 하나의 사회적 유형으로서 자기 영속성을 확보할 수 있도록 하기 위한 것이었다는 뜻이다.

따라서 우리는 문화의 발달과 또 그와 동시에 일어나는, 문명화된 자아를 창조하는 과정에서 3개의 층을 구별할 수 있다. 초자연적인 층과 사회적인 층, 심리학적인 층이 있는 것이다. 자연적인 생식(生殖)의 생물학적 자아는 처음부터 부정되고 있다. 왜냐하면 생물학적 자아가 죽음을 받아들인다는 것을 암시하기 때문이다. 이 점에서 보면, 원시인에게 있어서 초기의 주술적 세계관은 생물학적으로 생존하기 위해 힘든 투쟁을 벌이는 데 대해 위안을 주는 그런 환상이 아니라 자아의 영원한 존속에 대한 확신을 주는 환상으로 작용했다. 인간이 만든 이런 초자연적인 세계관이 문화의 바탕을 이루고 있다. 이는 인간이 불멸성에 대한 욕구를 더욱더 구체적으로 표현한 상징들로 스스로를 점점 더 강하게 뒷받침해야 했기 때문이다.

인간이 문화적인 세계를 창조하는 데 동원할 수 있는 가장 막강한 도구는 숭배로 표현되는 종교였다. 이 종교에서 건축과 드라마, 문학뿐만 아니라 미술도 나왔다. 한 마디로 말해, 한 개인의 짧은 평생 그 이상으로 살아남는 것은 모두 문화인 것이다.

고고학과 인류학, 사회학 분야의 전문가들은 옛 문명이 남긴 유물들을 바탕으로 다양한 문화의 특징적인 패턴을 시대별로 복원하고 있다. 지금 우리는 어떤 구체적인 문명에 관심을 쏟고 있지도 않고 또 다양한 문명에 속하는 유물들을 비교함으로써 어떤 결론을 끌어내려 하지도 않는다. 우리는 포괄적인 어떤 접근법을 마음에 두고 있다. 인간 존재가 문명을, 그리고 그것으로 문명화된 자아를 왜, 어떤 식으로 건설했는가 하는 일반적인 문제를 다룰 것이다. 말하자면, 우리의 삶에서 상실되었거나 다른 것으로 위장한 영적 가치들을, 그러니까 지금도 우리의 생물학적 및 사회적 존재에 의미를 부여해야만 하는 가치들을 재발견함으로써, 우리는 개인의 성격과 문화가 불멸성이라는 똑같은 욕구에서 비롯된 배경을 보여줄 생각이다.

인간은 자신의 영적 자아를 지키기 위해 자연적 조건들을 변화시킴으로써 문화를 창조한다. 그런 한편, 문화와 문화의 패턴은 이 영적 자아를 다양한 성격 유형으로 다듬는 데 중요한 수단이 된다. 이처럼 성격과 문화가 동시에 성장하고 발달하면서 상호 영향을 미치는 현상은 인간의 과거 역사, 즉 우리가 물려받은 문화에 대한 이해를 도울 뿐만 아니라, 모든 문명의 존속과 창조의 그 바탕에서 지금도 생생하게 그대로 나타나고 있다. 이런 의미에서 본다면, 우리의 설명은 인문적인 학문들의 접근법과 다르다. 우리의 설명이 개인을 문화로부터 분리시키지 않고 개인의 발달과 문화의 발달을 따로 떼어놓을 수 없는 하나의 단위로 보고 있다는 점에서 본다면 그렇다.

개인과 문화의 발달을 다루는 다른 학문들은 전문화에 따른 필요에서 뿐만 아니라 학문이 중요하게 여기는 인과관계적인 이데올로기라는 보다 깊은 이유 때문에 이 단위를 잘게 쪼개 놓는다. 이런 식의 접근법은 실제로 과거를 폐기처분함으로써, 말하자면 그야말로 과거를 역사로만 봄으로써 우리를 과거로부터 떼어놓는다. 어떤 과학자가 과거를 가리키면서 거만하게 "저기서 우리가 나왔어."라고 말할 때, 다른 과학자가 그 말이 못마땅하다는 듯 "우리는 아직 거기에 있어."라고 덧붙인다고 가정해 보라. 우리가 지금도 여전히 과거의 영적 가치들을 바탕으로 살고 있는데도, 이 가정에서 확인하듯 우리 자신을 과거로부터 떼어놓으려는 욕구가 인간의 문제와 사회적 곤경을 낳고 있다. 그런데 이 사회적 곤경을 인문학은 절대로 해결하지 못한다. 왜냐하면 인문학 자체가 기억이라는 인간의 선물, 아니 저주 때문에 "역사화"(historization)의 피해를 입고 있기 때문이다. 기억이 생생하게 살아 숨을 쉬도록 한다면, 말하자면 기억을 단순히 떠올리는 것이 아니라 기억을 우리의 것으로 체화한다면, 우리는 영적 욕구를 원시적이라고 비난할 필요도 없이 그대로 인정할 수 있다.

문화가 지리학적으로나 인류학적으로가 아니라 바로 내면의 영적 욕구에서 어떤 식으로 발달하는지를 보여주기 위해, 우리는 앞으로 이 책에서 현대인의 역동적인 성격을, 즉 지금도 살아 있는 먼 조상을 가진, 말하자면 원시인의 영적 자아를 가진 그런 현대인의 역동적인 성격을 만나게 될 것이다. 원시인의 자료를 우리는 역사적이거나 설명적인 의미에서 끌어들이지 않는다. 단지 문명을 창조했고 또 그것으로 인해 지나치게 문명화된 에고를 가진 상태에서 이 문명화된 에고를 2개의 상반된 자아로 찢어놓음으로써 분열되고 있는 현대인의 내면에 지금도 남아 있는 것들을 쉽게 보여주는 예로서 원시인의 자료를 소개할 것이다.

현대인의 내면에서 서로 맞붙어 싸우고 있는 자아의 그 두 가지 양상이 틀림없이 현대인의 성격 구성에 필요한 원재료를 공급하고 있다. 그럼에도, 행동 혹은 "사고와 감정"의 동소체(同素體(antimony):다이아몬드와 흑연처럼, 결정이나 분자 내의 원소는 동일한데 배열이 달라 물리적 성질이 다른 상태로 존재하는 것들을 뜻한다/옮긴이)인 이 두 가지 자아가 전체 성격의 표현에서 통합되는지 아니면 갈등을 빚는지에 따라 성격 형성의 결과는 엄청나게 달라진다. 온전한 삶과 기능을 방해하는 갈등의 이런 이분법적 측면과, 주술적인 세계관에서 역동적으로 균형이 맞춰졌던 자연적 자아와 영적 자아 사이의 근본적인 이원성을 서로 혼동해서는 안 된다. 이 장에서 분석하게 될 '더블'(Double)에 관한 원시적 및 현대적 자료는 더블을 불멸의 영혼으로 긍정적으로 평가할 경우에 자아로부터 성격의 원형이 어떤 식으로 구축되는지를 보여줄 것이다. 그런 한편 더블을 죽음의 상징으로 부정적으로 해석할 경우에 현대적인 성격 유형의 분열적 징후가 나타나는 것이 확인될 것이다. 이처럼 더블에 대한 인식이 완전히 뒤바뀐 것이, 민속학과 문학적 전통을 나란히 놓고 비교할 경우에 확연히 드러나듯이, 삶을 대하는 태도에 근본적 변화를 초래했다. 인간이 주술의 영향을 받는 것으로 여겨지던 초자연적인 힘들을 믿던 태도를 버리고 초자연적인 힘들에 대해 "신경증적으로" 두려워하는 태도를 갖게 된 것이다. 그래서 이제 인간은 이 신경증적 두려움을 심리학적으로 설명해야 했다.

1914년 초, 즉 세계대전에 따른 정신적 충격이 지나치게 이성적이던 문명의 바탕을 뒤흔들어놓기 전에, 나는 '더블'의 문학적 모티프에 관한 에세이('Der Doppelgaenger' 'Imago', 1914)를 발표했다. 더블을 구조적으로 분석한 결과 원시인의 주술에 담겨 있던 인간 심리의 비이성적인 뿌리가 그대로 노출되었다.

초기의 미신적인 믿음들에서 훌륭한 어떤 학문이 발달하는 것은 놀라운 일도 아니고 당혹스러운 일도 아니다. 인간이 기억조차 하지 못할 만큼 아득히 먼 옛날부터 미지의 자연의 힘들을 이런저런 방법으로 정복할 수 있는 것처럼 가장함으로써 그 힘들로부터 스스로를 보호해야 했다는 사실을 상기하는 것만으로도 그런 식으로 학문이 발달하는 데 이상할 구석이 하나도 없다는 사실이 확인될 것이다. 서구의 천문학이 정착하기 몇 세기 전에, 동양 종교의 고위 성직자들은 미래를 예측하여 국민의 운명을 결정하기 위해 점성술을 이용했다. 점성술은 실은 별들을 객관적으로 관찰한 결과 가능해졌지만, 고대의 동양 문명에서는 하늘에 대한 주관적 해석에서 시작되었다. 마찬가지로, 우리의 화학도 금을 만들어냄으로써, 따라서 가마솥 안에서 생명 자체를 창조함으로써 자연을 능가하겠다고 나선 중세 연금술사들의 신비한 실험에서 비롯되었다. 훗날의 과학적인 정신을 가진 후손들이 교육을 받지 못한 선조들을 인정하는지 여부와는 관계없이, 우리는 과학적인 후손들의 조상과 유산을 더듬는 일에 주저해서는 안 된다. 심리학과 같은 문제아를 다룰 때에는 과거를 더듬는 일에 특히 더 적극적으로 나서야 한다.

새로운 과학적 심리학이라는 마법에 걸린 학생으로서, 나는 수 세기를 내려오는 해묵은 어떤 주제의 변화하지 않는 효과를 설명하는 데는 이성적인 심리학, 심지어 무의식의 심리학까지도 애초부터 부적절했다는 사실을 깨닫게 되었다. 25년도 더 전에, 나는 그리스 신화와 연극 이후로 늘 인기를 끌었던 더블이라는 주제를 그때까지 무대에 오른 어떤 작품보다도 더 사실적으로 그린 영화를 우연히 보게 되었다. 인간이 자신의 더블을 만남에 따라 저지르게 되는 실수를 다룬 작품은 유명한 다른 문학적 모티프들과 마찬가지로 정기적으로 나타난다. 형제들 사이의 반목이라는 주제가 18세기 말 문학의 시대에 널리 다뤄지고 오누이 사이의 근친상간적 사랑의 모티프가 엘리자베스 여왕 시대의 특징이었듯이, 더블이라는 주제가 인기를 끈 것은 독일 낭만주의 시대 때였다. 예전에도 무대 예술의 주제로 인기를 끌었던 주제인 더블이 새롭게 관심을 끄는 현상은 주인공들의 괴벽스런 성격만으로는 충분히 설명될 수 없다. 그래서 당시에 내성(內省)적인 소설가들이 이 현상을 심리학적으로 분석하고 나섰다. 독일 철학에도 나타난 그와 비슷한 흐름은 자아의 정체성에 의문을 제기하던 그 시대의 심리 상태에서 보다 깊은 이유가 발견될 것이라는 점을 암시한다.

"혁명의 철학자" 칸트가 부르주아 유형의 심리를 체계화한 뒤에, 그 심리의 바닥에 자리 잡고 있던 자결의 원칙이 낭만주의 철학자들에 의해 극단적인 개인주의의 형태로 발전했다. 프랑스 혁명의 실제 결과에 실망한 나머지, 낭만주의자들은 자연의 법은 정신에 의해 만들어진다고 가르쳤던 칸트보다 더 멀리 나아갔다. 낭만주의자들은 자의식의 성장과 동일한 것으로 인식했던 역사 발달의 전체 패턴에 이 이상적인 개념을 적용했다. 따라서 지식의 진정한 대상은 자기지식일 수밖에 없게 되었다. 그 바탕 위에서 낭만주의자들은 개인적, 계급적, 민족적 포부를 자기의 발달에서 나오는 것으로 정당화했다. 이 자기를 피히테(Johann Gottlieb Fichte)는 윤리적인 것으로, 헤겔(Georg Wilhelm Friedrich Hegel)은 논리적인 것으로, 셸링(Friedrich Wilhelm Joseph Schelling)은 미학적인 것으로 각각 해석했다.

낭만주의 시대에 철학에 나타난 자기중심적 경향이 당시의 문학에도 반영되는 것은 전혀 놀라운 일이 아니다. 실제로 우리는 이들 낭만주의 작가들이 더블의 주제를 자기의 문제로 해석하고 있다는 사실을 확인하고 있다. 말하자면 낭만주의 작가들이 우선적으로 더블을 심리학적 관점에서 보았던 것이다. 낭만주의 작가들이 인간의 자기를 깊이 파고들기 위해서 이중적인 성격 자체를 주제로 선택한 것은 틀림없이 낭만적 유형의 특징인, 자신들의 분리된 성격에서 나온 결과일 것이다. 그렇다면 프랑스 혁명의 영향과 프랑스 혁명 뒤에 승자로 등장한 나폴레옹을 이상적인 초인으로 찬미하던 행위의 영향으로 형성된 모순적인 유형인 낭만주의자의 정서가 갈등을 빚고 좌절한 까닭에 이중적인 성격에 관심을 기울이게 되었나고 볼 수 있다. 이로써 인간은 내면의 비이성적인 힘들을 한 번 더 자각하게 되었으며 자기에 관한 새로운 철학을 수용함으로써 그 힘들의 예술적 표현을 정당화해야 했다.

자기에 대한 이 같은 깊은 몰입이 낭만주의 작가들이 더블이라는 주제에 몰두하게 된 이유를 설명하는 한편, 이 모티프가 고대부터 지금까지 줄기차게 나타나면서 취하는 그 전형적인 형식에 대한 설명은 개인 심리학을 넘어서 고대의 전통과 원시인의 믿음에서 나와야 한다. 앞에서 언급한 영화, 즉 유명한 독일 낭만주의 작가 호프만(E. T. A. Hoffman)의 작품 '잃어버린 이미지의 이야기'(Story of the Lost Reflection)를 원작으로 한 '프라하의 학생'(The Student of Prague)의 구성이 그 주제에 고유한 온갖 모티프들을 아주 잘 결합했기 때문에, 나는 이 작품을 해부하는 쪽을 택한다.

무모한 난봉꾼인 주인공은 절망적인 상태에서 자기 자신의 그림자를 악마에게 팔아넘긴다. 이로써 악마가 인간의 모습을 하게 된다. 그런데 주인공은 그때까지 아무 쓸모없어 보이던, 거울에 비친 자신의 모습이 대단히 중요하다는 사실을 깨닫는다. 그러나 이미 때는 늦어버렸다. 정말 황당하게도, 거울에 비친 그의 모습이 독립적인 삶을 영위한다. 그 모습은 옛 주인을 따라 다니면서 그의 사회적 야망과 애정생활까지 방해한다. 그러다 마침내 그 모습은 예전의 주인을 진짜로 학대하며 자살을 하도록 몰아붙인다. 주인공의 섬뜩한 죽음은 그가 자신의 '또 다른 나'를 죽임으로써 무시무시한 박해를 종식시키려고 벌인 절망적 노력의 결과로 이뤄진다. 그런 공상적인 사건들은 더블의 출현으로 인해 초자연적인 형식을 취한다. 이 더블을 이 영화에서는 같은 배우가 맡는다. 주인공의 젊은 시절의 모습이 더블로 나오는 것이다. 그런데 주인공은 정작 늙어가고 있으며 예전의 자아의 도덕적 기준과 반대되는 기준을 선택했다. 주인공의 삶에서 아주 결정적인 순간에 이뤄지는, 상반된 두 자아의 조우는 영화의 플롯에 필요한 긴장과 복잡성을 부여한다. 이 영화가 던지는 메시지는 이런 것 같다. 영화에서 주인공의 젊은 모습으로 표현된 한 인간의 과거는 그 사람의 핵심적인 본성과 매우 밀접하게 연결되어 있다. 그렇기 때문에 자신을 과거와 완전히 단절하기를 원할 때에는 반드시 불운이 닥치게 되어 있다는 가르침으로 다가온다.

일부 작가들, 예를 들어 '지킬 박사와 하이드씨'(Strange Case of Dr. Jekyll and Mr. Hyde)를 쓴 로버트 루이스 스티븐슨(Robert Louis Stevenson) 같은 작가들은 사악한 자아에 홀린 주인공을 통해서 그 주제의 도덕적인 측면을 극화하는 한편, 창작 활동 초기에 『더블』(The Double)을 쓴 도스토예프스키(Fiodor Dostoievski) 같은 작가들은 그 주제의 심리적 미묘함을 편집증적 학대나 과대망상증에 관한 전문적인 연구의 수준으로까지 깊이 해부하고 있다. 이런 식으로 더블을 심리학적으로나 도덕적으로 표현하면서, 작가들은 다소 분리된 성격을 가진 환상들을 다루고 있었다.

그런 한편 다른 이야기들을 보면, 더블이 주인공과 똑같은 어떤 존재에 의해 구체적으로 인격화되는 모습으로 나타난다. 예를 들어 에드가 앨런 포(Edgar Allan Poe)의 단편 '윌리엄 윌슨'을 보면 주인공과 이름이 같은 존재가 수호천사로 등장한다. 그러나 독일의 낭만주의에서는 이와 똑같은 모티프, 즉 두 사람이 쌍둥이처럼 똑같은 형태로 나타나는 것이 정말 병적으로 그려졌다. 특히 낭만주의 소설의 아버지인 장 파울(Jean Paul)은 병적인 유형들을 바탕으로 플롯을 아주 복잡하게 끌고 가는 특징을 보였는데, 이 병적인 유형들의 정체성은 그들의 더블의 정체성과 혼농된다. 가장 유명한 작품인 『타이탄』에서, 그는 피히테의 초월적 관념론을 터무니없을 만큼 극단으로 몰고 감으로써 피히테의 자기 철학을 조롱한 것으로 여겨진다. 이 소설에 등장하는 인물 중에서 가장 병적인 인물을 보면 자신의 신체를 볼 때마다 더블에 대한 두려움에 사로잡힌다. 이 두려움이 얼마나 큰지 이 인물은 경멸스런 자신을 비추는 거울을 모조리 깨부순다. 이 등장인물이 피히테가 정체성에 대해 한 말을 지껄이며 미쳐 죽어가도 조금도 이상해 보이지 않는다.

낭만주의 시대에 인기를 끌었던 이런 기발한 아이디어와 비교하면, 어느 작품의 주인공 페테 슐레밀처럼 그림자를 잃거나 자신의 모습을 악마에게 팔아넘긴다는 식의 표현은 주인공의 비극적 운명에도 불구하고, 동화 같지는 않다 해도 어쨌든 순진해 보인다. 더블이라는 주제 자체가 이중적인 측면을 갖고 있기 때문에, 일란성 쌍둥이들 사이에 일어나는 실수를 바탕으로 한 코미디에서부터 또 다른 자아 때문에 진정한 자아를 잃어버리게 되는 비극까지, 그 주제를 다양한 방식으로 다루는 것이 가능한 것 같다. 우리가 지금 다루고자 하는 주제가 이처럼 이중적인 잠재력을 갖고 있다는 사실을 기억하면서 이제 이 주제가 오랫동안 일관되게 지켜온 상징적 표현을 보도록 하자. 즉 두번째 자아를 자신의 그림자나 반사되는 상으로 표현하는 이유를 분석해 보자는 뜻이다. 나는 더블에 관한 에세이에서 이 모티프의 뿌리를 찾아 인간이 영혼을 처음으로 인식한 것으로 여겨질 수 있는 고대의 전설과 민간 신앙까지 더듬고 올라갔다. 자신의 그림자나 모습에 관한 무수한 미신들은 문명화된 지금도 세계 곳곳에서 발견된다. 자연스레 비치는 자신의 모습에서 자신의 영혼을 보는 원시인들 사이에 널리 퍼진 터부와 다를 바 없는 미신들이다.

이 같은 믿음은 그림자를 숭배하는 현상과 그림자에 손상이 가해지면 그림자의 주인이 불행을 겪게 된다는 인식에 근거한 터부를 설명해준다. 원시인들은 자신의 그림자가 어떤 대상에, 특히 식량 위로 드리워지는 것을 두려워할 뿐만 아니라 자신에게 다른 사람의 그림자, 특히 임신부나 자기 장모의 그림자가 드리워지는 것도 무서워한다. 원시인들은 다른 사람이 자신의 그림자를 밟고 지나가지 않도록 특별히 조심한다. 또 자신의 그림자가 죽은 사람이나 관, 묘지 위로 드리워지지 않도록 조심한다. 매장이 주로 밤에 이뤄지는 이유도 여기에 있을 것 같다. 그러나 원시인들이 가장 두려워하는 것은 자신의 그림자가 주술에 의해 부상을 입는 것이다. 왜냐하면 적의 그림자에 상처를 입히면 결국엔 그 적이 죽음을 맞게 된다는 것이 일반적인 믿음으로 널리 통하고 있기 때문이다. 이와 비슷한 종류의 다수 전설에 따르면, 원시인은 그림자를 자신의 신비한 더블로, 영적이지만 진정으로 살아 있는 존재로 고려한다는 사실이 확인된다.

더블 자체가 가진 또 다른 이중적 측면은 원시적인 영혼이라는 순진한 개념이 지닌 가장 기묘한 특징 중 하나이며 동시에 이 주제를 다룬 인류학 논문에 심각한 혼동이 일어나는 이유를 설명해주기도 한다. 똑같은 현상에 대해 동시에 모순적인 의미가 주어져야 한다는 사실이 성격은 언제나 통일성을 보이게 되어 있다는 식으로 배우고 또 이성적인 사고를 배운 현대인에겐 쉽게 이해되지 않는 것 같다. 그럼에도 가장 원시적인 형태의 더블인 그림자는 살아 있는 사람과 죽은 사람 둘 다를 상징한다. 따라서 그림자는 진정한 자아처럼 부상으로부터 보호를 받는다. 그러나 진정한 자아의 죽음은 그 죽음에도 살아남는 그림자에는 영향을 미치지 않는다.

정말 이상하게도, 진정한 자아의 죽음에도 살아남는 그림자는 자체의 독립적인 생명을 부여받을 뿐만 아니라 인간 존재의 가장 결정적인 요소, 즉 영혼으로 여겨지기도 한다. 원시인들 사이에서 질병과 건강에 대한 진단은 그림자의 출현을 근거로 이뤄진다. 작거나 흐릿한 그림자는 그 주인이 병에 걸릴 것이라는 점을 암시하고, 짙은 그림자는 건강을 암시한다. 또 그림자가 전혀 나타나지 않는 것은 죽음을 의미한다. 일부 저자들에 따르면, 땅바닥에 놓인 시신이 그림자를 전혀 남길 수 없다는 사실도 그림자가 영혼과 분리된다는 것을 입증하는 증거로 여겨졌다. 현대에조차도 일부 원시 사회에서 병든 사람의 그림자가 생기도록 하기 위해 환자를 햇빛에 노출시키는 관행이 보인다.

이 같은 맥락에서, 자신의 그림자를 잃어버린 페테 슐레밀이라는 주인공을 탄생시킨 독일 시인 카미소(Adelbert von Chamisso)에 관한 어떤 이야기를 듣는 것도 흥미로울 듯하다. 이 야릇한 모티프가 의미하는 바가 무엇인가 하는 문제를 놓고 당시에 논쟁이 뜨겁게 전개되었다. 다수의 해석이 제시되었지만, 카미소에게 만족스럽게 느껴진 것은 하나도 없었다. 카미소는 언제나 그림자에 대한 설명에 회의적이었다. 그러나 그가 죽음을 맞기 몇 주 전에 어느 친구에게 한 말은 그림자의 근본적인 의미를 정확히 포착하는 내용이었다. 그는 이렇게 말했다. "옛날에 사람들이 나에게 그림자가 무엇을 의미하는지에 대해 자주 물었다. 만약 그들이 지금 그런 질문을 한다면 나는 '그것은 내가 갖지 못한 건강이다. 나의 그림자가 부재한다는 것은 곧 내가 별에 걸렸다는 의미이다'라고 대답할 것이다." 로버트 루이스 스티븐슨이 '나의 그림자'(My Shadow)라는 매력적인 시에서 강조하고 있는 것처럼, 건강 상태를 말해주는 하나의 지표로서 그림자가 커지고 기우는 것이 실제로 아프리카 원주민 줄루족에겐 불멸의 기준이 되고 있다. 줄루족은 어떤 사람의 큰 그림자는 그 사람이 언젠가 죽게 되면 그의 조상들에게 합류하고 짧은 그림자는 죽은 사람에게 남을 것이라고 믿는다.

인류학자들은 원시인이 그림자를 영혼과 같은 것으로 여긴다는 점에 대해서는 동의하고 있지만, 이 같은 믿음에 대한 그들의 설명은 통일된 하나의 성격이라는 우리의 이성적인 개념, 말하자면 기본적으로 인간의 이중적인 본성을 부정하는 그런 개념에 바탕을 두고 있다. 이 주제에 대한 최근의 연구, 특히 언어학의 관점에서 접근한 연구에 따르면, "애니미즘"에서 말하는 영혼을 모든 영적 기능들의 통일성을 이루는 삶의 조건으로 보는 영국 인류학자 테일러(Edward Burnett Taylor)의 인식은 원시인들의 신앙에 전혀 적용되지 않는다. 원시인들 사이에는 이보다는 영혼을 이중적인 것으로 보거나 그보다 더 복잡한 것으로 보는 인식이 훨씬 더 널리 퍼져 있다. 많은 민족들은 활력적이고 의식적인 삶을 영위하는 산 사람의 영혼과 죽은 사람의 정령을 서로 다른 이름으로 부르고 또 서로 다른 실체로 여기고 있다. 가끔 이 구분이 이보다 더 세분화될 때도 있다. 다수의 영혼들이 죽은 뒤에도 생존하는 것으로 여겨지는 한편, 의식적인 삶에도 저마다 다른 결정적 역할을 맡는, 살아 있는 영혼들이 여러 개 있는 것으로 여겨진다.

일부 원시인들이 그림자와 영혼 혹은 정령을 같은 단어로 표현하고 있을지라도, 현대인에게 알려진 원시인 중에서 가장 원시적인 사람들은 2개의 다른 영혼을 언어로도 구분하고 개념적으로도 구분한다. 멜라네시아 북부에서 매우 원시적인 상태에서 살고 있는 사람들은 "그림자"와 "영혼"에 대한 단어를 따로 갖고 있다. 그러나 이 단어들의 뿌리는 똑같다. 프레이저에 따르면, 호주의 일부 원주민들은 가슴에 자리 잡고 있는 영혼과 그림자와 연결되어 있는 영혼을 구분한다. 영혼을 인간 존재의 축소판으로 그리는 피지 섬의 원주민들은 모든 사람은 2개의 영혼을 갖고 있다고 믿는다. 그림자 안에 머물다가 결국 사라지는 그런 어두운 영혼이 있는 한편, 물이나 거울에 비치다가 그 사람이 죽을 때 그와 함께하는 그런 밝은 영혼이 있다. 마찬가지로, 그린란드의 주민들과 알곤킨족도 2개의 영혼이 존재한다고 믿고 있다.

인간이 자신의 그림자에서 영혼을 보게 된 이유는 인간이 자신의 그림자에서, 말하자면 자신과 떨어지지 않고 모양을 바꿀 뿐만 아니라 밤에는 사라지기까지 하는 그런 그림자에서 자신의 모습을 처음 보았다는 가설로 설명될 것이다. 내가 볼 때, 생명을 살찌우는 태양과 함께 사라졌다가 태양과 함께 다시 나타나는 그림자가 불멸의 영혼이라는 관념을 상징하기에 아주 적절했던 것 같다. 인류의 보편적인 인식에 따르면, 태양은 매일 지하 세계로 사라지면서 그곳에서 살고 있는 영혼들에게 그림자 생명을, 즉 생존하여 다시 이 땅으로 돌아올 수 있는 가능성을 주는 것으로 여겨진다. 그렇다면 나의 의견에는 그림자를 부활하는 영혼의 상징으로 만든 것은 그림자가 자신을 닮았다는 점이 아니라 그림자의 나타남과 사라짐, 말하자면 그림자가 삶의 현장으로 규칙적으로 돌아오는 점인 것 같다.

영혼의 개념에 원래부터 있는 이중성에서 나는 인간의 두 가지 노력, 즉 자신의 자아를 지키고 또 자신의 불멸성에 대한 믿음을 간직하려는 노력의 뿌리를 본다. 이런저런 형식으로 나타나는, 죽은 자의 영혼에 대한 믿음에서 모든 종교가 비롯되었고, 살아 있는 영혼에 대한 믿음에서 심리학이 발달한 것이다.

이 같은 전개는 고대 그리스에서 시작되었다. 고대 그리스 시대에 영혼을 보던 종교적 관념에서 최초의 이성적인 심리학이 형성된 것이다. 영혼을 보는 종교적 관념과 이성적 심리학 사이의 연결은 철학적 성찰에서, 특히 영혼을 논한 플라톤의 철학에서 발견된다. 플라톤의 제자인 아리스토텔레스는 영혼의 육체적인 면을 정신생리학으로 다듬어냈다. 고대 그리스인의 영혼관은 독일 학자 에르빈 로데(Erwin Rohde)의 유명한 저술 『프시케』(Psyche)에서 처음 논의된 이후로 원시인들을 대상으로 연구를 하는 학자들에 의해 지속적으로 수정되어 왔다. 그런데 그리스인들의 영혼관이 발달해온 과정은 서구 세계의 기독교적 사고방식을 이해하는 데 아주 중요하다.

이 주제에 관한 그리스인들의 관점을 보여주는 증거를 우리들에게 전한 호메로스(Homer)는 영혼을 절대로 통합된 것으로 보지 않았다. 죽은 사람의 영혼과 살아 있는 사람들의 정신적 기능을 구별하는 원시인들이 영혼을 통합된 것으로 보지 않는 것과 똑같다. 로데는 이렇게 쓰고 있다. "호메로스에 따르면, 인간은 이중적인 존재 형식을 갖고 있는데 한 존재는 눈에 보이는 외양에 있고 다른 한 존재는 눈에 보이지 않는 이미지에 있다. 이 중에서 눈에 보이지 않는 이미지에 있는 존재만 죽은 뒤에 자유로워진다. 이것이 바로 그의 영혼이다. 영혼이 별다른 게 아닌 것이다." 생명 있는 인간의 안에서는 흐릿한 더블이 낯선 손님으로 존재한다. 이 더블이 바로 '프시케'의 형태를 취하고 있는 그의 다른 자기이다. 이 더블의 왕국은 꿈의 세계이다. 의식적인 자기가 잠을 잘 때, 더블이 활동하면서 본다. 눈에 보이는 자기를 비추면서 두 번째 자아를 이루고 있는 그런 이미지는 고대 로마인에게는 수호신(Genius)으로, 페르시아인에게는 프라바울리(Fravauli)로, 이집트인에게는 카(Ka)로 통했다.

최근의 해석에 따르면, 호메로스의 "프시케"는 죽은 자의 영혼만을 의미한다. 반면에 살아 있는 존재의 다양한 기능(이성과 감정 등)의 원인은 중요한 신체 기관들(예를 들면, 횡경막이나 심장)로 돌려지고 있으며, 이 신체 기관의 부상이 죽음을 낳는 것으로 여겨진다. 따라서 호메로스의 영혼관은 기본적으로 원시인의 영혼관과 일치한다. 호메로스의 영혼관에서나 원시인의 영혼관에서나 똑같이 산 사람의 영혼과 죽은 자의 영혼을 구분하는 이중성이 보이며, 이 두 영혼은 죽은 뒤에야 프시케라는, 단일한 개념의 영혼으로 결합된다. 프시케라는 단어는 원래 죽은 뒤에도 살아남는 영혼을, 말하자면 죽은 자의 정신을, 복제의 영혼을 의미했으며 살아 있는 다양한 기능들을 뜻하지는 않았다. 따라서 죽은 자의 영혼도 산 자의 영혼 안에 존재한다는 그런 의미에서 말하는 프시케는 훗날 철학적 사색의 결과로 생겨난 것이라 할 수 있다.

고대의 이중적인 영혼관과 더블을 다룬 문학 작품에 나타나는 영혼의 이중성에 대한 현대적 해석을 서로 비교하면서, 우리는 강조의 초점에 결정적인 변화가 있었다는 점을 깨닫는다. 옛날의 영혼 신앙을 도덕적으로 해석하는 단계로까지 변화한 것이 확인되는 것이다. 원래 자아에 불멸의 존속을 약속하는 하나의 수호천사로 인식되었던 더블은 최종적으로 그것과 정반대의 것으로 인식되기에 이르렀다. 개인에게 죽음을 면할 수 없는 운명을 상기시키는 역할을 하게 된 것이다. 수호천사가 죽음의 고지자가 되었다고 할 수 있다. 따라서 더블은 원시인의 내면에서 영원한 생명의 상징으로 통하던 것이 현대 문명을 사는 자의식 강한 개인들의 내면에서는 죽음의 조짐으로 전락하고 말았다.

 그러나 이 같은 재평가는 단지 죽음이 개인적인 존재의 종말이란 것을 더 이상 부정할 수 없게 되었다는 사실 때문에 일어났을 뿐만 아니라 불멸이라는 전반적인 주제에 악이라는 관념이 스며들었기 때문이기도 하다. 왜냐하면 우리가 이 같은 전개의 순환이 끝난 뒤에 만나는 더블이 더 이상 자신에게 위안을 주는 그런 자아로 보이지 않고 자신을 위협하는 "나쁜" 자아처럼 보이기 때문이다.

 이 같은 변화는 기독교 교회가 해석한 불멸이라는 원칙에 의해 일어났다. 교회는 선한 사람에게 불멸을 부여하고 동시에 악한 사람을 배제할 수 있는 권리를 갖는 것으로 여겨진다. 중세의 어느 시점에는 신의 심판을 받는 순간에 선한 자의 영생에 들지 않을 수도 있다는 공포가 너무나 컸기 때문에 악마 숭배가 널리 성행하기도 했다. 악마라면 기본적으로 교화된 더블의 화신이지 않는가. 악마가 옛날의 영혼 신앙에 그 기원을 두고 있다는 점은 주인공이 세속의 쾌락을 얻기 위해 자신의 그림자를 악마의 화신에게 팔아넘긴다는 내용의 수많은 이야기에서 지금도 확인되고 있다. 영혼이 없는 악마가 선량한 인간을 꾀어 악한 짓을 하도록 함으로써 그 인간의 불멸의 영혼을 얻기를 갈망한다는 민간 신앙은 괴테의 『파우스트』를 통해서 영원히 사라지지 않게 되었다. 괴테는 전통적으로 민간에 전해오던 이야기를 잘 다듬어서 미신에 휩쓸리는 경향을, 즉 자기실현을 통해서 자기불멸성을 이루려는 인간적인 노력으로 격상시켰다.

 유명한 문학적 주제들의 역사에 나타나는 이와 비슷한 재평가는 불멸을 위한 영적 노력을 통해서 전통적인 민간 신앙에 생명력을 불어넣음으로써 그 신앙을 우리 곁으로 끌어내리려고 노력하는 예술가의 어떤 사회적 기능을 상기시킨다. 창조적인 작가가 내면에서 이중성이 갈등을 빚으면서 정신적 활동을 방해하고 있음에도 불구하고 그 이중성을 표현하는 것, 예를 들어 괴테가 파우스트를 통해서 자신의 가슴 속에 있는 두 개의 영혼에 대해 직접 말을 하는 것은 현대의 심리학이 주장하는 바와 달리 절대로 정도의 문제는 아니다.

예술가와 신경증 환자가 똑같이 비슷한 갈등으로 괴로워할 수 있지만, 그렇다고 어느 한 유형을 다른 유형에 빗대서 설명하는 것은 그다지 큰 의미가 없다. 두 유형의 내면에서 작용하고 있는 비이성적인 힘들은 일종의 합리화된, 말하자면 사회적으로 용인된 형식으로 표현되려고 애를 쓰고 있다. 신경증 환자의 결과물이 비이성적인 한, 그는 사회적으로 용인된 형식으로 자신을 표현하는 데 실패한다. 그런 한편 예술가는 과도하게 합리화된 우리의 문명 안에서도 비이성적인 것들의 존속을 정당화하면서 용인된 어떤 형식으로 자신의 창의성을 표현할 수 있고 또 그런 식으로 표현하는 것이 용인된다. 내가 언제나 예술가의 명백한 특징으로 여겨온 이 같은 문화적 기능은 저명한 작가들의 작품에서 확인되듯이 더블 모티프를 다루는 데서 분명하게 나타난다.

예술가가 신경증 환자와 공통적으로 갖고 있는 것은 틀림없이 자신을 파괴하겠다고 위협하는 죽음에 대한 과도한 두려움일 것이다. 그럼에도 창조적인 유형은 이 같은 자아의 근본적인 문제를 다루면서 자신의 문화적 기능을 수행함으로써, 말하자면 자신의 세대를 위해 비이성적인 힘들의 영적 가치들을 되살려내고 따라서 그 힘들의 지속성을 강화함으로써 개인적 정당성을 성취한다. 따라서 문학적 독창성이 크게 제한을 받게 되고 같은 구성이 단조롭게 되풀이되기에 이르렀다. 예술가의 상상력은 새로운 모티프의 발견에서보다 자신의 비이성적인 자아가 매우 민감하게 반응하는 민간 전통의 진정한 정신을 포착해내는 데서 드러난다는 말을 제대로 이해하기 위해, 우리는 문학의 내용에 쏟던 관심을 문학의 기능으로 돌려야 한다. 더블에 관한 가장 인기 있는 이야기들이 현재의 민간 신앙을 바탕으로 한 것인 이유가 바로 거기에 있다. 또 주인공이 자신의 더블에게 학대당하는 것과 같은 병적인 요소들이 현대의 작가들에 의해 소개되고 있다는 사실도 그리 놀라운 일이 아니다. 현대 작가들의 창조적인 감수성이 마찬가지로 병적인 분위기에서 비이성적인 요소들의 위협에 반응하고 있기 때문에 일어나는 현상이다. 원시인이 더블을 보호하기 위해 생겨난 터부를 깨뜨릴 때 받게 되는 저주가 마치 자신의 영적 자아를 불경스런 이미지로 그려냄으로써 감히 불멸성을 얻으려 드는 예술가에게 내려지는 그런 모양새이다. 이 작가들 중 일부는 그런 이야기를 쓰는 동안에 말하자면 자신의 죽음이 바로 코앞에 와 있다는 느낌을 받았다. 스티븐슨은 '지킬 박사와 하이드씨'의 중요한 장면이 꿈속에 떠올랐을 때 뇌출혈로 심각하게 아픈 상태였다. 그러나 그는 만족스럽지 못하다는 이유로 이 작품의 초안을 불태운 다음에 급히 서둘러 불과 3일 만에 전체 이야기를 다시 썼다. 그런 식으로 서둔 이유는 스토리를 잊어버리고 싶지 않아서라기보다는 더욱 악화되고 있던 건강 때문이었던 것 같다. 그는 어느 편지에서 이런 글을 남겼다. "나는 파산에 쫓기듯 '지킬'에 매달렸다."

프랑스 작가 기 드 모파상(Guy de Maupassant)은 유령에 관한 섬뜩한 이야기인 '르 오를라'(Le Horla)를 치명적인 병의 초기에 썼다. 모파상이 이 이야기를 쓸 때 이미 광기를 보였다는 주장은 최근 모파상의 시종이었던 프랑수아에 의해 사실과 거리가 먼 것으로 확인되었다. 78세의 나이에도 여전히 자신의 죽은 주인을 '무슈'라고 부르는 프랑수아는 이 작품을 쓸 당시인 1887년 8월에 모파상의 정신은 완벽하게 맑았다고 말했다. 이 소설을 출판사에 보내면서, 모파상은 프랑수아에게 1주일도 되지 않아서 파리의 모든 사람이 자기보고 미쳤다고 쑥덕거릴 것이라고 말했다. 실제로 보면, 모파상이 광기를 느끼기 시작한 것은 4년 뒤인 1891년의 일이었다. 맑은 정신을 더 이상 지키기 어렵다는 사실을 깨달았을 때, 그는 목을 찔러 자살을 시도했다. 이런 식으로 나타나는, 더블에 의한 괴롭힘의 전형적 결과는 비록 작가의 병에 의해 촉진되긴 할지라도 그 병에 의해 야기되는 것은 절대로 아니다. 모파상은 오래 전에 이중적인 성격으로 인정한, 내면의 "친숙한 적"과 맞서 일생동안 싸움을 벌였다. 포와 호프만처럼, 그도 자신의 작품에 묘사한 환상들 때문에 고통을 당했다.

모파상이 1889년에 경험한 이런 종류의 사건에 대해 직접 설명한 내용이 있다. 그는 그날 밤의 경험을 친구에게 털어놓았다. 그때 그는 서재의 책상에 앉아 있었다. 누구도 서재에 들어와서는 안 된다고 지시를 내려놓은 터였다. 그런데 갑자기 누군가가 문을 연다는 느낌이 들었다. 그러면서 고개를 돌렸는데, 정말 놀랍게도 자신의 자아가 서재로 들어와서 손으로 턱을 괴고 있던 자기 앞에 앉는 것이 아닌가. 모파상이 이 사건에 대해 쓴 모든 내용은 그의 더블이 그에게 구술한 것이었다. 일을 끝내고 그가 자리에서 일어나자 그 유령도 사라졌다. 이 설명은 그의 작품 '르 오를라'의 한 장면처럼 들린다. 그러나 이 설명은 실제 경험을 기록한 것이기보다는 직관으로 여겨져야 한다.

에드가 앨런 포와 관련해서는, 그가 37세에 섬망증으로 발작을 일으키던 중에 죽었다는 사실은 널리 알려져 있다. 그의 작품 '윌리엄 윌슨'은 일반적으로 고백적인 작품으로 여겨진다. 왜냐하면 이 작품이 도박과 음주로 망가진 한 남자의 운명을 그리고 있기 때문이다. 이 남자는 선한 자아가 자신을 구하려고 무척 노력함에도 불구하고 자살을 하고 만다. 죽음을 맞기 몇 년 전에, 에드가 앨런 포도 다양한 망상과 원인 모를 불안으로 힘들어했다. 또 피해망상과 과대망상으로도 고생했다. 『에드가 앨런 포: 그 천재성에 대한 연구』(Edgar Allan Poe; a Study in Genius)라는 책에서, 미국 비평가 조지프 우드 크러치(Joseph Wood Krutch)는 그 유명한 소설들과 시들을 기교의 산물로 보지 않고 포의 인생에 있었던 기묘한 일들을 다소 위장하여 표현한 것이라고 보았다. 앨런 포의 아이디어들 중 많은 것이 환상과 몽상으로 그에게 나타났다는 것은 잘 알려져 있다.

자신의 성격에 일찍부터 분열이 있다는 것을 내성(內省)적으로 알아차린 작가들 중에서, 아마 도스토예프스키만큼 죽음의 공포에 심하게 휘둘린 사람도 없을 것이다. 폴리테크닉에 다니던 학생일 때, 도스토예프스키는 간질로 보이는 경미한 발작을 겪었으며, 똑같이 간질을 앓은 에드가 앨런 포처럼 산 채로 매장되지 않을까 하는 공포에 시달렸다. 작품 중 많은 대목에서, 도스토예프스키는 인생 후반에 있었던 "대(大)발작"을 거장다운 필치로 멋지게 묘사했다. 발작의 전조가 나타나기 전에, 그는 "평소의 삶에서는 절대로 경험될 수도 없고 또 다른 사람은 절대로 알지도 못하는 그런 행복"을 엿볼 수 있었다. "… 이 감각이 너무나 강하고 너무나 유쾌하기 때문에 그런 지복(至福)을 몇 초라도 느낄 수 있다면 아마 10년의 세월도 기꺼이 내놓을 것이다. 아니 어쩌면 목숨까지 내놓으려 들지도 모르겠다." 그러나 발작이 일어난 뒤에는 그는 어김없이 깊은 우울증에 빠졌고 스스로를 죄인으로 느꼈다. 상트페테르부르크에서 세상을 떠나기 전 마지막 며칠 동안에, 그는 이렇게 썼다. "나를 덮친 발작은 10일 동안이나 이어졌다. 그리고 기진맥진한 상태에서도 5일이나 이어지고 있다. 나는 완전히 죽은 사람이다. 나의 이성은 정말로 손상을 입었고, 그것이 맞는 말이다. 나도 알고 있다. 정신 착란은 종종 나를 미치기 일보 직전의 상태로 몰아붙인다." 그는 이런 무의식의 상태를 자주 경험했을 뿐만 아니라, 혁명가로서 사형 선고를 받았다가 집행 직전에야 사면을 받았기 때문에 실제로『백치』(The Idiot)에 묘사한 대로 말하자면 살아 있던 죽음을 죽었다. 끊임없이 죽음의 박해를 받고 있다는 그의 감정은 그의 열광적인 스타일의 표현주의에 대한 설명이 될 것 같다.

그러나 그 감정은 그런 비정상적인 경험의 결과만으로 설명될 수는 없다. 그 같은 감정은 그의 성격에 나타나는 가장 뚜렷한 특징이다. 러시아 소설가 메레즈코프스키(Dmitri Sergyeevich Merejkovsky)에 따르면, 도스토예프스키에게 더블이라는 주제는 그에게 개인적으로 중요한 문제였다. "따라서 스스로를 완벽한 독립체라고 여기는 사람들의 내면에서 비극적으로 싸움을 벌이고 있는 2가지 요소는 분열된 제3의 어떤 성격의 두 개의 반쪽들로 표현되고 있다. 이 반쪽들은 더블들처럼 스스로를 찾고 또 스스로를 추구한다." 이런 내용은 도스토예프스키의 마지막 걸작인『카라마조프가의 형제들』(The Brothers Karamazov)에서 아주 멋지게 그려지고 있다. 스메르자코프가 자신의 형제 이반의 더블로 그려지는 이 작품에서, 둘은 언제나 함께 등장해서 똑같은 주제를 논의할 뿐만 아니라 도스토예프스키가 좋아한 모티프인 잠재적 범죄자라는 고리에 의해 떼어놓을 수 없을 만큼 강하게 연결되어 있다. (이반이 말한다) 이 더블은 "단지 나 자신의 화신에 지나지 않는다. 실제로 보면 나의 일부이다. … 가장 저급하고 가장 어리석은 생각과 감정의 일부이다."

『악령』(The Possessed)의 어느 대목에서, 주인공 스타브로긴은 더블의 환상이 자신과 관계 있는 것이며 악마가 아니라는 점을 스스로에게 확신시키려 애를 쓰면서 이렇게 말한다. "나는 그를 믿지 않아, 아직은 믿지 않아. 이것은 단지 나 자신을 다른 형식으로 표현한 것에 지나지 않는다는 것을 나는 알아. 나 자신을 둘로 쪼개고 있고 나 자신에게 말을 걸고 있어.

그러나 그는 독립적인 악마가 되고자 애를 쓰고 있어. 그래서 나는 그의 존재를 믿어야 해."

도스토예프스키의 마지막 작품『카라마조프가의 형제들』에서, 주인공 이반은 인간의 이미지에 맞춰 다듬은 인간의 한 창조물로 나오는 악마의 시적 비전을 통해 작가의 도덕 철학을 그려내고 있다. 이반이 미치기 전에, 악마가 그에게 나타나 자신이 그의 더블이라고 선언한다. 그러나 이반은 유령의 실체를 인정하길 거부한다. "너는 환상이고, 병이고, 기만이지만 나는 너를 파괴하는 방법을 몰라. 너는 환상이고 나 자신의 표현, 말하자면 나 자신의 생각에 지나지 않아. 오래 전에 죽은 모든 것, 내가 오래 전에 발표한 모든 의견들을 너는 마치 그것들이 새로운 것인 양 끌어내고 있어."

여기서 우리는 개인의 과거를 대표하는 것으로서 더블의 의미를 다시 확인하고 있다. 원래 더블은 미래에 개인의 존속을 약속하는, 그 개인과 똑같은 자아(그림자, 물이나 거울에 비치는 모습)였다. 그러던 것이 뒤에 더블은 개인의 삶과 함께 그의 개인적 과거를 간직하게 되었다. 그러다 마지막으로 더블은 어떤 적대적인 자아, 즉 그 사람의 성격 중에서 사회적 자아에 의해 거절당한, 사라지고 죽어야 하는 부분을 대표하는 악의 형식으로 나타나는 자아가 되었다.

더블의 개념이 변화하며 거친 이 세 단계가 이 주제를 연속적으로 다룬 도스토예프스키의 걸작 3편에 요약되고 있다. 그의 초기 작품 '더 더블', 가장 매력적인 작품인『악령』, 그리고 마지막이자 가장 성숙한 작품인 『카라마조프가의 형제들』이 그 작품들이다. 도스토예프스키 본인은 '더 더블'의 주인공으로 편집증을 앓는 것으로 나오는 골리아드킨이 자신의 감정을 풀어놓는 대변자였다고 고백했다. 작가는 이 작품의 내용이 지나치게 노골적으로 설명하는 식이었다고 판단하고 작품을 고쳐 쓸까 고민했으나 같은 주제를 보다 객관적인 방법으로 다시 쓰는 것이 좋겠다고 판단했음에 틀림없다. 더블에 관한 두 번째 소설에서, "젊음"이라 불리는 주인공은 성격이 분열된 것이 특징인데 자신을 이렇게 묘사한다. "나는 나 자신을 복제하는 것 같고, 나 자신을 두 부분으로 나누는 것 같아. 실제로 나 자신을 그대로 베끼고 있는데 이렇게 베끼는 것이 너무 무서워. 마치 나의 더블이 바로 내 옆에 서 있는 것 같이 느껴져. 하나는 정신이 멀쩡하고 분별력 있지만, 더블은 어리석은 짓만을 골라시 하려 늘어. 어떤 때는 아주 재미있는 일도 해. 그러다 보면 나도 갑자기 어리석거나 재미난 짓을 하고 싶다는 생각이 들어. 신은 왜 그런지 알고 있어, 나는 내 뜻과 상관없이 그런 것을 원하고 있어. 그런 것에 저항하는 한편으로 그것을 강하게 원하기도 해."

정말 흥미롭게도, 도스토예프스키는 베르실로프의 분열에 대한 묘사를 자기 자신을 강하게 의식하는 말로 끝맺는다. 작가가 정신 병리학에 관한 연구서를 잘 알고 있었음을 보여주는 대목이다. 그는 "더블은 도대체 무엇인가?"라고 묻는다. "더블은, 내가 최근에 이 주제와 관련하여 자문을 구한 어느 전문가의 의학서에 따르면, 재앙으로 끝날 수 있는 광기의 첫 단계, 말하자면 감정과 의지의 이중성에 지나지 않는다." 도스토예프스키의 걸작 3편을 중심으로 앞에서 언급한, 더블이라는 개념의 발달 과정을 더듬으면서, 혁명 후 프라하로 망명한 취체브스키(Dmitrij Tschizewskij)는 '도스토예프스키의 작품에 나타나는 더블'(The Double in Dostojevskij)이라는 철학적 해설서에서 더블은 19세기 이성주의에 대한 작가의 항의라고 결론을 내렸다. 19세기 이성주의에 따르면, 인간은 오직 물질의 세계에만, 물질적 의미로만 존재한다. 도스토예프스키의 작품에 등장하는 인물들에서 보듯, 더블이 터져 나오는 것은 어떤 개인이 미지의 힘들 앞에서 보다 진정한 존재를 직면하게 될 때 불확실성을 느끼고 있다는 사실을 보여주는 증거이다. 첫 번째 목격자인 골리아드킨은 이 원칙의 수동적인 희생자처럼 보인다. 이성적인 힘들이 외부에서 그를 짓누르고 있다는 점에서 보면 그렇다. 반면 스타브로긴과 그의 계승자인 이반 카라마조프는 자신들의 이성주의 때문에 내면에서부터 시들어간다.

더블이라는 모티프가 문학에서 이런 식으로 전개되고 있는 것은 민간 전설에 대한 도덕적 재평가 작업이 어떻게 해서 더블의 위협적인 비이성적 파워를 좌절시킬 목적으로 지적 해석을 수반하게 되었는지를 보여주고 있다. 중요한 민간 신앙에 비극적인 형식을 부여하면서, 예술가는 자신의 작품 안에서 자신의 비이성적인 자아를 처리할 뿐만 아니라 동시에 대중이 작가와 작가의 창조물로부터 분리되도록 한다. 그러나 원시적인 어떤 모티프를 그런 식으로 예술적으로 변화시키는 것은 과학적 분류를 통해서 그 모티프를 역사적으로 떼어내버리는 것과는 완전히 다르다. 원시적 모티프의 그런 예술적 변화가 지금도 여전히 비이성적인 힘들의 영향하에 있는 강력한 성격으로 생생하게 표현되고 있다는 점에서 보면 그렇다. 민간 신앙에 형식을 부여하면서, 말하자면 비이성적인 힘을 이성적으로 표현하면서, 예술가는 대중이 감히 비이성적인 요소들에 대리로 참여해도 괜찮겠다고 판단하고 나설 만큼 그 요소들로부터 충분히 멀리 떨어져 있다는 느낌을 갖도록 만든다. 대중의 이런 이중적인 역할은 위대한 비극들이 우리에게 매력을 발휘하는 이유를 설명해준다. 우리는 주인공의 인간적 고통에 동참할 뿐만 아니라 주인공이 힘들어 하며 추구하는 초인적인 위대함에도 동참하게 된다.

고대 그리스의 숭배와 의식(儀式)의 후손이나 다름없는 현대적인 형식의 비극은 그런 종교적 의식이 수행했던 영적 기능을 지금도 똑같이 수행하고 있다. 그 영적 기능이란 바로 비이성적인 생명력과 보통 사람들을 일시적으로 결합시켜주는 기능을 뜻한다. 그런데 보통 사람들은 일생에서 온갖 엄격한 터부를 통해 이 비이성적인 힘으로부터 보호를 받아왔다. 그러다가 축제 같은 행사에서 금기들이 해제될 때, 기본적인 생명력을 지켜나가는 신성한 임무를 맡은 성직자들과 왕들이 그 생명력을 사람들에게 나눠주었다.

문화는 주술이 작용하는 영적 의식에서 계절적으로 이뤄지는 비이성적인 자아의 부활을 통해서 발달했다. 문화(culture)는 "숭배"(cult)에서 유래한다. 언어적으로만 그런 것이 아니라 기능적으로도 그렇다. 다시 말해 초자연적인 개념들을 지속적으로 이성적인 조건으로 바꿔놓는 것이 문화인 것이다. 그렇다면 여기서 문화는 비이성적인 자아가 지속적 성취를 통해서 물질적 불멸성을 추구하는 노력으로 인식되고 있다. 이런 의미에서 본다면, 문화는 이중적 기능에 이바지하고 있다. 말하자면 계절마다 재창조하는 것과 별도로 옛날의 영적 삶의 가치들을 보다 영원한 형식으로 지켜나감과 동시에 평균적인 집단의 구성원들에게 불멸의 상징을 창조하고 유지하는 일에 보다 직접적으로 영원히 참여할 기회를 준다.

영적 가치를 이성적으로 구체화하는 것으로서 문화가 지니는 이 같은 이중적인 측면은 더블 영혼의 최초의 화신, 즉 인간 문명을 구축하는 데 엄청난 중요성을 지니는 상징인 쌍둥이에서 잘 요약되고 있다. 원시인들 사이에서 쌍둥이라는 비범한 현상을 대하는 태도가 양면적이라는 사실이 확인된다. 그림자를 대하는 태도와 비슷하다. 쌍둥이는 터부시됨과 동시에 경배의 대상이 되고, 두려움의 대상이 됨과 동시에 숭배의 대상이 되었다. 이 민간 전통이 인류학자들에게 잘 알려져 있었음에도 불구하고, 원시인들의 그 같은 태도는 단지 원시인들의 무지를 대표하는, 호기심을 자극하는 미신의 또 다른 예에 지나지 않는 것으로 여겨졌다. 종교 분야의 한 학자가 초기의 쌍둥이 숭배가 종교의 형성뿐만 아니라 모든 인간 문명의 기원에도 결정적 역할을 했다는 점을 설득력 있게 보여준 것은 얼마 전의 일이다. 성경적인 주제라는 점을 고려하여 『보아너게』(Boanerges)라고 제목을 붙인 책에서, 영국 성경학자 랜델 해리스(Rendel Harris)는 문학을 통해 호소력을 강하게 발휘한 한 주제의 문화적 중요성을 우리에게 강하게 각인시켰다.

현대인의 분열된 성격의 상징으로서 더블이라는 주제가 주인공의 비극적 운명을 통해 표현되는 한편, 쌍둥이라는 소재는 익살스런 이야기를 통해서 수 세기 동안 사람들과 친숙했다. 2,000년 이상 동안 서구의 극장에 결코 실패를 모르는 흥행거리를 제공했던 그 유명한 쌍둥이 코미디를 우리 모두 잘 알고 있다. 플라우투스(Plautus)가 쓴 고대 그리스의 원작을 모방하거나 변화를 주는 방법으로 쌍둥이 주인공 사이에 벌어지는 유머 넘치는 에피소드를 다룬 작품들이 수없이 많이 발표되었다. 몇 가지 예를 든다면, 셰익스피어(William Shakespeare)의 '실수의 희곡'(Comedy of Errors), 고대 그리스의 '암피트리온'(Amphitryon)을 개작한 몰리에르(Molière)의 작품, 그리고 보다 최근에는 길버트(William Schwenck Gilbert)와 설리번(Arthur Sullivan)의 공동 작품인 '곤돌라 사공'(The Gondoliers), 트리스탄 버나드(Tristan Bernard)의 '브라이턴의 쌍둥이'(Les Jumeaux de Brighton) 등이 있다.

동료 인간들의 너무나 인간적인 오류를 보여주기 위해 이 불멸의 모티프를 되살린 작가들 중에서, 그 모티프의 깊이를 포착하고 거기에 진정으로 인간적인 가치를 부여한 사람은 딱 한 사람뿐이었다. 마크 트웨인

(Mark Twain)이었다. 이 주제가 그의 호기심을 얼마나 강하게 자극했던지 필명까지 마크 트웨인으로 정했다고 한다. 트웨인은 그때까지 웃음거리가 되다보니 평가절하되면서 묻히게 된 쌍둥이의 한 비범한 측면을 드러내 보였다. 마크 트웨인이 인간의 이중적 본성에 있는 갈등을 표현하기 위해 쌍둥이의 상징을 이용한 유명한 작품들, 예를 들면 『왕자와 거지』(The Prince and the Pauper)와 『얼간이 윌슨』(Pudd'nhead Wilson) 외에, 어느 기자와의 인터뷰를 기록한 것으로 보이는, 조금 덜 알려진 작품이 있다. 이 작품에서 마크 트웨인은 아기일 때 죽은 허구의 쌍둥이 형제를 생각하며 슬퍼한다. 오래 전에 잊힌 사건이 지금도 눈물을 흘리게 할 만큼 그의 마음을 움직인다는 사실에 크게 놀라는 기자에게, 마크 트웨인은 그 사건이 일어난 상황에 대해 설명한다. 그와 쌍둥이 형제는 2개의 완두콩처럼 대단히 많이 닮았다. 그래서 어머니조차도 아들을 구별하지 못했다. 어느 날 아침, 두 형제가 함께 목욕을 하던 중에 동생이 물에 빠졌다. 조금 뒤 모두가 동생의 죽음을 슬퍼하고 있는데, 물에 빠진 것이 그의 동생이 아니고 그 자신이라는 사실이 확인되었다.

원시인의 쌍둥이 전설과 고대의 쌍둥이 전설을 추적하며 조사하다 보면, 서로 맞바꿀 수 있는, 말하자면 둘 중 하나가 다른 하나를 위해 죽을 수 있는 쌍둥이의 모티프가 영웅 유형과 그의 창조물인 인간 문명의 발달에 아주 중요하다는 사실이 확인될 것이다. 쌍둥이에 관한 초기의 민간 전설을 보면, 원시적인 사회 거의 전부에서 쌍둥이에 대한 엄격한 터부가 존재한다. 쌍둥이에 대한 종교적 숭배는 문명의 후반 단계에서야 나타난다. 이 같은 사실을 근거로, 렌델 해리스는 원시 사회에서부터 문명으로 이동한 것은 터부시되는 아기들을 공동체에서 배제하기 위해 엄마와 쌍둥이 자식들을 함께 죽이던 야만적인 관습이 터부시된 아기들을 공동체에서 제외시키는 조치로 점진적으로 약화됨에 따라 가능해졌다고 결론을 내린다. 쌍둥이에 대한 숭배의 기원을 문명화되면서 쌍둥이에 대한 터부가 약화된 현상에서 찾는 것은 앞뒤 순서가 뒤바뀐 것 같다. 왜냐하면 이 같은 설명은 사람들이 문명화되기까지 벌인 역동적인 투쟁을 고려하지 않고 문명이 저절로 발전하게 되었다는 것을 전제하고 있기 때문이다.

대부분의 인류학 연구들이 이런 실수를 저지르고 있는 이유는 문명화된 사람이 원시적인 삶에 대해 품고 있는 그릇된 견해 때문이다. 초자연적인 세계관을 가진 원시인들이 오랜 세월 동안 삶의 양식을 바꾸지 않고 지켜온 것은 그들이 변화하지 못해서가 아니라 변화하기를 원하지 않기 때문이다. 미학적 표현의 영역에서 나온 오스트리아 미술사학자 알로이스 리글(Alois Riegl)의 기념비적인 발견에 빗대어 표현하자면, 삶의 양식도 미술의 양식만큼이나 "의지의 작용에 따른" 것이다. 예를 들면, 고대 이집트인들이 고대 그리스인들의 미술보다 열등한 작품을 남긴 것은 그들의 그림에 원근법이 없었기 때문이 아니었다. 고대 이집트인들은 단지 자신의 전체 문명의 한 표현으로서 그런 종류의 미술을 원했기 때문에 그런 작품을 남긴 것이다.

마찬가지로, 문명화된 인간도 자신을 다른 집단의 사람들과 차별화하기 위해 변화하겠다는 의지를 통해서 문화적 발달을 시작하고 또 지속하고 있다. 한편 원시적인 문화는 조상 대대로 내려오는 전통적 방식으로 엄격히 실행되어야 하는 계절적 의식에 나타나듯이 영속성을 지키려는 의지를 바탕으로 하고 있다. 계절마다 부활하는 이 영원한 순환으로부터 스스로를 해방시키면서, 문명화된 인간은 영원에 대한 욕구를 표현할 다른 방법을 찾아야 했다. 바로 이 욕구가 문화라 불리는, 다른 형태의 창조적 성취로 표현되고 있다.

    원시적인 전통을 우리와 다르긴 해도 열등하지는 않은 문화로 이해하기 위해, 우리는 영원과 변화를, 심리학적 용어를 빌리면 유사성과 차이를 동시에 추구하는 이중적 경향을 반드시 고려해야 한다.

    해리스가 증거 자료를 끌어낸 어느 일차 보고서를 보면 쌍둥이 터부가 이중적인 측면에서 설명되고 있다. 벨기에 사학자 고블레 달비엘라(Goblet d'Alviella)는 쿠르 생 에티엔느에서 실시한 발굴에 관한 보고서에서 이렇게 말하고 있다. "문명화되지 않은 민족들 거의 대부분을 보면 쌍둥이의 출생은 언제나 하나의 마법으로 여겨지거나 아니면 적어도 초자연적인 사건이라는 의심을 받는다. 그래서 아이들의 희생이 따른다. 어머니의 희생까지 따르는 경우도 종종 있다. 반면에 문명적으로 발전한 종족들 사이에서는 쌍둥이가 나머지 사람들에게 해를 끼치는 것을 막기 위해 아이들을 추방하거나 격리시키는 것으로 만족한다. 그러나 문명화되지 않은 종족들 사이에선 초자연적인 것은 곧잘 선과 악, 행운과 불운이라는 관념과 혼동된다. 따라서 우리의 조상들이 한때 갓 태어난 쌍둥이를 어머니와 함께 제물로 바치거나 쌍둥이를 숭배했다는 사실은 전혀 놀라운 일이 아니다." 서아프리카의 부족들을 대상으로 선교 활동을 한 가톨릭 선교사 J. H. 세수(Cessou)의 보고서에도 이와 비슷한 신앙들이 소개되는데, 쌍둥이들이 가진 신성한 재능이 훨씬 더 긍정적인 쪽으로 언급되고 있다. "쌍둥이들은 꿈에서 많은 것을 배우는 정말 독특한 재능을 갖고 있다. 이 능력은 아마 쌍둥이들이 저승에서도 이승에서 살던 삶을 그대로 산다는 죽은 자들의 영혼을 볼 수 있기 때문인 것으로 여겨진다." 여기서 우리는 쌍둥이 숭배와 영혼에 대한 믿음 사이에 어떤 연결을 분명히 보고 있다. 영혼에 대한 믿음은 원시인들 사이에 토템의 형식으로 존재한다.

    이런 집단에 속하는 골라(Golah) 족 사이에는, 사람 아니 죽은 자의 영혼을 상징하는 것으로 여겨지는 '부시 고트'(bush-goat)라는 동물을 먹는 것을 금한다. 이 동물이 죽은 자의 상징으로 통합에 따라 '부시 고트'라는 이름이 간혹 쌍둥이에게 붙여진다. 세수의 글을 더 보도록 하자. "그렇다면 쌍둥이들이 부시 고트를 먹지 않는 이유는 무엇일까? 어떤 쌍둥이들이 오래 전에 꿈에서 죽은 자들의 영혼이 부시 고트의 몸으로 들어가는 것을 본 것 같다는 이야기를 노인들이 들려준다. 쌍둥이들은 동물이 아니고 사람인 일부 부시 고트들을 본다. 부시 고트가 자신을 보호하는 모양을 보고 있으면, 그건 동물이 아니고 정령이라는 생각이 들 것이다. 쌍둥이들은 꿈에서 본 터라 일부 부시 고트가 사람이라는 것을 알기 때문에 그 동물을 먹지 못한다. 만약에 쌍둥이들이 부시 고트를 먹는다면, 그들은 특권을 잃게 될 것이다. 그러면 쌍둥이들은 다시는 착한 머리를 얻지 못할 것이고 또 그때까지 볼 수 있었던 것을 더 이상 보지 못하게 될 것이다."

동물들에 대한 고대의 숭배의 흔적까지 결합시키면, 우리는 쌍둥이 숭배가 영혼을 믿는 보다 문명화된 종족들 사이에서 토템 사상 그 너머까지 발달했다는 것을 알 수 있다. 고대 그리스에서는 디오스쿠리 쌍둥이인 카스토르와 폴룩스가 여동생 헬렌과 함께 레다와 백조의 아이들로 숭배를 받았다. 고대 로마 역사에서는 암컷 늑대가 버려진 쌍둥이 로물루스와 레무스의 양모(養母)로 숭배되고 있다. 문명의 역사는 쌍둥이의 숭배가 말이나 소 같은 동물들을 길들여 유익하게 활용하는 것과 연결되어 있다는 점을 보여주고 있다. 한 예로, "말을 탄 쌍둥이"란 뜻인 악빈(Acvin)이라는 이름의 쌍둥이는 또한 천상의 쌍둥이로도 알려져 있으며 고대 힌두교에서 중요한 역할을 맡았다. 악빈 쌍둥이가 말에서 유래한 존재라는 초기의 믿음 때문에, 그들은 말을 길들이는 존재로 숭배를 받았으며, 무엇보다

전차의 운전자로서 멍에를 발명한 존재로 존경을 받았다. 쌍둥이 숭배에 대해 여러 마리의 말을 같은 멍에로 묶어 하나의 팀으로 만든다는 관념으로까지 확장되었다고 생각하기는 쉽지 않다. 그럼에도 쟁기를 끄는 소들이나 마차를 모는 말 2마리를 한 팀으로 보는 사상을 접할 때면, 짝을 맞추거나 팀을 이루는 숭배의 기원과 관련한 모든 궁금증이 사라질 것이다. 이 주제에 관한 견해야 어떻든, 천상의 쌍둥이들은 노동을 경감시키기 위해 소에게 멍에를 씌운 영웅으로서 존경을 받았을 뿐만 아니라 굴레와 쟁기의 발명자로서, 간단히 말해 문화의 바탕을 놓은 장인(匠人)으로서도 숭배를 받았다.

원시인들 사이에서는 이처럼 문화를 촉진하는 쌍둥이들의 기능들 중에서 한 가지만 확인된다. 도시를 건설하는 기능이다. 이 기능의 최초의 흔적은 다음과 같은 관습이 있는 아프리카의 일부 지역에서 파악된다. 이 지역에는 일종의 성역 같은 곳이 있는데, 터부시되는 쌍둥이를 낳은 엄마가 죽음을 피하기 위해선 쌍둥이 아기들과 함께 이곳에서 한 동안, 아니 경우에 따라서는 영원히 살아야 한다. 터부에도 불구하고 그녀와 함께 살기를 원하는 남자가 있다면, 이 남자 역시 쌍둥이의 마을로 가서 거기서 살아야 한다. 이 같은 성역은 대체로 섬에 있거나 숲속의 고립된 곳에 자리 잡고 있으며, 시간이 지나면 터부시된 사람들만의 거주지가 된다.

이 원시적 관습과 도시 건설에 관한 고대의 전설을 비교한다면, 쌍둥이들이 아주 중요하지만 꽤 다른 역할을 한다는 것이 확인될 것이다. "영원한 도시" 로마의 건설자인 로물루스와 레무스의 이야기, 고대 테베의 건설자인 암피온과 제토드, 그리고 이와 비슷한 다른 전설들은 어떻게 하여 쌍둥이 형제들이 어떤 장소를 놓고 싸움을 시작하게 되었는지, 또 그 중 한 형제가 도시의 건설자가 되기 위해 다른 형제를 죽이게 되었는지에 관한 이야기를 들려주고 있다. 이 모티프는 변형된 형식으로 '창세기'에도 등장한다. 카인이 일부 전설에 그의 쌍둥이 형제로 언급되는 아벨을 죽인 뒤에 자기 집에서 쫓겨나 아들 에녹을 통해서 에녹이라는 이름의 최초의 도시를 건설한다.

여기서 도시의 건설자로서 활동한 쌍둥이들의 흥미로운 역사를 깊이 파고들 수는 없다. 해리스에 따르면, 이런 쌍둥이 이야기는 유럽에서 어느 시기에 대단히 많았으며, 지금도 미국의 "쌍둥이 도시"에서 발견되고 있다. 여기서 우리가 관심을 두고 있는 것은 쌍둥이들이 문명화된 안정성의 상징인 도시의 건설에서 맡은 역할이 변화하고 있다는 점이다. 원시인 사회에서 성역은 쌍둥이와 함께 추방된 어머니에 의해 건설된다. 반면에 문명화된 민족들 사이에서는 쌍둥이 형제 하나가 다른 형제를 죽인 뒤에 도시를 건설한다는 내용의 전설이 내려오고 있다. 후자의 경우에 어머니는 양모의 역할에서 그치며 동물의 형태로 나타나는 예들이 많다.

이처럼 어머니가 원래의 보호적인 역할을 점점 잃어간 것은 불멸의 영혼에 대한 믿음이 상징적 의미를 얻게 되었다는 것을 암시한다. 선사 시대의 장례식은 묘지의 가장 원시적인 개념이 죽은 자의 영혼이 거주하는 곳이었다는 점을 분명히 암시하고 있다. 무덤은 어머니의 자궁과 비슷하게 생겼으며, 죽은 자는 거기서 다시 태어나는 것으로 여겨졌다. 이전에 죽은 자에게만 있는 것으로 여겨졌던 영혼에 대한 원시적 개념이 산 사람에게까지 확장됨에 따라, 영혼의 거주지라던 무덤의 원래 개념은 인간의 육체로 돌려졌다. 인간의 육체가 영혼의 "거주지"로 여겨지게 된 것이다. 내가 『예술과 예술가』(Art and Artist)에서 보여주었듯이, 이 같은 전개는 개인이 개인적 창조를 통해서 자신의 불멸화를 꾀하도록 하면서 자기실현을 향한 큰 걸음을 떼도록 만들었다는 것을 의미했다. 쌍둥이 전설은 불멸의 자아로서의 더블이라는 원시적 개념과 그 더블이 예술 작품에서 창조적으로 표현되는 것 사이의 과도적 연결로서 특별히 중요하다. 왜냐 하면 쌍둥이들은 비범한 출생을 통해서 영혼의 이중적인 개념을 구체적 으로 불러일으키고 또 그렇게 함으로써 운명적으로 두드러진 개인의 불 멸성에 대한 증거를 제시했기 때문이다.

그런 특별한 재능을 부여받은 개인들, 그러니까 진정한 일탈자들 사이 에서도 쌍둥이는 자신의 살아 있는 더블을 현실로 존재하게 만들 수 있는 까닭에 자기 자신을 다른 형식으로 생기도록 할 필요성을 전혀 느끼지 않 는 존재로서 너욱 두드러져 보인다. 더욱이 쌍둥이들은 자신이 스스로를 창조한 것으로, 죽은 자의 영혼에서 부활한 것이 아니라 심지어 어머니와 도 무관하게 자신의 마법의 힘에 의해 생겨난 것으로 여겨졌다. 토템 사 상에서 비록 아버지의 역할은 인정되지 않더라도 어머니는 최소한 죽은 자의 영혼들이 부활을 위해 거치는 도구로 받아들여졌다. 쌍둥이들은 그 런 어머니도 없이 살아가며 서로를 의지한다.

이 모티프를 다룬 초기의 문학 기록 중에서 B.C. 2000년까지 거슬러 올 라가는 이집트의 "형제" 이야기를 보면, 두 형제 아눕과 바투는 "쌍둥이" 는 아닌 것 같지만 신비한 어떤 끈에 의해 죽을 때까지 서로 떨어지지 않 았다. 한 형제가 경험하는 모든 것을 다른 형제도 똑같이 느꼈다. 한 형제 가 위험에 처하게 되면, 다른 형제가 즉각 도움의 손길을 폈다. 처음 쌍둥 이들은 둘이 함께 할 때에만 영웅적인 행위를 수행할 수 있었던 것 같다. 그들에게 무적의 힘을 준 것이 바로 쌍둥이의 주술적 중요성이었기 때문 이다.

이 주제는 이와 비슷한 남미의 전설에도 나타난다. 이 남미의 전설을 보 면 쌍둥이 형제가 임무를 완수한 다음에 둘 사이에 불화가 시작된다. 도시의 건설로 인해 발생한 한 형제의 살해는 거주지(집 또는 도시)의 영원성을 확보하기 위해 바치는 제물로 설명된다. 그러나 중세에도 아이를 산 채로 매장하는 방식으로 계속되었던 이 잔인한 관습은 원시인들 사이에 있었던, 쌍둥이 중 하나를 죽이지 않으면 둘 다 죽게 된다는 믿음의 산물이다. 더블의 현대적 개념에서는, '또 다른 나'를 죽이면 당연히 영웅 본인의 죽음, 자살로 이어지게 되어 있다. 그러나 이보다 앞선 개념에서는 이와 달리 쌍둥이 중 하나를 희생시키는 것은 다른 형제의 생존을 위한 조건이었다. 따라서 쌍둥이 신화에서 형제를 죽이는 전형적인 모티프는 불멸의 자아가 자신으로부터 죽을 운명의 자아를 제거하는 상징적인 제스처인 것으로 확인된다.

이 모티프는 인간 문화의 발달에 대단히 중요한 어떤 개념의 핵심을 담고 있다. 영웅 유형이 쌍둥이에 대한 숭배와 쌍둥이의 신비한 의미에 상징적으로 담긴 자기창조의 성향에서 나왔다고 나는 믿는다. 쌍둥이들은 자연스런 생식(生殖)과 무관하게 스스로를 만드는 것처럼 보인다. 그래서 쌍둥이들은 그 전까지 자연에 존재하지 않았던 것들을, 말하자면 문화라 불리는 것을 창조할 수 있는 것으로 여겨졌다. 쌍둥이들은 마법을 발휘함으로써 식물들이 자라기를 기다릴 필요도 없이 자기 마음대로 자라게 할 수 있었다. 쌍둥이들은 쌍둥이라는 사실 자체가 암시하는 기적 같은 다산 능력보다는 타고난 창조의 힘 때문에 농업의 창시자로 여겨졌다. 쌍둥이들은 또한 토템 신앙의 동물이었기에 유성 생식과 상관없이 자신을 창조하는 것으로 여겨졌고 또 수컷 소를 길들이고 거세함으로써 수소의 성적 파워까지 이용할 수 있었다. 자기창조라는 사상은 남녀 쌍둥이들의 경우에는 태어나기도 전에 어머니의 자궁 안에서 성적 행위를 한다는 믿음으로 뒷받침되는 것 같다.

쌍둥이로 상징되고 있는 자기창조의 원칙은 영웅을 자신의 내면에서 죽을 운명의 자아와 불멸의 자아를 결합시키는 유형으로 보는 인식을 낳는다. 쌍둥이의 영혼에서 영웅이 탄생한다는 믿음은 문명화된 모든 민족에 공통적으로 나타나는, 민족의 옛 영웅들의 특출한 삶과 품행을 찬미하는 전설에서도 확인된다. 그런 전설적인 일대기들이 주로 영웅의 초자연적인 기원을 강조하기 때문에, 나는 그 이야기들을 바탕으로 "영웅의 탄생 신화"의 패턴을 추론해냈다. 이 신화들을 보면 거의 표준화된 모티프들을 빠짐없이 갖고 있다.

영웅 탄생의 신화들이 취하는 가장 순진한 형태는 B.C 2500년까지 거슬러 올라가는 바빌로니아의 한 비명(碑銘)에서 발견된다. 이 비명의 내용을 보면, 첫 왕조의 창설자는 자기 아버지가 누구인지도 모르고 자기 어머니는 자신을 바구니에 담아 물에 떠내려 보냈다고 적고 있다. 그렇게 강물에 실려 내려가다가 어느 도시에 닿았으며, 그는 그곳의 왕이 되었다. 이 대목에서 독자 여러분들은 금방 모세의 잘 알려진 이야기를, 파피루스로 만든 바구니에 담겨 강에 버려졌다는 그 이야기를 떠올리게 될 것이다. 그러나 모세가 인류학적 논의에서 정말로 큰 소동을 일으켰다는 사실에 대해선 잘 알지 못할 것이다. 말하자면 문명의 확산이라는 문제가 제기되었던 것이다. 여기서 이슈는 이런 전형적인 모티프들이 넓은 지역에서 발견되는 것이 신화학의 한 학파가 주장하는 것처럼 그 이야기들이 정말로 그런 식으로 퍼져 나가서 그런 것인가, 아니면 그 모티프들이 심리학적 훈련이 조금 더 된 인류학자들이 믿는 것처럼 순전히 인간 정신의 산물이라서 그런 것인가 하는 점이다. 나는 이 주제를 다룬 초기의 연구에서 '주워 온 아이' 공상에 대한 프로이트의 관찰을 영웅의 신화적 일대기를 이해하는 데 적용시켰다. 이 영웅의 일대기들은 그 민족의 초기 역사를 반영하고 있지만 그 영웅의 관점에서 쓴 것처럼 보인다. 그러나 전 세계의 신화적 일대기들에 나타나는 그 유사성에 대해 나는 "원소적 관념"(elementary ideas)이라는, 독일 인류학자 아돌프 바스티안(Adolf Bastian)의 이론을 빌려서 인간이 사는 곳이면 어디든 발달하는 것 같은 문화적 현상으로 설명했다.

이 신화적인 전설들이 이 나라에서 다른 나라로 건너갔는지 여부는 나에겐 그다지 중요해 보이지 않는다. 그보다는 이 전설들이 한결같이 영웅이 평민이었던 이 나라에서 다른 나라로 가서 지도자가 된다는 이야기를 들려주고 있다는 사실이 훨씬 더 중요해 보인다. 어느 누구도 자기 나라에서는 예언자가 되지 못한다는 오랜 격언은 영웅, 즉 한 민족의 구원자 혹은 지도자는 보통 외국 출신이라는 전형적인 경험을 반영하는 것 같다. 영웅이 자신의 왕조를 열면서 합법적 지도자로 자리 매김을 하는 데 성공할지라도, 조만간 위기가 닥치면 다른 외국인이 나타나서 국민들에게 충성 서약을 다시 하도록 할 것이다. 유대인으로 기독교를 창설한 예수 그리스도, 코르시카 섬 사람으로 어느 외국, 아니 대륙의 지배자가 된 나폴레옹의 예에서 보듯 역사에 그런 획기적인 사건들이 많기 때문에, 우리는 그런 "성공 스토리"로 가득한 신비적인 전설들이 어느 정도 진실을 반영하고 있음에 틀림없다고 단정지을 수 있다. 이것이 언제나 역사적 진실인가 아니면 간혹 역사적 진실이지만 기본적으로 신화적인 진실인가 하는 점은 나에게 별로 중요하지 않다. 왜냐하면 이런 전설들이 영웅이 살고 행동하는, 말하자면 역사를 만들어 나가는 바탕이 된 영적 패턴을 전하는 것 같기 때문이다. 아버지 없는 아들로서 채소를 재배하던 어느 날 강을 따라 내려가다 어느 지점에서 아카드 왕조를 연 사르곤에서부터, 이집트 사람의 자식으로 유대인의 지도자가 된 모세, 인간이 살지 않는 곳에서 백조가 젓는 배를 타고 구원자로 나타났다가 다시 미지의 곳으로 사라져 버린 중세의 기사 로엔그린(Lohengrin)에 이르기까지, 우리는 많은 기록을 확인할 수 있다.

우리가 이 전설들에서 영웅의 삶의 이야기와 관련하여 확인하는 내용은 다소 다듬어진 민족의 역사 안에서 몇 가지 모티프로 되풀이된다. 다양한 민족의 영웅들에게서 표준적인 패턴이 확인되고 있으며, 이 패턴은 불멸의 상징을 통해 치르던 정형화된 의식(儀式)을 신화적으로 다듬은 것 같다. 영웅이 삶을 시작하는 모티프로 어김없이 등장하는 것 중 하나인 "물에 버려지는 것"은 분명히 영웅 숭배의 기원을 보여주고 있다. 이 전설이 원시인이 아닌 다른 민족들 사이에서 행해진 것처럼 원하지 않은 아이를 내다버리는 잔인한 관습을 반영하는지 여부를 떠나서, 지금까지 내려오는 문헌들을 근거로 할 때, 그런 행위의 원래 동기는 원하지 않은 아이를 정말로 버리려는 것이 아니라 신화적이라는 것이 분명해진다.

쌍둥이 중 하나를 죽이는 관습을 지키고 있는 원시인들은 두 아이를 모두 바구니에 담아서 물에 버린 뒤 어느 아이가 살아남는지 지켜보는 것으로 보고되고 있다. 달리 말하면, 아이를 버리는 것은 식구를 줄여야 하는 경제적 이유에서가 아니라 "빠져 죽든가 살든가" 하라는 생각에서 하나의 의례로 행해졌다. 강인한 인간, 즉 미래의 영웅이 될 아이라면, 그 아이는 당연히 자신을 구할 줄 알아야 할 것이다.

이 모티프를 다소 세련되게 합리화한 예는 고대 그리스인들 사이에 회자되던 영웅의 삶에 관한 전설에서 발견된다. 이 영웅들의 이야기는 대단히 인상적인 비극의 소재가 되어 인류의 사랑을 많이 받았다. 유명한 한 예를 든다면 "오이디푸스 왕"이 있다. 이 아이는 자기 아버지가 아들이 태어나기 전에 있었던 신탁의 경고 때문에 태어난 뒤에 버려진다. 아이를 그냥 두면 나중에 막강한 영웅이 되어 아버지를 내쫓고 죽이게 된다는 것이 신탁의 내용이었다. 이 영웅이 자기 대신에 다른 아이를 죽게 함으로써 초기의 불행한 운명을 피한다는 식의 이야기는 그런 종류의 이야기에 공통적으로 나타나는 특징이다. 이 이야기가 우리를 다시 쌍둥이의 이야기로 이끈다.

영웅의 문화적 개념이 발달하는 과정에, 이미 말한 바와 같이, 영웅의 다른 쌍둥이 형제, 즉 죽을 운명을 타고난 쌍둥이 형제는 다른 형제에게 불멸을 보장하기 위해 죽어야 했던 것 같다. 영웅이 같이 태어난 다른 아이를 죽이고 그 아이와의 쌍둥이 관계까지 차지하는 것이 최종적으로 영웅 유형의 진정한 특징이 되었다. 신화적으로 보면, 영웅은 2개의 자아를, 말하자면 죽을 운명의 자아와 불멸의 자아를 하나의 성격으로 통합한 존재이다. 말하자면 그림자든 쌍둥이 형제든 원래의 더블까지 가진 자아, 그래서 2개의 생명을 흡수한 존재이다. 이 흡수의 과정은 영웅의 쌍둥이 형제가 오직 그림자 같은 존재를 영위하는 일부 고전적인 전설에서 분명하게 드러난다.

한편 남미 인디오들 사이에는 더블이 영웅의 영혼을 담고 있는 것으로 통하는 태(胎)와 함께 실제로 묻히는 것으로 여겨진다. 여기서 우리는 쌍둥이 형제 중 하나가 태어난 다음에 영웅의 불멸을 얻기 위한 상징적 제물로서 죽음을 당하지 않고 분만 과정에 자연적인 죽음을 맞는다는 것을 확인한다. 그렇다면 영웅의 일대기에는 그의 불멸적인 행동을 뒷받침할 만한 신화적 장치가 필요했던 것 같다. 쌍둥이 형제라는 존재를 대리로 내세우며 미래의 영웅의 삶에 꼭 필요한 신성을 불어넣게 하는 예도 드물지 않다. 우리는 그런 식으로 조작된 쌍둥이의 예들을 많이 알고 있다. 렌델 해리스는 심지어 예수 그리스도의 일대기에서도 그런 예를 하나 발견할 수 있었다. 그 모티프가 어떤 형태를 취하든, 영웅이 자신의 부모로부터 이중의 자아를 물려받는다는 점은 순수한 영웅 유형의 기본적인 특징이다.

문명화된 민족들의 전설에 널리 퍼진, 쌍둥이 중 하나는 불멸이라는 사상은 그 전의 더블에 대한 믿음에서 비롯되었다. 왜냐하면 쌍둥이가 옛날의 더블처럼 육체를 닮은 영혼의 구체적인 화신처럼, 말하자면 사람의 모습을 한 영혼처럼 보였기 때문이다. 이것이 쌍둥이 중 하나를 독립적이고 무적인 그런 존재로 만들 뿐만 아니라 모든 인간들과 심지어 불멸의 신들에게도 감히 도전하게 될 겁 없는 혁명가로 만든다. 쌍둥이를 영웅의 원형으로 만드는 것은 이 같은 철저한 독립심이다.

이런 의미에서 본다면, 다른 쌍둥이 형제의 죽음으로 인해 생명을 구하게 되는 영웅의 출생에 관한 전설들은 그 개인들의 신화적인 일대기일 뿐만 아니라, 쌍둥이의 신비적인 개념을 바탕으로 영웅 유형의 탄생을 그려내고 있기도 하다. 동시에, 영웅이 세상에 등장하는 형식은 영웅적 유형에서 완벽을 이루는 자기창조의 원칙을 반영하고 있다. 영웅의 자기고양, 아니 자기창조를 찬미하는 이런 "성공 스토리"의 자전적 성격은 이런 종류의 전설 중에서 가장 오래되었고 또 가장 순수한 전설인 사르곤의 전설에서 아주 분명하게 나타난다. 아카드 왕국의 왕인 사르곤은 자신의 일생을 요약한 내용을 일인칭으로 들려주고 있다. 한 예로, 이 영웅의 독자적인 자기창조에 관한 신화적 기록은 처음이자 아주 오랫동안 지속된 그의 창조에 대한 이야기를 들려주고 있다. 일탈자에 속했던 쌍둥이가 신성하게 되는, 말하자면 불멸의 자아를 얻는 자신의 유형의 창조에 관한 기록을 제시하고 있는 것이다.

원시인의 영혼 신앙에 깊이 뿌리를 내린 이 같은 영웅 개념은, 내가『예술과 예술가』에서 보여준 바와 같이, 고대 그리스 문명에서 하나의 유형으로 굳어졌으며 그리스 문명의 영적 성취의 바탕을 이루고 있다. 고대 그리스의 예술가들은 너무나 잘 알려진 자기 민족의 영웅들의 삶에 얽힌 에피소드에서 온갖 영감을 다 얻었다. 그것을 바탕으로 영웅의 행동 유형에 따라 자신의 창조적 자아를 예술적으로 표현했다.

이런 점에서 보면, 진정한 예술가 유형은 영웅의 정신적 더블로 여겨질 수 있다. 영웅이 한 행위를 불멸의 예술 작품을 통해서 밝히고 또 그렇게 함으로써 그 행위와 영웅에 대한 기억을 후대까지 남기는 그런 더블 말이다. 그리스 예술가가 발달하는 과정에, 그때까지 단순히 그림자의 한 변형으로 여겨져 온 어떤 형태의 더블이 창조적 중요성을 지니게 된 것 같다. 그 더블은 형태가 없는 검은 그림자보다 자아의 이미지를 보다 생생하게 보여주는, 거울(원래는 물)에 비친 사람의 상이었다.

그리스 신화를 보면, 거울에 비친 이미지가 예술가의 영감에 창조적 의미를 지닌다는 점을 보여주는 전설들이 발견된다. 선사 시대 그리스의 가장 원시적인 신 중 하나로 신비적인 숭배를 통해 널리 알려진 디오니소스는 자기 어머니 페르세포네가 거울에 비친 자신의 모습에 경탄하고 있던 중에 임신되었다는 전설이 내려온다. 고대 그리스 철학자 프로클루스 (Proclus Lycaeus)의 설명에 따르면, 디오니소스가 자신의 신비한 재탄생이 있은 뒤에 다음과 같은 방법으로 사물들의 세계를 창조했다. 어느 날 디오니소스가 거울에 비친 자신의 모습을 응시하고 있었다. 신화 속의 장인 헤파이스토스가 만든 거울이었다. 디오니소스는 거울에 비친 자신의 상에 매료되어 자신의 모습으로 외부 세계를 창조했다.

세상의 창조와 관련하여 이처럼 자기중심적인 인식은 힌두교의 우주관에도 나타난다. 힌두교 우주관에 따르면 최초의 '존재'의 그림자가 물질

세계의 원인이었다. 신(新)플라톤주의자들과 그노시스주의자들이 아담이 자신의 형상과 사랑에 빠진 탓에 거룩한 본성을 잃어버렸다고 주장했을 때, 그들은 이 이론을 거꾸로 뒤집어 놓았다.

아담이 자신의 이미지를 사랑함에 따라 신성을 잃게 되었다는 비관적인 해석은 나르키소스의 이야기를 통해 우리에게 익숙한 그리스 전설에 뿌리를 깊이 내리고 있다. 오비디우스(Ovid)의 시를 보면, 유명한 예언가 티레시아스(Tiresias)는 나르키소스의 출생과 관련해 소년이 장수할 것인지를 묻는 질문에 "오래 살 것이지만 조건이 있다. 아이가 자신의 모습을 보게 해서는 절대로 안 된다."라고 대답했다. 청년과 처녀들에게 똑같이 냉담했던 나르키소스는 연못에 비친 자신의 모습을 보고는 그 아름다움에 반해서 상사병을 앓게 되었다. 전설에 따르면, 그러다 나르키소스는 결국 자살을 택했다. 지하 세계에서도 그는 삼도천에 비친 자신의 모습을 응시하고 있었다고 한다. 파우사니우스(Pausanius)가 들려주는 버전을 보면, 나르키소스는 여자라는 점만을 빼고는 모든 면에서 자신의 복제였던 쌍둥이 여동생이 죽은 뒤에 깊은 슬픔에 잠겼다. 그러다 그는 마침내 자신의 모습에서 위로를 얻었다고 한다.

퇴폐적인 그리스의 이런 서정적 전설에서 현대의 심리학자들 일부는 자신들의 자기사랑 원칙의 상징을 발견했다고 주장하지만, 내가 볼 때 이 전설은 자기창조적인 영웅과 이런 유형의 영웅을 대리하는 인간인 예술가 유형의 급격한 추락처럼 보인다. 예술가 유형의 등장은 자기 자신의 이미지를 통해서 자기 영속성을 꾀한다는 자기중심적인 원칙을 부정하고 그 대신에 자신의 성격을 반영하는 작품을 통해서 자아의 영속성을 꾀한다는 원칙을 받아들일 때에만 가능했다. 이 같은 의미에서 본다면, 아름다운 청년이 일찍 죽음을 맞는 슬픈 이야기는 개인에게 단순히 자기 흠모에 빠짐으로써 불멸의 더블을 얻는다는 믿음에 쉽게 빠지지 말라고 경고하는 것 같다. 왜냐하면 그리스 전설의 시대에 불멸의 어떤 새로운 종교가 존재했기 때문이다. 불멸인 까닭에 신들과 성공적으로 경쟁했던 영웅의 신격화가 바로 그 종교였다. 어떤 개인들에게 자기창조의 힘이 있다는 인식은 자신의 더블이 저절로 존속하게 될 것이라는 순진한 믿음을 넘어서는 결정적인 한 걸음을 의미했다. 자기창조의 힘이라는 개념이 오래 남을 성취물을 창조해냄으로써 자신의 불멸을 이루기 위해 노력해야 한다는 인상을 인간에게 강하게 남겼다는 점에서 하는 말이다. 이런 의미에서, 15세기 초의 위대한 이탈리아 철학자 알베르티(Leon Battista Alberti)는 물에 비친 자신의 모습을 보고 그 아름다움에 전율을 느낀 나르키소스는 진정으로 그림을 발명한 존재였다고 말할 수 있었다.

어떤 한 유형이 창조적 활동을 통해서 불멸을 꾀하려 한 노력이 암시하는 세계관의 현격한 변화를 제대로 이해하기 위해서, 우리는 한 번 더 자신의 더블을 대하던 원시인들의 양면적인 태도로 되돌아가야 한다. 이 양면성에 따른 갈등은 불멸의 영혼에 대한 믿음과 관련하여 두 집단의 관념들이 연합과 대결을 영구히 하고 있다는 사실 자체에 잘 드러나고 있다. 한 집단의 관념들은 죽음 뒤의 삶도 산 자들이 익히 잘 알고 있는 형태일 것이라고 보고 있고, 다른 한 집단의 관념들은 문화적 양식에 따라서 사후에 다른 새로운 형태로 이 땅에 부활할 것이라고 보고 있다. 아버지나 할아버지의 영혼이 새로 태어난 아이의 안에서 다시 살게 된다는 토템 신앙에서 확인되듯, 두 번째 집단의 관념들이 세월이 흐르면서 보다 원시적인 관념들을 가리게 되었다. 그러나 아이가 아버지를 지나치게 많이 닮을 경우에 아버지가 죽음을 맞게 될 것이라는 두려움에, 원래의 믿음도 여전히 그대로 남아 있다. 이 두려움의 뒤에는 아이가 아버지로부터 아버지의 이미지 혹은 그림자를, 말하자면 영혼을 빼앗는다는 생각이 작용하고 있다.

진정한 더블에 대한 이 같은 두려움은 에드가 앨런 포의 '윌리엄 윌슨'에 묘사된 것처럼 종종 동명이인에 대한 공포증으로까지 발달하는데, 이 같은 두려움 때문에 인간은 자기 자신은 물론이고 타인들과도 영원히 충돌을 빚고 또 같고 싶은 욕구와 다르고 싶은 욕구 사이에서 갈등을 느끼게 된다. 내면이 이런 상반된 두 가지 경향에 의해 찢긴 상태에서, 인간은 자신의 모습대로 영적인 더블을 창조하지만 그 결과 육체적으로 닮은 아들의 모습으로 나타나는 자연적인 더블을 부정하게 된다. 자기 영속성을 위해 이처럼 생물학적 생식(生殖)에 맞서 벌이는 투쟁은 죽음의 위협을 지속적으로 받아왔으며, 이 죽음의 위협은 지금도 인간의 삶 위로 그림자를 드리우고 있으며 또 무서운 터부들이 지금도 이런저런 형식으로 지켜지고 있는 이유를 설명하기도 한다.

선사 시대의 인간들 사이에서도 죽은 자에 대한 숭배는 죽은 자를 조악하게나마 그린 이미지를 필요로 했고 또 그 이후의 방부 처리 관습은 전체 형태를 조각상처럼 간직하려 노력하는 모습을 보였지만, 대부분의 원시인들은 살아 있는 존재와 너무 닮은 이미지에 대해서는 혐오감을 분명히 보이고 있다. 프레이저에 따르면, 자신의 초상화를 그리게 하거나 사진을 찍게 하는 데 대한 공포는 거의 전 세계에서 발견된다.

탐험가들은 에스키모인과 미국 인디언, 중앙아프리카와 아시아, 동인도제도의 주민들 사이에 그런 공포가 있다는 사실을 보고했다. 그런 사람들은 영혼 숭배 신앙 때문에 자신의 모습을 찍고 있는 이방인이 자신을 어떤 악에, 아마 죽음에 노출시킬 수도 있다고 두려워한다. 일부 원시인들은 실제로 사진을 찍게 하면 죽을 수도 있다고 겁을 먹고 있으며, 아프리카의 일부 원주민들은 플라스틱으로 실물 그대로 만든 것에까지 그런 공포를 보이고 있다. 서구 문명에서도 발칸 반도에서뿐만 아니라 독일과 영국, 스코틀랜드 등에서도 유사함에 대한 원시인의 이 같은 공포가 확인되고 있다.

성격이 매우 다양하게 분화된 우리 시대에도 그런 공포가 남아 있다는 사실은 자기 영속성의 두 가지 근본적인 형식 사이의 갈등이 영원할 것임을 암시한다. 미학의 예술가 이데올로기에서, "유사함"을 추구하려는 노력이 성격의 진정한 표현으로 차이를 강조하려는 노력으로 점진적으로 바뀌었다. 고대 그리스인의 영향을 크게 입은 이 같은 전개는 유사함과 차이 사이의 투쟁을 개인적인 차원에서 문화적인 차원으로 끌어올리고 있으며, 문화적 차원에서 두 가지 상반된 측면들은 영원과 변화의 대결처럼 보인다. 이런 관점에서 본다면, 최초의 예술가가 자신의 작품이 타인들에게 받아들여질 수 있도록 함과 동시에 자신의 내면에 예술가 유형을 창조해내기 위해 맞서야 했던 힘들이 어느 정도 강했을 것인지 대충 짐작될 것이다. 이 예술가가 하나의 유형으로서 그런 노력을 벌인 최초의 산물들을 우리는 고대 그리스 문화의 유산을 통해서 숭배하고 있다. 죽은 인물의 이미지에 살아 있는 특성을 부여하기 위해, 그 사람의 모습을 생생하게 담아내는 것이 조각가의 최고 야망이 되었다. 조각가는 단순히 비슷한 모습을 빚어내려고 노력한 것이 아니라 그 사람의 근본적인 특성, 즉 영혼을 포착하려고 노력했다.

동시에, 예술가는 작품에 자신의 성격을 반영함으로써 창조적 야망을 불멸화할 수 있다. 평균적인 유형이 살아 있는 자식이든 아니면 사진이든 자신의 이미지만으로 존속하는 데 만족해야 하는 한편, 예술가의 창의성은 자기 영속성이라는 원시적인 정신에서 비롯되어 작품에서 객관화된다. 동시에 예술가 유형을 창조한 창조적 자아를 그런 식으로 표현하려는 노력은 단지 자기중심적인 성격을 표현하는 데 그칠 위험을 안고 있다. 다른 점은 영웅 유형의 계승자로서 진정한 예술가는 영웅의 삶에서 주제를 발견하는 한편, 평범한 유형의 장인(匠人)은 주제를 자신의 내면에서만 찾는다. 진정한 예술가는 자신이 예술가이기 때문에 창조하지만, 평범한 유형의 장인은 자신이 예술가라는 점을 입증하기 위해 작품을 내놓아야 한다. 예술가의 원형인 영웅은 자기창조의 활동을 통해서 창조의 불멸성에 대한 새로운 믿음을 낳은 한편, 예술가 유형은 자신의 개인적 차이를 더욱더 의식하게 되고 따라서 원래의 창의성을 잃고 인공적인 유형이 되었다. 말하자면 기술적인 면만을 강조하는 장인과 점점 더 가까워지게 되었다는 뜻이다. 마침내, 우리는 그리스 문화의 영웅 이데올로기가 그리스 철학자들의 정밀한 검증 아래에서 사라지는 모습을 지켜보게 되었다. 이 철학자들은 결과적으로 서구 세계에 이성적인 과학자들이 등장할 길을 닦아 주었다. 이제 불멸의 영혼은 단순히 철학적 사색의 주제가 되었으며, 자신의 이미지에 대한 도취는 심리학적 자기분석의 대상이 되었다.

3장

사회적 자아의 출현

앞 장에서, 주술적 자아로도 불릴 수 있는 불멸의 더블에서부터 시작하여 영웅에서 불멸화되는 독립적인 창조적 자아까지 자아가 발달하는 과정을 더듬어 보았다. 이제 원시적 집단생활에서 비롯되는 사회적 자아의 형성을 살펴볼 차례이다. 원시적 집단생활에는 현대인이 말하는 그런 유형으로서의 "사회적 자아" 같은 것은 전혀 존재하지 않는다. 왜냐하면 집단 자체와 공동 활동이 이뤄지는 집단생활이 사회적 자아를 완전히 개인의 밖으로 끌어내기 때문이다. 모든 개인은 개별적으로 더블이라는 '또 다른 나'에 의해 자신의 불멸성을 보장 받았다. 두 개의 자아, 즉 죽을 운명의 자아와 불멸의 자아는 주술적 자아 안에서 소박하게 통합되고, 이어 육체적 자아의 불멸성에 대한 소박한 믿음이 사회적 자아의 창조적 영속성에 의해 대체된 다음에 두 개의 자아는 다시 영웅적 자아 안에서 창조적으로 조화를 이루게 된다.

단순한 집단생활과 대비되는 최초의 사회적 조직을 우리는 토템 신앙에서 만난다. 토템 신앙은 이승에서의 인간의 생존과 인간의 영원한 운명에 관한 초자연적인 세계관을 떠받치기 위한 최초의 종교 형식으로서, 죽은 자들의 영혼이 씨족의 토템을 통해서 다시 태어남으로써 일종의 집단 불멸성을 확보한다고 믿는, 대단히 복잡한 신앙 체계이다. 토템 신앙은 씨족의 엄격한 조직과 다양한 구성원들 사이에 엄격히 구분된 기능을 통해서 사회적 조직의 기원이 개인들의 영적 욕구에 있다는 점을 분명히 보여주고 있다.

비록 우리의 눈에는 문명인들이 서로를 닮은 것보다 원시인이 서로를 더 많이 닮은 것처럼 보일지라도, 원시인도 문명인만큼이나 서로 다를 뿐만 아니라 실제로 보면 훨씬 더 개인주의적이다. 원시인들의 개인주의적인 성향은 개인의 존속에 대한 강한 믿음에서도 쉽게 확인된다. 여기서 우리 문명인들 사이에도 온갖 종류의 계급과 신분적 구분(예를 들면 관습, 습관, 복장 등)에 따른 개인적 차이가 매우 분명하게 나타난다는 점을 강조해야 한다.

한편, 원시인들의 사회적 자아는 표준화된 사회생활의 집단 활동에 의해 전달되었으며, 사회생활의 핵심과 절정은 종교적 숭배와 의식(儀式)이었다. 종교 안에서나 종교를 통해서, 원시인들은 자신들이 바라던 대로 서로 같아졌다. 원시인들이 같아지길 원한 것은 그렇게 되면 새로운 종류의 집단 불멸성을 얻을 수 있다고 믿었기 때문이다. 이 집단 불멸성은 그들의 특별한 씨족 토템에 의해 보장되었다. 이때 씨족의 토템은 전체 집단을 불멸화하는 역할을 맡았다. 어떻게 보면 씨족의 토템은 문명화된 사람들이 믿는 신과 신의 세속적 대리자인 영웅과 구원자, 왕의 원시적 선구자였다고 할 수 있다.

여기서 우리는 종교적 숭배에 수동적으로 참여하는 것이 어떤 식으로 사회적 자아의 발달로 이어지는지를 보고 있다. 집단의 구성원들은 종교적 숭배를 통해서 집단의 이데올로기를 위해 자신의 개성을 기꺼이 부정하려는 성향을 보이게 된다. 따라서 원시적 형태의 종교에서부터 최초의 계급 구분이 시작된다. 영원한 존속이 보장된, 가장 높은 계급인 불멸의 존재들과 이 초자연적인 힘에 참여함으로써 그 대가로 자기 영속성을 얻게 되는 나머지 사람들 사이에 구분이 일어나는 것이다. 동물을 숭배하는 토템 신앙은 영웅 유형이 창조될 길을 열어주었다. 본인이 더블, 즉 죽을 운명과 불멸성을 동시에 갖추고서 다른 개인들의 더블을 집단적으로 대체할 그런 유형 말이다. 따라서 불멸성이 각 개인에서 집단으로 뭉친 개인들을 대표하는 하나의 상징적인 형상으로 옮겨가게 되었다.

이 같은 전개는 토템의 인격화와 영웅의 찬양에서 생겨나는, 신을 닮은 형상의 창조에서 절정을 이뤘다. 여기서 나는 인간의 모든 종교의 두 번째 줄기, 즉 나 자신이 "의지의 신"(will-god)이라 부르는, 영웅적 자질들의 집단적 인격화를 본다. 보다 문명화된 사람들의 이 "의지의 신"이 점진적으로 원래 개인주의적이었던 원시인들의 "영혼의 신"(soul-god)을 가리게 되었지만 완전히 대체하지는 못했다. 그러나 두 가지 종교 체계에서, 보통 사람은 개별적으로 더 이상 지킬 수 없는 개인적 불멸성을 포기하고 대신에 일종의 능동적 혹은 수동적 참여를 통해서 집단적으로 불멸성을 다시 얻을 수 있었다. 심리적 동일시와 비슷한 집단적 행위인 그런 사회적 참여는 모든 종교적 교의와 의식의 근본적인 특징일 뿐만 아니라 모든 사회적 발달과 그 사회적 발달을 표현하고 지키는 관습과 전통, 법 등에서 결정적인 역할까지 맡고 있다.

왕권과 주술적 참여

초기의 그런 사회 제도 중 하나가 왕권 제도이다. 주술적 의식에서 비롯된 이 제도는 대단히 중요해졌다. 이 제도가 인류의 역사를 만들어왔다고 말할 수도 있을 정도이다. 나는 왕권 제도에서 사회화된 영웅 숭배라 불릴 수 있는 것이 최종적으로 발달하는 것을 확인한다. 이 점에서 본다면, 왕권 제도는 권력이 불멸의 영웅 유형에서 평민의 사회적 자아로 이동하는 것을 상징적으로 보여준다고 할 수 있다.

프레이저가 인류학적으로 재구성한 바와 같이, 왕권은 고대 로마의 예에서 보듯 문명화된 민족들 사이에 더 흔하게 실시되었지만 그 기원을 보면 원시인들 사이에 널리 퍼져 있는, '신성한 왕'을 죽이는 관습에서 시작되었다. 프레이저가 전 세계를 돌며 국왕 살해라는 원시적 관습을 찾아나서도록 만든 것도 사실 네미의 디아나 신전의 성직에 얽힌 신비한 규칙이었다. 이 규칙은 숲의 왕이라 불린 모든 성직자가 후계자와의 대결에서 죽는 것을 원칙으로 정하고 있었다. 이처럼 잔인한 관습이 고대 로마의 고위 성직에서 발견된다고 해도 전혀 놀라운 일은 아니다. 또 고대 로마의 전설 속에서 유명한 그 쌍둥이 중 한 쪽이 다른 쪽을 죽인 것이 문명의 바탕으로 묘사된다고 해도 놀라운 일이 아니다. 따라서 우리는 '신성한 왕'이 자기 후계자에게 살해되는 관습에서 쌍둥이 형제 사이의 살해가 역사화되는 것을 쉽게 알 수 있다.

신성한 왕은 쌍둥이처럼 자연의 운행에 영향력을 발휘하는 것으로 여겨졌다. 쌍둥이가 농업의 발명자로, 또 전반적인 문화의 발명자로 숭앙을 받았던 것처럼, 신성한 왕의 중요한 기능은 백성들에게 풍년과 번영, 행복을 보장하는 것이었다. 이 관습이 우리 시대에도 아프리카 원시인들 사이에 내려오고 있으며, 신성한 왕의 임기는 대체로 2년으로 제한되고 있다.

임기가 끝날 때, 왕은 죽음을 당한다. 살해는 대체로 교살로 이뤄지며, 2명의 집행자가 맡는 신성한 임무로 여겨진다. 그 전 시대에는 2명의 노예가 왕의 무덤 앞에서 살해당했다. 2라는 숫자가 "중심 주제"처럼 이 의식(儀式)을 관통하고 있는 것은 역사 시대 로마에 있었던 2명의 릭토르 혹은 집정관으로 이어지는 쌍둥이의 기원을 떠올리게 만든다.

시대와 장소에 따라서 세부사항이 다소 다른 국왕 살해라는 주술적 의식은 아프리카와 바빌로니아, 고대 멕시코 등 세계 곳곳에서 다양한 문화에 걸쳐 널리 발견되고 있다. 이 의식에는 2명의 중요한 참가자가 있다. 한 사람은 희생되는 왕이고, 다른 한 사람은 (희생되는 왕의 피를 통해) 신권을 새로 받는 왕이다. 이 의식을 통해 새로 왕이 된 사람은 죽은 왕의 생명력을 흡수하고 그의 눈부신 자질까지 얻게 된다(물론 이 왕도 때가 되면 자신의 자질을 후계자에게 넘겨줘야 한다). 왜냐하면 왕위가 현재 통치하고 있는 왕에서 자식에게로 넘어가는 것이 아니라 죽은 왕의 자식들 중에서 결투에서 현재의 왕을 죽일 수 있는 누구에게나 넘어가기 때문이다. 이때의 살해는 주술적 혹은 종교적 바탕에서 행해지는 처형이었다. 가끔 살해가 왕의 형제에 의해 이뤄질 때도 있으며, 이때 왕의 형제는 왕의 아내를 물려받게 되어 있다. 다른 사람이 왕의 후계자가 되더라도 왕의 아내를 물려받는 것은 마찬가지이다. 그러나 이런 원시적인 관습과 고대의 전통은 훗날 다른 문화적인 요소들과 결합한 것 같다. 왜냐하면 왕권의 합법적 계승이 확립된 이후에도 오랫동안 훌륭한 자질을 이처럼 주술적으로 이어받는 행사가 여전히 실시되었기 때문이다.

한 예로, 중부 유럽에서 이 원시적인 관습이 봄이 시작될 무렵 열리는 광대극으로 남아 있는 것이 확인된다. 그것은 5월의 왕과 왕비의 성스런 결혼식으로 알려져 있으며, 자연의 소생을 축하하는 주술적 의식이다. 이 봄의 축제가 원시적인 관습과 다른 점은 한 가지밖에 없다. 원시 시대에는 새로운 시작이 있을 때 왕을 실제로 살해함으로써 생명의 지속성을 촉진하려 했으나, 이 축제에서는 봄의 시작을 그냥 재미있게 축하한다는 점이 달랐다. 게다가 봄의 축제에는 왕비가 보태졌다. 원래의 관습에는 남자 참가자들만 2명 있었고, 왕의 계승은 유성 생식과는 완전히 다른 것이었다. 이 축제에서 여자가 부차적인 역할만을 맡게 된 것은 왕비의 역할이 전혀 없었던 초기의 원시적 전통 때문이기도 하고 또 그런 신성한 결혼이 이뤄지던 고대의 실제 예들 때문이기도 하다(인도에서는 지금도 행해지고 있다). 고대의 신성한 결혼식에서 여자들은 신들과 결혼을 했으며, 이 여자들은 사원의 성직자가 되어 순결한 몸으로 고립된 채 살거나 제물로 바쳐지기도 했다.

그리하여 이 같은 낯선 계승 의례가 두 가지 다른 형태로 오늘날까지 이어지게 되었다. 아프리카의 많은 부족 사이에 지금도 행해지고 있는 보다 원시적인 행태의 계승 의식은 단순히 왕을 살해하는 것이며, 이 살해를 통해서 계승자는 현직의 왕보다 더 크거나 적어도 같은 힘을 가졌다는 점을 입증해야 한다. 두 번째 형식, 즉 여성도 계승 과정에서 역할을 맡는, 5월에 행해지는 왕의 신성한 결혼은 문명화된 민족들 사이에 카니발로 내려오고 있다. 겨울의 종말과 봄의 도래를 축하하는 이 비(非)기독교 축제는 바다를 끼고 있는 국가들의 특징이며, 그 기원은 유럽 지중해 연안인 것 같다. 프랑스 남부 지방에서는 이 축제가 율리우스 카이사르(Julius Caesar)의 정복과 기독교 교회의 도래보다 앞서 시작되었던 것 같다. "카니발"(carnival)이라는 명칭 자체가 육지에 도착한 배를 의미한다. 이 배를 타고 5월의 왕 혹은 봄의 영웅이 도착하며, 이 영웅의 임무는 늙은 백색의 왕, 즉 겨울을 죽이고 새로운 계절로 바꾸는 것이다.

정말 흥미롭게도, 미국 남부의 프랑스인 정착지에도 유럽식 카니발이 이보다 더 원시적인 형태의 축제와 나란히 열리고 있다. 여기서 원시적인 축제는 주로 뉴올리언스의 흑인들이 주도한다. 미국 저널리스트 라일 색슨(Lyle Saxson)이 2개의 카니발, 다시 말해 백인의 카니발과 흑인의 카니발을 소년의 눈으로 세세하게 묘사한 글('Fabulous New Orleans', N. Y., Century, 1928)을 통해서, 우리는 고대 의식이 재미있는 형태로 내려오는 현장을 그림처럼 실감나게 그려볼 수 있다.

뉴올리언스에서 태어나 평생을 거기서 살았으면서도 줄루 왕이 도착하는 모습을 한 번도 보지 못한 사람들이 아주 많다. 그들에게 나는 미안한 마음을 느낀다. 왜냐하면 남부에서 이보다 더 독특한 장면을 볼 수 있는 기회는 어디에도 없기 때문이다. 이 관습은 오랫동안 이어지고 있다. 다소 위엄이 느껴지는 백인의 축제 행사 '마르디 그라'를 일종의 소극 형식으로 바꾼 것으로, 그 때문에 대규모 행렬에 부족하기 쉬운 해학이 강하게 느껴진다. ……

줄루 왕과 그의 충직한 종자들이 픽픽 소리를 내는 작은 모터보트의 힘으로 움직이는 바지선에 탄 채 서서히 다가오고 있었다. 바지선은 마치 손에 잡히는 천 조각 아무것으로나 급히 장식한 것처럼 보였다. 왕좌 위를 가리는 덮개는 삼베로 만들어졌으며, 투박한 나무막대기에 의해 지탱되고 있었다. 덮개 꼭대기는 한 묶음의 종이꽃으로 장식되어 있었으며, 그 아래의 낡은 모리스 의자에 왕이 앉아 있었다. 왕은 곧 용맹스런 부족의 추장이었다. 그러나 겸손해서 그런지 아니면 추운 날씨 때문인지, 줄루 왕은 자신의 검은 피부 위로 옷을 걸치고 있었다. 그래봐야 손으로 짠 검정색 속옷 정도에 지나지 않았지만 말이다. 목과 발목, 팔목을 말린 풀 다발로 장식하고, 또 고수머리 모양의 검정색 가발을 썼으며 가발 위로 주석 왕관이 얹혀 있었다. 왕이 탄 바지선의 네 귀퉁이에는 헝겊을 매단 인조 종려나무가 서 있었으며, 종려나무 사이에는 붉은색 천이 걸쳐져 있었다. 4명의 종자들은 관을 쓰지 않은 것만을 빼고는 왕과 거의 똑같은 옷을 입은 채 왕의 옆에서 까불대고 있었다. 여기저기에 붉은색과 자주색의 깃발이 펄럭이고 있었다. 바지선이 우리 쪽으로 가까이 다가서자, 왕이 맥주병을 따서 축하의 뜻으로 병째로 마셨다. 그 사이에 둑에 서 있던 흑인 남녀들도 주머니에서 병을 끄집어내서 각자 마셨다. ……

일행이 우리 쪽으로 아주 가까이 다가올 때, 나는 왕과 그의 종자들이 얼굴을 검게 칠하고 뺨과 아래위가 붙은 검정색 속옷에 붉은색과 초록색 물감을 멋대로 찍어 바르고 있어서 모든 게 자연의 작품 같다는 인상을 받았다. 바지선이 나와 가까운 운하의 끝에 정박하고 강둑에서 맥주병들이 이 사람에게서 저 사람에게로 전달되는 동안에 나는 이 모든 것들을 볼 수 있었다.

야회복을 입고 어깨에서 허리까지 붉은색과 자주색 스카프를 장식한 흑인 남자들로 구성된 대표단이 강둑에서 기다리고 있었다. 그들은 큰 소리로 줄루 왕에게 인사를 외치고 있었다.

"왕비는 어디 계시죠?"

"왕비는 안 모시고 오셨어요?"

"혼자시라니 얼마나 외로우시겠어요?"

이 같은 조롱에도 왕은 품위 있게 대답했다.

"내가 왕비를 두게 된다면, 그녀는 아마 남자가 될 걸세. 여자들과의 관계는 모두 끝났으니 말일세."

왕의 말은 대단히 유머 넘치는 것으로 여겨졌다. 둑에 쭉 서 있던 사람들
이 환희의 함성을 내질렀으니 말이다. ……

이어서 왕의 일행이 배에서 내릴 차례가 되었다. 야회복을 입은 흑인들
이 군중 사이를 뚫고 어렵게 길을 열며 나귀들이 끄는 사륜마차를 바지
선 가까이 갖다 댔다. 사륜마차는 거의 정사각형에 가까웠으며 아주 큰
편이었다. 그러나 마차는 볼품이 없었다. 그런 인상도 잠시였다. 왕이 일
어서서 자신의 모리스 의자를 들고 마차에 올랐다. 종자들도 화분에 꽂
힌 종려나무를 들고 왕의 뒤를 따랐다. 바지선을 장식했던 천도 벗겨내
사륜마차의 귀퉁이를 감았다. 깃발과 꽃들도 마차 곳곳을 장식했다. 왕
과 4명의 종자를 태운 마차가 길을 따라 움직였고, 그 뒤를 또 다른 마차
가 따랐다.

'렉스, 만세!'라는 제목을 붙인 제4장에서, 저자는 백인의 카니발을 생
생하게 묘사하고 있다. 줄루 왕과 그의 종자들이 휴식을 위해 흑인의 "싸
구려 술집"으로 들어간 뒤에 열린 카니발이다.

내 앞으로, 가면을 쓴 무리들이 끝없이 펼쳐지고 있었다. 그들 너머에서
빛을 발하는 산들이 나를 향해 움직이고 있었다. … 카니발 왕이 오고 있
었다.

말을 탄 경찰들이 맨 앞에서 길을 열었다. 그들 뒤로 흑마를 타고 가면을
쓴 신하들이 따랐다. 그들은 머리에 황금색 깃털을 꽂고 있었으며, 자주
색 망토를 말들의 옆구리 쪽으로 늘어뜨리고 있었다. 그들은 허리가 잘
록한 웃옷과 바지를 입고 있었고 손에는 빛이 나는 칼을 들고 있었다. 이
런 수행원들은 아마 12명 정도 되었을 것이다. 검정색 가면을 쓰고 있어

서 약간 기괴한 분위기를 풍긴 것 외에는 꽤 화려한 차림이었다. 그들 사이에서 2명의 흑인이 'Rex'라는 글자를 수놓은 커다란 현수막을 들고 있었다.

이제 행렬이 우리 곁으로 왔다. 행렬 중에서 가장 먼저 온 이동식 무대차는 그때까지 내가 본 것 중에서 가장 멋진 것 같았다. 파란 하늘과 흰 구름, 빛을 발하는 무지개로 꾸민 무대였다. 다리 모양의 무지개 아래로 하늘거리는 비단 옷을 입고 가면을 쓴 남녀들이 황금색 잔을 높이 들고 서 있었다. 그것이 축제를 선도하는 차였으며, 옆에는 퍼레이드의 주제가 적혀 있었다. 그 주제는 그리스 신화와 관련 있는 것이었다. 빛을 반짝이는 이동식 무대차는 길가의 집 이층 발코니와 거의 비슷한 높이로 움직였다. 화려한 색으로 장식한 무대가 내 옆을 지나갈 때, 나는 그 차가 흔들리고 있고 또 엄청나게 컸음에도 아주 약해 보인다는 사실에 강한 인상을 받았다. 무대 전체가 마치 스프링 위에 설치된 것처럼 보였다. 머리에 고깔을 쓰고 몸을 흰색 천으로 덮은 말 8마리가 차를 끌고 있었다.

차 뒤로 요란한 소리의 악대가 따랐다. 그 다음에도 수행원이 따랐는데, 이번에는 자주색 가면을 쓰고 초록과 황금색 옷을 입고 있었다. 그들 뒤를 첫 번째 차보다 엄청 더 큰 차가 따랐다. 두 번째 차는 마치 당의를 입힌 거대한 결혼 케이크처럼 보였다. 황금색 왕좌 위에 카니발의 왕인 렉스가 앉아 있었다. 흰색 비단 바지로 단단하게 맨 통통한 다리, 반짝이는 공단 밑의 불룩한 배, 긴 금발, 적당히 곱슬한 노란색 턱수염 등 왕으로서는 완벽한 풍채였다. 얼굴은 인자하면서도 웃음을 짓게 만드는 그런 가면을 쓰고 있었다. 머리에는 내가 지금까지 본 것 중에서 가장 멋진 왕관을 쓰고 있었다. 왕관의 황금과 보석이 햇살에 반짝이고 있었다. 그는 환호하는 군중을 향해 다이아몬드가 박힌 권장을 부드럽게 흔들어 보였다. 그의 뒤로 금실로 수를 놓은 옷이 거의 길바닥에 닿을 만큼 길게 무대차 뒤로 날리고 있었다. ……

내가 선 곳에서는 왕의 등이 보였다. 그래도 나는 그가 반대편 발코니에 있는 사람과 인사를 나누는 것을 볼 수 있었다. …… 발코니의 맨 앞줄에는 커다란 분홍색 모자를 쓴 아름다운 소녀가 있었다. 그녀는 자리에서 일어서서 자기 앞의 왕좌에 앉아 있는 렉스 쪽으로 두 손을 쭉 뻗고 있었다. 두 사람 사이의 거리는 5미터 정도밖에 떨어지지 않았다. 그러나 렉스의 높은 왕좌는 그녀의 위치와 거의 비슷했다. 두 사람은 아래쪽 거리의 군중들 머리 위로 우뚝 솟아 있었다. 그들은 서로 인사를 나누고 있었다. 이어 어디선가에서 한 남자가 사다리를 갖고 나타나 거리에 세웠다. 그러자 어떤 남자가 하얀 냅킨이 깔린 쟁반을 들고 그 사다리 위로 민첩하게 올라갔다. 그는 접시를 왕에게 건넸다. 갑자기 병 따는 소리가 크게 들렸고, 나는 와인 잔에 샴페인이 부어지는 것을 보았다. 잔을 가득 채우고 넘친 샴페인이 아래 거리로 떨어졌다. 카니발의 왕 렉스는 왕비에게 축배를 권했다. 몇 년 뒤에 나는 그런 축제가 벌어지게 된 배경과 역사에 대한 이야기를 들을 수 있었다. 그러나 당시에 행렬을 올려다봐야 했던 소년에겐 꿈 같던 마드리 그라에 벌어지는 또 다른 환상적인 행사에 지나지 않았다.

이 카니발에 대한 극적인 묘사는 줄루 왕의 대관식을 풍자적으로 바꾼 장면으로 시작한다. 줄루 왕의 도착과 영접은 백인의 카니발에 재미를 더하는 요소로 여겨지지만 한편으론 원시적인 국왕 살해 의식을 현대적인 형식으로 표현하고 있다. 원시인의 전설에 따르면, 줄루 왕은 자신을 수행하거나 위로할 왕비를 전혀 두지 않고 있다. 그런 한편 백인 카니발의 왕은 가장 아름다운 소녀를 왕비로 삼으려 유혹하고 있다. 이 왕이 아름다운 소녀를 아내로 맞이할 때, 축제는 절정에 달하며 원시적인 형태의 의식에서처럼 성적 난잡함으로 이어진다. 행사에 참가한 남녀들이 쓰는 가면이나 위장은 단순히 자신의 신분을 가리는 목적만 있는 것이 아니다. 터무니없을 정도로 크고 또 이상하게 생긴 가면은 주술적인 행사에 참가한 사람들이 왕과 함께 경험할 자아의 고양을 상징한다. 이처럼 자아가 또 다른 주술의 세계로, 즉 비이성과 불멸의 세계로 들어가는 것을 우리 현대인이 에고로부터 도피하는 것과 혼동해서는 안 된다. 왜냐하면 주술적인 의식에 참여하는 것은 다른 사람과의 "심리적 동일시"로 설명되기 때문이다.

우리 문명에 살아 있는 이런 원시적인 의식의 잔재를 "심리학을 넘어서" 넓은 관점에서 살피던 중에, 나는 현대의 어떤 학자가 2가지 형태의 리더십 계승을 서로 연결시킬 고리를 제시할 주술 의식을 복원했다는 사실을 알고는 큰 위안을 얻었다. 영국 고고학자 호카트(Arthur Maurice Hocart)는 훌륭한 논문 '왕권'(Kingship)에서 왕위 계승은 오직 그 바탕에 흐르고 있는 창조의 의식과의 연결 속에서만 이해될 수 있다는 점을 지적하고 있다. 국왕 살해라는 원시인의 관습을 잇고 있는 것 같은 이 의식을 보면, 구(舊) 왕의 희생 외에 신(新) 왕이 자신의 여자 형제와 결혼하는 것이 더해졌다. 호카트는 원시적인 형태의 "대관식"이라 불릴 수 있는 이 의식에 대해 필히 옛것의 파괴를 전제하는 창조를 상징적으로 구현하는 것이라고 설명한다. 이런 유형의 창조는 새로운 구세주를 통해서 새로운 시대가 열리기 전에 일어나는 대홍수나 인류를 위협하는 다른 대재앙에 관한 전설에 거듭해서 나타나고 있다.

호카트는 창조 의식의 근본적 특징에 대해 다음과 같이 묘사하고 있다.

언제나 스스로 새로워지는 자연을 상징하는 신성한 나무 주변에, 작년에 바쳐진 제물의 유해를 갖다 놓는다. 당연히 성대한 의식이 행해진다. 집단의 죄를 모두 짊어진 그 유해를 물에 던져 파괴되도록 한다. 이 강물을 따라 어떤 젊은이와 처녀가 온다. 새해에 왕의 역할을 할 남자와 그의 여동생 역할을 할 사람들이다. 그런 다음에 전 해에 왕의 역할을 한 젊은이를 제물로 바치는 절차가 따른다. 이 젊은이의 신체를 잘게 조각내고, 각 부위들은 창조의 상징으로 이용된다. 그의 피는 그릇에 받아두었다가 진흙을 반죽하는 데 쓰고, 그의 갈비 2개로는 한 쌍의 남녀를 조각한다. 이 조각은 생명이 불어넣어진 다음에 (한 쌍의 최초의 인간으로서) 세상의 중심에 놓여진다. 그런 다음에 해와 달을 상징하는 것으로 여겨지는 새해 왕과 그의 여동생이 마치 천상에서 땅으로 내려오듯 신성한 장대에서 내려온다. 그들은 희생자의 생명력이 담긴 것으로 여겨지는 부위를 먹고, 그런 뒤에 남자는 희생자의 가죽을 걸치고 자신의 여동생과 성교 의식을 갖는다. 전체 의식은 모든 사람들이 흥청망청 떠들며 노는 잔치에서 절정을 이룬 것 같다. 잔치가 벌어지는 동안에 근친상간의 터부도 풀리고, 그것으로 인해 전체로서의 집단뿐만 아니라 개인 구성원들도 의식에 따른 혜택을 공유하는 것으로 여겨진다.

의식의 혜택이라는 것이 도대체 뭔지 궁금해지지만, 일단 여기서는 호기심을 잠시 누르도록 하자. 그것을 알기 전에 우리는 이 창조 의식의 의미에 대해 더 많은 것을 알 필요가 있다. 특히 근친상간이 이 의식에서 하는 역할을 잘 이해해야 한다. 지금 설명할 여러 가지 이유 때문에, 우리는 계절마다 열리는 이 의식을 "모방적 주술"(imitative magic)의 행위로 보는 인류학의 설명에 만족할 수 없다. "모방적 주술"로 볼 경우에 이 의식은 성교의 예를 통해서 자연의 소생력을 닮은 다산성을 자극하려는 노력으로 해석된다. 이런 설명이 근친상간 모티프 혹은 제물에 대해 제대로 설명하지 못한다는 사실은 제쳐놓더라도, 모방적 주술이라는 개념 자체에 대한 설명이 있어야 할 것이다.

인간이 자연에게 번식력과 생산력의 예를 보여주거나 보여줘야 한다는 생각을 어떻게 품게 되었을까? 이런 주술적 의식이 오직 풍성한 수확을 바라는 소망에서만 비롯되었다는 현실주의적인 설명을 받아들인다면, 식량의 정기적 공급이 원시인에게 지니는 특별한 중요성을 반드시 과소평가하게 된다. 제시된 자료들에 따르면, 이와 달리 강력한 지도자, 즉 신성한 왕은 생명과 죽음을 좌우하는 주술적 능력을 가진 것으로 여겨지는 듯하다. 이 능력은 원시 문명의 어느 단계에 이르러 식물에 대한 통제에도 적용되었다. 사실 우리는 천상의 쌍둥이에 대한 숭배를 통해 원시적 농업이 초인적인 힘을 빌려서 자연을 통제하려 한 최초의 시도 중 하나였다는 점을 보여주었다. 더욱이 창조 의식은 비록 계절적인 행사로 행해졌을지라도 "모방적 주술"을 뛰어넘어서 인간의 창조, 아니 우주의 창조까지 추구하고 있다. 집단의 각 구성원들이 해마다 열리는 세상과 인간의 재창조에 참여함으로써 얻는 혜택은 분명히 자신의 자아를 창조자로 격상시키는 데 있다.

그러나 개인의 혜택을 의식에 참여하는 것으로만 국한해서는 안 된다. 개인은 그 의식에서 역동적인 충동을 얻게 될 것이고, 이 충동은 결국엔 사회적 자아의 출현으로 이어졌다. 이 과정을 이해하기 위해, 지금 여기서 왕과 왕의 여동생의 의식적인 결혼, 달리 말해 근친상간이 창조적 충동의 극화에서 하는 역할을 밝히고 넘어가야 한다. 무엇보다도, 이 역할은 내가 과거에 제시했던, 근친상간은 불멸에 대한 믿음에서 비롯되는 인간의 자기창조적인 충동을 상징하는 것이라는 견해를 확실히 뒷받침한다.

그러나 근친상간 모티프가 암시하는 문화적, 사회적 의미를 보다 완벽하게 이해하기 위해선 이보다 훨씬 더 넓은 시각이 필요하다. 이 의식에서 근친상간의 파트너와 제물로 등장하는 왕의 주술적 역할까지 고려해야만 근친상간 모티프에 대한 정확한 이해가 가능하다는 뜻이다. 공동체가 인정하고 모방하는 근친상간 의식과 개인에게 금지되는 근친상간 행위 사이에 이상한 불일치가 보인다. 그러나 신성한 왕을 원래의 영웅 유형의 모든 특징을 물려받은, 사회화된 영웅을 상징하는 것으로 받아들이기만 하면, 그 같은 불일치는 금방 사라져버린다. 의식으로 치러진 근친상간은 집단적 불멸성에 대한 믿음에서부터 자식들을 통한 개인적 영속성으로 옮겨가는 과도기에 행해지는 창조 숭배의 의식에서 선택된 개인들이 누릴 수 있는 특권 중 하나이다.

먼저, 앞에서 본 것처럼, 자연적 생식이라는 생물학적 사실이 영혼의 주술적 숭배 때문에 부정당했다. 말하자면 개인은 자신의 불멸의 더블에 의해 영원히 사는 것으로 여겨진 것이다. 따라서 세속적 계승자라는 사상은 자신의 존재나 필생의 사업을 지속시키길 원하는 개인적 욕구에서 나온 것이 아니라 사회적 필요에서 나온 것으로 볼 수 있다. 왜냐하면 지도자로서 자신의 주술적 힘을 입증한 탁월한 인물의 경우에만 공동체가 그의 자질을 간직하여 계승자에게 물려주는 쪽으로 관심을 기울일 것이기 때문이다. 원래 이 자질의 전달은 (전임자의 생명력이 담긴 것으로 여겨지는 신체 부위를 먹든가 아니면 그의 피를 마시든가 하는 방법을 통해서) 주술적으로 이뤄졌다. 그러던 것이 훗날 이 주술적 의식은 상징화된 행위로 대체되었으며, 그 결과 이젠 새로운 왕 혹은 족장은 '성유(聖油)를 바르는 의식'과 비슷한 의식을 통해서 현직의 왕으로부터 권력을 물려받게 되었다. 이 관습은 지도자는 원래 자수성가한 사람이고 그의 주술적인 권력의 힘은 주술적인 수단에 의해, 즉 성적 생식을 통해서가 아니라 동일시를 통해서 전달될 수 있다는 영혼 신앙에 근거를 두고 있다.

따라서 창조 의식에서 행해지는 여동생과의 결혼은 이 두 가지 원칙, 말하자면 주술적 영속성과 생식을 통한 영속성의 통합을 향한 첫 걸음을 뜻한다. 이 여동생은 다른 어느 누구 이상으로 (심지어 어머니 이상으로) 여성적인 더블을 상징한다. 따라서 이 결혼에서 태어나는 아들은 생물학적으로 주술적인 자질을 물려받도록 운명 지어져 있다. 창조 의식에서, 영속성을 꾀하는 두 종류의 주술적 힘이 하나로 결합된다. 왕을 살해하는 원시인의 관습에서처럼, 새로운 왕은 제물로 바쳐진 희생자의 계승자로 선택되고 임명된다. 또 동시에 근친상간적 결혼은 미래에 왕족 사이에 오누이끼리의 결혼이 실제 관습으로 자리 잡을 것이라는 점을 암시하고 있다. 이집트와 페루 같이 고도로 문명화된 국가들의 고대 왕조에서도 확인되는 이 관습은 유럽 역사에서 지금까지도 왕족끼리 결혼하는 전통으로 내려오고 있다.

근친상간인 여동생과의 결혼은 아이를 낳기 위한 성적 결합이 아니고 후계자를 통해 자기 자신의 자아의 영속성을 보장하려는 주술적 의식이다. 그럼에도 여동생에게 원래의 더블 혹은 쌍둥이를 대체하는 성적 파트너의 역할을 부여하게 된 것은 공동체의 요구와 필요에 따른 것이었으며, 이 역할은 개인에게는 서서히 점진적으로 받아들여졌다. 창조 의식에 담긴 이상한 한 모티프는 더블에서 여자로 넘어가는 변화와 그런 변화에 대한 저항을 반영하는 것 같다.

지금 우리는 성경에 나오는 이브의 창조를 떠올리게 하는 에피소드에 대해 언급하고 있다. 제물의 갈비뼈로 남녀 한 쌍을, 최초의 인간 남녀를 만든다는 그 에피소드 말이다. 남자의 신체 부위로 만든 이 "최초의 여자"

는 아주 명백한 생물학적 사실을 완전히 거꾸로 뒤집어 놓으면서 죽을 운명의 기원 자체를 제거하려는 남자의 경향을 보여줄 뿐만 아니라, 남자는 오직 자신의 여자를 먼저 창조함으로써만, 말하자면 자신의 일부로, 따라서 자신의 불멸의 힘을 전달할 존재로 받아들일 "최초의" 여자를 창조함으로써만 유성 생식을 받아들이고 또 그것으로 인해 죽을 운명을 받아들일 수 있다는 점을 보여주고 있다.

주술적 자기 영속성을 포기하는 데 대한 이런 식의 저항은 왕의 희생이라는 원래의 형식이 새로운 의식으로까지 넘어간 이유를 설명해준다. 우리 눈에는 이상하게 비칠지 몰라도, 희생은 특권으로 여겨졌지 결코 처벌로 여겨지지 않았다. 그 희생이 죽을 운명을 타고난 보통 사람에게는 허용되지 않는 불멸의 의식에서 치러졌기 때문이다. 영웅은 자연스런 죽음을 죽을 수 없다. 스스로 부활이나 재탄생을 통해 다시 살게 되거나 아니면 주술적으로 후계자와 한 몸이 되기 때문이다. 마찬가지로 영웅은 아이도 평범한 방법으로 낳지 않게 되어 있다. 영웅 탄생 신화에 따르면, 영웅은 주술적인 방법으로 세상에 태어났다. 여동생과의 결혼을 통한 생식을 점진적으로 받아들임에 따라, 제물로 바쳐진 왕과 새로 창조된 왕은 하나로 융합되었다. 말하자면 왕의 계승은 생물학적 재탄생을 통해서 불멸의 자아를 영속화하는 것으로 여겨질 수 있다.

뜻밖에도 여기서 우리는 근친상간의 생물학적 측면과 맞닥뜨리고 있다. 인류학에서 가장 뜨겁게 논의된 주제 중 하나이다. 원래 근친상간은 여기서 우리가 보고 있는 바와 같이 특출한 인물들의 두드러진 자질들을 지킨다는 공통의 관심 외에 우생학이나 유전학의 문제는 절대로 아니었다. 그러다가 후계자 유형의 "자연스런 선택"이 계승자가 생물학적으로 합당해야 한다는 요구로 인해 간섭을 받게 되자마자, 이 같은 "천재의 생

132

식"이 필요하게 되었다. 두 가지 원칙을 결합시킬 필요성, 즉 좋은 자질을 그냥 넘겨주는 것이 아니라 좋은 자질을 번식시킬 필요성이 공동체에 대단히 중요해 보였기 때문에, 사람들은 지속적 근친상간 관계에 따르는 부정적인 생물학적 결과를 무시하기에 이르렀다. 실제로 사람들 사이에 간질 같은 퇴화의 징후들을 아주 특출한 성격의 특징으로 보는 경향이 있었다. 시간이 지남에 따라, 인물 됨됨이보다 의식(儀式)과 상징이 더 중요해졌다. 강력한 인물이 부족한 때에 특히 더 그러했다. 그러다 마침내 프랑스 파리의 몽파르나스에 있는 보헤미안 예술가 집단을 천재의 온갖 징후를 다 보이면서도 천재의 성취는 하나도 이루지 못하는 존재로 보는, 재치 넘치는 관찰이 나오는 그런 상황에까지 이르게 되었다.

어쨌든 우리에게 가장 중요한 것은 우리가 "문화"로 받아들이는 모든 진정한 성취까지도 일탈자들에 의해서, 말하자면 규범 그 이상이거나 평균의 영역을 벗어난 사람들에 의해 성취되었다는 점을 깨닫는 것이다. 평균적인 유형은 오직 일종의 대리 참여를 통해서만 문명의 영적 가치들을 공유한다. 반면에 진정으로 창조적인 유형은 영웅이든 예술가든 과학자든 자신의 창조물의 희생자가 된다. 창조적인 유형이 창조물의 희생이 되는 것은 그것을 창조하기 위해 이런저런 방식으로 자신을 희생시키게 되기 때문이다. 자기희생과 재탄생의 영원한 드라마에서, 각 개인은 왕의 살해라는 경건한 관습에서부터 카니발의 유쾌한 정신에 이르기까지 자기창조의 다양한 의식에 참여할 수 있다. 주술적 참여라는 매개를 통해 얻는 새로운 종류의 불멸성은 불멸성의 점진적 민주화라 불릴 수 있는 현상에서 나온 사회적 자아에서 잘 나타나고 있다.

결혼제도

평민들이 신성한 왕권의 의식에 참여하게 된 결과 사회적 자아가 발달함에 따라, 또 하나의 제도가 생겨나게 되었다. 왕권이 공동체의 운명에 중요한 것 못지 않게 개인의 운명에 중요하게 작용할 제도였다. 바로 서구 문명의 바탕을 이룬 결혼제도이다. 호카트가 앞에서 언급한 책에서 설득력 있게 보여주었듯이, 결혼제도가 생겨난 뿌리는 의식이 행해지는 가운데 이뤄진, 왕과 여동생 사이의 근친 결혼이었다. 처음에 결혼은 성적이거나 사회적이거나 경제적인 제도이기보다는 신성한 의식의 싱격이 더 강했다. 사신의 영속화를 성적인 형식으로 바꾼 하나의 의식으로서, 결혼은 자기 영속성과 섹스의 성스런 결합을 의미했다. 결혼의 목적은 처음에는 새로 권좌에 오른 왕의 지도력에 나타난 탁월한 자질들을 지속시키는 것이었으며 훗날에는 자기 영속성과 섹스의 신성한 결합을 통해 태어난 왕의 자식에게 그 자질을 물려주는 것이었다.

의식에 참여함으로써 주술적으로도 자신을 영속화할 뿐만 아니라 후계자를 통해서 생물학적으로도 자신을 영속화할 수 있었던 영웅적인 초인의 특권을 평범한 개인도 점진적으로 요구하게 되었다. 평범한 개인도 결혼의 신성한 행사에 참여하고 불멸의 영웅을 흉내 냄으로써 자신의 아이들을 통해 불멸의 영웅이 되었다. 따라서 결혼제도가 왕에게서 평민에게로 퍼지게 되었으며, 결혼을 통해서 모든 남편은 나름으로 한 사람의 왕이 되었으며 그의 집은 하나의 성이 되었다. 거기서 남편은 주인이자 왕의 주술적 힘의 상징을 "소규모로" 갖고 있는 지배자였다. 따라서 가부장적 가족의 압제적 아버지라는 인물이 등장하게 되었으며, 이 같은 아버지상은 원래의 주술적 기능이 사회화된 결과 나타난 산물이었다.

따라서 왕을 국가의 고귀한 아버지로 설명하는 것이 더 쉽고 또 일반적으로 더 만족스럽게 받아들여지고 있다. 프로이트가 가족이 전혀 존재하지 않았고 또 "부권"(父權)이 전혀 알려지지 않았던 원시 시대로 가족의 조직을 투사하려 하면서 추구한 것이 바로 그런 식의 설명이었다. 앞에서 본 바와 같이, 개인의 불멸에 대한 믿음을 갖고 있던 초자연적인 세계관에는 생물학적 아버지가 들어설 자리가 전혀 없었다. 이상하게 들릴지 모르지만, 아버지는 매우 늦게 등장한 개념이며 또 처음에는 사회적 개념이었다. 남자가 생식에서 하는 성적 기능을 뜻하는 그런 차원이 아니었다. 원시인의 집단생활에는 아버지라는 존재 자체가 없었고, 부권이라는 사회적 개념도 사회적 필요와 생물학적 사실과 대비되는 것으로서 영적 가치들을 지니는 것으로 중요하게 받아들여졌다. 생물학적 부권이 중요해진 것은 어디까지나 사회적 부권이 불멸성을 추구하려는 개인의 영원한 욕구를 뒷받침하는 데 유익한 것으로 입증된 뒤의 일이다.

이 점에서 보면, 사회적 자아의 출현은 마침내 형성된 부권이라는 개념에 잘 요약되고 있다. 부권이라는 개념이 주술적 의식에서 비롯되었다는 점을 보여주기 위해, 우리는 평민들의 결혼의 원형이 되었고 따라서 아버지의 역할을 확립하게 만든 남매의 결합 의식으로까지 거슬러 올라가야 한다. 전 세계에 단편적으로 흩어져 있는 이상한 관습들이 아버지의 개념이 그런 식의 근친상간 결혼에서 처음 나왔다는 점을 뒷받침하고 있다. 예를 들어 유대인의 전설을 보면, 구약 성경에 잘 담겨 있듯이, 결혼을 통해 아내는 남편의 여동생이 되고 대체로 그런 존재로 일컬어진다. 마찬가지로, 모세의 율법에 묘사된 역연혼(逆緣婚)의 고대 관습은 아이가 없는 과부는 죽은 남편의 동생과 결혼한다고 정하고 있다. 여기서 우리는 초기의 결혼제도가 원칙적으로 그 의례의 전형에 따라 "근친상간"을 바탕으로 하게 된 이유를 확인하고 있다. 남편과 아내가 말하자면 일족 관계가 되므로 사실상 그렇게 보아도 별 무리가 없다. 이것이 일부 아이들이 자기 부모가 서로 친척관계, 즉 혈연관계라고 생각하게 되는 이유를 설명해 줄지도 모르겠다. 아이들의 이런 생각은 원칙적으로 틀렸지만 충분히 이해는 된다. 왜냐하면 아이를 통해 새로운 혈연관계가 형성되기 때문이다.

앞에서 언급한 것과 같은 고대의 관습들은 서구 사회에 알려진 것과 완전히 다른 사회 조직을 보여준다. 스위스 인류학자 바쿠펜(Johann Jakob Bachofen)의 독특한 저술 덕에, 우리는 한때 널리 퍼져 있던 사회 조직, 즉 아버지는 아직 인정을 받지 못하고 어머니가 가족의 남자 우두머리인 자기 남자 형제의 도움을 받으며 가족 집단을 지배하던 그런 사회 조직에 대한 지식을 많이 얻게 되었다. 일부 원시적인 섬 주민들 사이에 지금도 지켜지고 있는 이 관습은 "외삼촌 중심제"(avunculate)라 불리고 있으며, 이런 관습이 특징으로 꼽히는 사회를 바쿠펜은 모계사회라고 불렀다.

이 같은 자료를 근거로 하면, 우리가 흔히 알고 있는 가족은 인류 역사에서 아주 늦게 등장했다고 볼 수 있다. 오랜 세월 동안 원시인들의 사회적 생활은 주로 남녀 성별과 세대에 따라 구분되는 집단 활동으로 이뤄졌다. 남녀의 삶은 아주 엄격히 구분되고 있었으며, 젊은 세대의 삶도 마찬가지로 성숙된 세대와 나이 많은 세대의 삶과 엄격히 구분되었다. 성년이 되지 않은 아이들은 어느 씨족 할 것 없이 모두 여자들의 보살핌을 받았다. 여자들은 가정생활의 핵심을 이루는 "어머니들"의 집단이다. 한편 나이 많은 남자들은 공동체의 일을 도맡아 했다.

같은 씨족의 아이들은 모두 "형제"와 "자매"로 여겨졌다. 혈연관계라는 뜻에서가 아니고 같은 토템의 후손이라는 의미에서였다. 따라서 "형제"와 "자매", 즉 같은 씨족의 구성원들이 서로 성교를 하지 못하게 막은 족외혼(族外婚)이라는 고대 원칙은 주술적인 이유에서 생긴 것이며 생물학적 관찰이나 사회적 필요에 근거한 것이 아니었다. 형제와 자매가 성교를 하지 못하도록 막은 근친상간 금기가 오직 그 같은 결합이 주술적 자기 영속성의 상징이 되는 창조 의식에서만 해제되었다는 사실은 뜨거운 논쟁의 대상이 된 족외혼의 기원을 밝혀준다. 족외혼은 평민이 씨족의 존속에 필요한 성적 생식을 위해서 자기 영속성의 욕망을 부정하게 만드는 사회적 장벽으로 작용했던 것 같다. 원래 남매 사이에 의식적으로 치러졌던 결혼이 고대 로마법에 따라 법적 결혼식으로 발전하고 그에 따라 여자가 남자에게 "딸"로 주어지게 된 과정은 서구의 부권 개념이 사회적 자아의 발달에서 나왔음을 다시 보여준다.

오늘날 아주 흔한 개념들에 담긴 이런 비이성적인 요소들조차 제대로 알지 못하기 때문에, 많은 인류학자들과 사회학자, 심지어 현대의 심리학자들까지도 그 개념들의 현대적 의미를 당연한 것으로 받아들이는 것 같다. 인류학자와 사회학자, 심리학자들은 가족이라는 단위가 처음부터 구성원들의 이익을 위해 존재해 왔다고 암묵적으로 단정하고 있다. 또 과거의 역사에서 그런 점을 뒷받침할 "강력한 증거"를 발견하지 못했기 때문에, 이 학자들은 옛날의 가족을 현대의 개념으로 해석하려 들었다.

프로이트의 예를 구체적으로 보도록 하자. 자신의 개인 심리학을 성격 발달의 사회적 측면으로 보완해야 할 필요성을 느꼈을 때, 프로이트는 심지어 인류학에서 나온 원시인에 관한 자료를 현재의 가족 조직에 비춰 재해석하기까지 했다. 고대 그리스의 오이디푸스 전설을 감각적으로 처리한 프로이트의 해석에서, 우리는 공동체에 내려오는 집단적인 신화의 사회적 의미가 고도로 개인화된, 현대의 신경증 환자들의 심리학으로 설명되고 있다는 사실을 확인한다. 이 전설이 고대 그리스인들에게 지닌 사회적 의미를 지적하면서, 나는 이 이야기가 보다 오래된 형태의 사회생활이 새로운 가족 조직으로 넘어가는 과정을 보여주고 있다는 것을 알 수 있었다. 고대 그리스의 전설은 자부심 강한 영웅이 신들의 권력뿐만 아니라 자신의 행동의 자유를 침해하고 있는 새로운 인간의 법들에 맞서 일으킨 반항을 통해 개인주의와 사회화의 갈등을 보여주고 있다. 특히 오이디푸스 전설은 그 단계에서 가족 때문에 자신의 자유를 잃게 되었다고 느낀 개인이 보인 저항이 얼마나 강했는지를 말해주고 있다. 그 박탈감은 아마 우리 현대인이 국가에 의해 자유를 박탈당하고 있다고 느끼는 것과 비슷했을 것이다.

잘 알려진 대로, 그 전설은 아들이 자기 아버지를 죽이고 과부가 된 자기 어머니와 결혼할 운명을 타고났다는 신탁 때문에 어릴 때 내다버려진 오이디푸스 왕에 관한 이야기이다. 프로이트는 이 영웅이 자기도 모르게 저지르는 이 같은 "무시무시한 범죄"에 대한 설명을 모든 아들의 무의식적 소망에서, 말하자면 아들이 자기 어머니와 성교를 하기 위해 자기 아버지를 죽이고 싶어 하는 소망에서 찾았다. 그러나 여기서 독일 고고학자 칼 로버트(Carl Robert)가 오이디푸스 이야기를 학문적으로 연구한 내용에 주목하면, 우리는 고대 그리스의 연극으로 그려진 오이디푸스 전설에 창조 의식과 일치하는 훨씬 더 원시적인 바탕이 있다는 것을 알 수 있다.

더 원시적인 신화 속의 오이디푸스는 원래 남근을 상징하는 초목의 신령이었다. 말하자면 어머니 대지(大地)의 자식이었는데, 어머니 대지의 아들은 또한 어머니 대지의 남편이기도 했다. 로버트는 이렇게 말한다. "어머니 대지의 아이는 처음부터 아버지를 필요로 하지 않았다. 만약에 대지의 아이가 아버지를 갖는다면, 그 아버지는 원시적 숭배에 따라서 아이와 똑같은 존재, 말하자면 아들이 스스로 새해의 왕이 되기 위해 반드시 죽여야 하는 작년의 신이 되어야 한다." 여기서 우리는 고대 그리스의 오이디푸스 전설은 단순히 아버지가 형제로 대체되는 창조 의식을 재해석한 것에 지나지 않는다는 것을 확인할 수 있다. 달리 말하면, 우리가 고대 그리스 문명의 용어로 듣고 있는 그 이야기는 남녀를 바탕으로 다시 다듬어진 원시적 창조 의식을 아버지가 중심이던 당시의 가족의 틀로 바꿔놓은 것일 뿐이다. 두 명의 왕, 즉 옛 자아와 새로운 자아는 원래 쌍둥이 형제로 그려졌으나 그리스의 전설에 와서 아버지와 아들로 나타나고 있다. 살해도 세대 간의 투쟁으로 받아들여지고 있지만 창조 의식에서 있었던 살해와 똑같은 의미를 지닌다. 마찬가지로 근친상간도 주술적 차원에서 성적 차원으로 옮겨졌을 뿐 자기 영속성이라는 의식적 의미를 지닌다.

프로이트는 오이디푸스 전설에서 자기 어머니와 성관계를 갖고 싶어 하는 아들의 본능적 욕망을 보았지만, 그 전설은 사실 고대 그리스 문명에서 일어난, 영웅의 자기 영속성이 사라지고 그 대신에 인간이 아버지로서의 생물학적 역할과 후손을 통한 영속성을 받아들이게 된 그 변화를 반영하고 있다. 오이디푸스와 그의 아버지가 가족 관계라는 인간의 드라마에서 각자의 역할을 받아들이는 데 똑같이 저항하고 있는 것은 그 전설에, 아들로 태어나지도 않고 아버지가 되지도 않는 "영웅 탄생의 신화"를 입히고 있다. 영웅의 불멸의 자아를 상징하는 전형적인 모티프인 쌍둥이 형제의 살해가 오이디푸스의 어린 시절로 투사되고 있는 것 같다. 현대적인 가족 조직이 형성되고 있던 그때에, 영웅시대 막바지에 태어난 인물은 창조 의식에 잘 나타난 영웅의 자기 영속성이라는 과거를 몹시 부러워하고 있었다. 자신의 생물학적 후계자에게 맞서 반항하는 영웅적 자아에 "오이디푸스"라는 이름을 붙였고 옛날의 근친상간 의식이라는 옷을 입혔다. 왜냐하면 근친상간 의식이 생물학적 생식을 받아들이기 전까지 영웅의 자기 영속성의 상징이었기 때문이다.

이런 식으로 보면, 프로이트가 아들의 반항만을 보았던 고대 그리스의 오이디푸스 전설은 사회 발달의 측면에서 인간이 아버지의 역할을 떠안지 않으려 하는 저항을 그린 것으로 드러난다. 오이디푸스의 아버지 라이오스는 분명히 성적 생식을 부정하는 인간 유형을 대표한다. 전설에 따르면 라이오스는 아내와의 성교를 자제했다. 자신의 아들이 막강한 영웅이 되어 자신의 지배를 뒤엎을 것이라는 예언을 들었기 때문이다. 어쩌다 임신하게 된 아이가 태어나자, 아버지는 어떠한 아들도 자신을 계승하기를 바라지 않던 터라 갓 태어난 아이를 죽일 것을 명령했다. 오이디푸스와 자기 어머니의 근친상간에서, 그 전설은 자기 자신이 자신의 계승자가 되길 원하는 인간의 보편적인 욕망을 상징화하고 있다. 따라서 오이디푸스 본인은 아이를 갖고 싶어 하지 않아 하던 아버지의 대리인이 된다(오이디푸스와 자기 어머니 사이에 태어난 두 아들은 서로를 죽인다). 자기 자신을 생기게 할, 말하자면 자기 어머니의 아들로서 어머니에 의해서 다시 태어나겠다는 타협안이 비극적으로 실패하고 만다. 오이디푸스의 진짜 죄는 바로 이것이다. 그가 아버지를 살해하고 아버지 대신에 자기 어머니와 잠자리를 같이한 것이 진짜 죄가 아닌 것이다. 왜냐하면 아버지가 자기 아들의 내면에서 자신의 존재를 계속 이어가길 바라지 않은 만큼, 아들도 자기 아버지의 후계자 역할을 하고 싶지 않아할 것이기 때문이다. 이런 의미에서 보면, 오이디푸스는 아버지의 역할과 아들의 역할에 똑같이 반기를 들고 있다. 아들이 아버지에 맞서는 그런 뜻이 아닌 것이다. 아버지도 되고 싶어 하지 않고 아들도 되고 싶어 하지 않아 하며 오로지 자신(SELF)이고 싶어 하는 개인의 내면에서 벌어지는 이런 이중적 갈등은 불멸의 영웅의 자아가 결혼과 아이들로 상징되는 성적 생식의 종족적 자아에 맞서는 갈등을 주제로 한 이 그리스 비극에 잘 그려지고 있다.

아버지의 역할이든 아들의 역할이든, 종족적 역할에 대한 인간의 내적 저항은 오이디푸스의 드라마에 아버지와 아들 사이의 외적 투쟁으로 잘 묘사되고 있다. 그러나 아버지와 아들이 서로 만나 싸울 때에는 서로를 알아보지 못한다. 왜냐하면 오이디푸스는 라이오스 왕에게서 자신의 생물학적 아버지를 죽이는 것이 아니라 아버지 원칙에 반항하고 있기 때문이다. 이 점에서 보면, 아버지와 아들의 관계는 처음부터 개인적인 관계가 아니라 세대적인 관계였다. 말하자면 영웅적 자아로부터 사회적 자아로 발달하는 과도적 단계에서 아버지 유형과 아들 유형으로 표현된 2개의 세계관이 서로 충돌을 일으킨 것이다.

가부장적 이데올로기의 조짐이 보이면서, 아이는 이제 더 이상 옛날의 영혼 신앙에서 의미하는 그런 집단적 불멸성을 지닌 존재가 아니었다. 이제 아이는 자기 아버지의 개인적 계승자로서 아버지의 불멸성의 화신이 되었다. 따라서 아들 유형이라는 개념은 처음에 부권이라는 사회적 이데올로기에서 비롯되었다. 아들 유형이 어머니와의 관계라는 생물학적 차원에서 나타난 것은 한참 뒤의 일이다. 따라서 아들은 자신의 개성을 부정해야 하는 상황에 처하게 되었다.

인간이 부성을 사회적 자아의 한 상징으로 받아들인 그날부터, 아들은 자신을 부정할 것을 강요하는 데 대해 강하게 반발했다. 그 이후로 우리는 인류 역사에서 이 두 가지 원칙이 아버지 유형과 아들 유형으로 구현되어 사회적, 정치적, 종교적 투쟁에서 당당하게 결투를 벌이는 것을 목격하고 있다.

고대 그리스인들은 가족이 형성되기 이전의 자아인 영웅이 아버지와 아들의 가족 유형으로 상징되는 사회적 자아의 출현에 맞서 투쟁을 벌이는 와중에 멸망했다. 한편 고대 로마 문명은 새로운 아버지 원칙이 더욱 더 사회화된 바탕 위에 건설되었다. 왕의 남매 사이의 결혼식이 그런 주술적 행사에 참여함으로써 대리로 혜택을 누리려던 평민에 의해 점진적으로 채택된 것과 똑같이, 고대 로마 문명도 일반 시민이 사회화된 부권의 혜택을 누릴 수 있도록 해 주었다. 자유의 몸으로 태어난 시민은 자신의 정치적 신분을 바탕으로 누구나 아버지가 될 권리를 누렸다. 말하자면 자신이 법적으로 지배할 수 있는 합법적인 아이들을 가질 수 있게 된 것이다.

로마 시민이 되면 당연히 누렸던 사회적 부권이라는 권리는 노예계급에게는 수어지지 않았다. 노예의 아이들은 자기 아버지나 어머니의 아들딸들이 아니고 주인의 아들딸이었다. 지배자와 노예를 이처럼 동양식으로 구분하는 외에, 로마 문명은 처음으로 계급 의식을 발달시켰으며 그것으로 인해 집권 집단들 사이에 정치적 계급 투쟁을 불렀다. 사회적 부권을 가질 모든 시민의 권리는 때가 되면 아버지가 되려는, 다시 말해 최초의 전체주의 국가가 정한 사회적 유형이 되려는 아들을 제외한 다른 아들에게는 전혀 아무런 권리를 의미하지 않았다.

아버지가 아들에 대해 행사하는 법적 권리는 노예에게 행사하는 권리와 동일했기 때문에("family"라는 단어는 "famulus", 즉 하인이나 노예를 뜻하는 단어에서 파생되었다), 합법화된 부권의 지배를 받는 아들들은 실제로 최초의 "무산자"였다고 말해도 무방할 것이다. 그렇다고 노예들이 많은 것을 가졌다는 뜻은 아니다. 노예들은 희망을 전혀 갖지 못했으며 따라서 "유산자"가 가진 것을 요구하거나 빼앗을 욕망조차 품지 않았다. 아들들은 달랐다. 아들들은 법적 권리가 크게 부족했음에도 불구하고 "무산자" 집단에서 "유산자" 집단으로 신분 상승을 이룰 수 있다는 희망을 품은 가운데 성장했다. 따라서 아들들은 아버지들의 지배 계급을 전복하려고 애를 쓰는 저항 계급에 쉽게 가담하게 되었다. 또 동시에 지배 계급의 구성원들 사이에도 지배자들을 지배할 자격을 갖춘 가장 강력한 존재가 누구인가 하는 문제를 놓고 똑같이 격한 대결이 벌어졌다.

시민의 부권은 영웅의 이미지에 맞춰 하나의 사회적 유형으로 창조되었다. 그런데 고대 로마의 가부장적 통치가 절정에 이르렀을 때, 아버지는 바로 그 영웅의 주술적 자아에서 비롯된 어떤 권력까지 얻게 되었다. 역설적이게도, 프로이트가 "형제들의 무리"를 압제적으로 통치했다고 한 "아버지의 근본적 지배"는 오직 고도로 조직화된 로마인들의 국가에서만, 그것도 국가 권력이 절정에 이르렀을 때에만 정치적으로 존재했다. 이 맥락에서 보면, 아버지의 심리학에 중점을 둔 정신분석은 세계대전 동안에 제국주의와 함께 붕괴한 가부장적 이데올로기의 마지막 견해인 것 같다. 이미 폐기되었어야 할 아버지 원칙은 아버지와 아들의 관계를 같은 가족 안에서 두 개인 간에 벌어지는 개인적 경쟁, 보다 구체적으로 말하면 성적 경쟁을 바탕으로 설명하는 개인주의 심리학에서 한동안 피난처를 발견했다. 정신분석은 이 가부장적 이데올로기의 바탕에서 오이디푸스 전설을 십계명의 용어를 빌려 설명해야 했다. 따라서 정신분석은 부르주아 가족 구조가 고대 로마법이 정한 사회화된 부권에서 점점 벗어나며 쇠퇴하는 현상을 막으려 드는 마지막 성채처럼 보인다. 서구 문명의 사회적 구조가 설 바탕이 되어 주었던 이데올로기가 이런 식으로 붕괴되고 있는 한편으로 정치적, 경제적, 심리학적 영역에서도 바탕의 붕괴가 일어나고 있다. 계급 투쟁과 가족 해체에 이은 세계대전 동안의 왕권 붕괴가 도덕적 혼란과 경제적 불안이 두드러진 현재의 카오스를 낳았다.

우리 문명의 불안정과 로마 제국의 붕괴 사이에서 비슷한 점을 끌어내며 미래를 예언하고 싶은 마음이 간절할지 몰라도, 두 상황의 차이는 현대인의 문제를 그런 식으로 쉽게 '역사화'하는 것을 사전에 차단할 만큼 아주 분명하다. 고대 로마 제국의 투쟁은 어떤 사회 운동의 시작을 의미하는데, 바로 이 사회 운동의 끝자락에서 우리가 지금 진통을 겪고 있는 것 같다. 어린이들의 질병과 노인들의 자연적 쇠락은 똑같이 치명적일 수 있지만 원인과 증후들을 보면 누가 봐도 똑같은 방법으로 치료할 수 없다는 사실을 알 수 있을 만큼 분명히 구분된다. 역사는 되풀이된다는 주장은 사실들에 대한 관찰을 바탕으로 한 것이 아니고 유사함에 대한 우리의 정서적 욕구에서 나온 것 같다. 역사는 되풀이되기는커녕 진화론적 과정을 거치지도 않으며 그저 위기에 위기를 거듭하는 것처럼 보인다. 그럼에도 거듭 되풀이되고 있는 것은 의식(儀式)적 숭배와 신화적 전설로 내려오는 어떤 인습적인 패턴이다. 이 패턴이 시대마다 다 다른 현실과 충돌을 빚으면서 새롭고 독특한 사건들을 일으키고 있다.

고대 로마 문명이 종국적으로 실패한 임무는 주술적 기원을 가진 어떤 이데올로기를, 말하자면 새로운 유형의 시민을 창조하는 데 사회적으로 잘 먹혔던 이데올로기를 경제적 평등을 확고히 다지는 마지막 테스트에 적용하는 것이었다. 이와 반대로, 오늘날 겪고 있는 경제적 위기를 해결하는 길은 서구 문명이 기독교에 의해 촉진된 보편적인 유형의 시민을 지키는 데 실패한 탓에 새로운 이데올로기를 발견해내는 것이다. 교회가 이같은 문화적 기능을 상실했을 때, 심리학은 경제적 평등을 이루지 못한 실패를 민주적인 유형의 인간으로 상징되는, 정치적 평등을 위한 시도로 바꿔야 했다. 고대 로마 시대에 평등 원칙을 경제적 평등에 적용하는 데 실패한 것이 최초의 민주주의 정부였던 반면, 지금 민주적인 정부가 평등 이데올로기를 현실로 지나칠 정도로 실현하는 데 반대하고 있는 사람들은 민주주의 유형이다. 이런 점에서 보면, 파시즘과 공산주의는 민주주의의 약속이 성취되지 않은 결과라는 말이 맞다. 만약 지나치게 리버럴한 정부가 민주주의 이데올로기를 민주주의 유형이 인내할 수 있는 그 이상으로 몰고 간다면, 민주주의 유형이 자신의 뜻을 표현한 결과로 들어서게 된 그 정부에게 지배당하는 느낌을 받는 역설적인 현상이 일어날 것이다.

여기서 우리는 왕권에서 비롯된 정부를, 말하자면 군주제라는 이름으로 가장 인기 있는 통치 형태로 남아 있는 정부를 떠올리게 된다. 정말이지, 한 집단 혹은 계급에 의한 통치와 반대되는 것으로서의 일인 통치는 파시즘이든 공산주의이든 소위 말하는 민주주의이든 원칙적으로 군주제라는 주장도 있다. 그런 정치적 인식은 국민들이 독재든 아니든 불문하고 자신의 정부를 "지배자"(governor)로 여기는 경향이 강하다는 사실에 의해 설득력을 얻는다. 예를 들어 우스갯소리로 미국 대통령이 날씨에도 책임을 지게 만들어야 한다고 말할 때, 우리는 그런 "농담"에서 기우사(祈雨師)에 대한 원시인의 믿음의 반향 그 이상의 것을 본다.

권력과 국가

원시인은 이런 주술적인 힘이 자연의 힘들을 지배한다고 믿었다. 그런데 이 같은 믿음은 권력에 대한 현대인의 인식에서도 그대로 확인되고 있다. 정치적 권력도, 경제적 권력도, 심리학적 권력도 예외가 아니다. 여기서 우리는 인간이 원래 초자연적인 가치들에 대한 품었던 생각을 심리학적 잡종 혹은 반만 진실인 그런 것으로 전락시킨 똑같은 역설을 다시 확인하고 있다.

권력은 종국적으로 생과 죽음에 대한 인간의 통제와 관계있는, 기본적으로 주술적인 개념이다. 원시인의 권력 개념은 어떤 초자연적인 힘이 인간의 삶에서 선과 악을 대신해 작동하고 있다고 단정함으로써 이런 근본적인 진리를 분명히 표현하고 있다. 애니미즘 이전 단계에 있었던 권력 개념으로 가장 초기의 것은 멜라네시아 사람들이 그런 초월적 힘을 부르는 이름인 "마나"(mana)이다. 다른 원시인들도 다른 이름(미국 인디언인 이러쿼이 족은 '오렌다', 수 족은 '와콘다', 호주 원주민인 애버리진은 '추룽가', 힌두 사람들은 '브라마'라고 부른다)으로 이 같은 초월적 힘을 알고 있다. 사모아 섬의 문화에 대한 권위자인 영국 선교사 코드링턴(Robert Henry Codrington)은 『멜라네시아인들』(The Melanesians)에서 원시인의 삶의 바탕에 깔린, 개화된 사람에겐 이상하게 보이는 이 초월적인 힘에 대해 이렇게 설명한다.

"태평양 지역에서 접하게 되는 마나는 눈에 보이지 않는 힘을 말한다. 원주민들은 자연의 규칙성을 벗어난 모든 일들을 마나가 일으킨다고 믿고 있다. 그것은 이 원주민들이 직접 하거나 아니면 선하거나 악한 주술에 의해 행해진다고 믿는 모든 일에 작용하고 있는 능동적인 힘이다. 이 초월적 힘을 이용하여 사람들은 자연의 힘들을 통제하거나 다른 방향으로 돌려놓을 수 있다. 그러나 다른 관행을 통해서 눈에 보이지 않는 초월적인 이 힘을 자신들에게 이로운 쪽으로 이용할 수도 있다. …… 그것은 물리적인 영향력을 가진 그런 힘도 아니고 어느 정도 초자연력이다. 그러나 그것은 어떤 사람의 육체적 힘이나 권력 혹은 탁월함을 통해서 그 존재를 드러낸다. …… 모든 멜라네시아 종교의 요체는 자기 자신을 위해 이 마나를 갖거나 자신에게 이로운 쪽으로 이 마나를 이용하는 것이다. … 마나는 어떤 실체 안에 고정되어 있지 않고 거의 모든 것으로 옮겨질 수 있다. 귀신들, 육체와 분리된 영혼들, 초자연적인 존재들은 마나를 소유하고 또 공유할 수 있다. 이 힘은 그 자체로 개인과는 관계가 없

지만 언제나 그것을 다루는 사람과 연결되어 있는 것 같다. 사람들은 마

나를 받은 사람에게서 특별한 능력을 기대한다."

마나를 소유한 사람들, 즉 오늘날이라면 강력한 인물이라고 부를 그런 사람들은 자신이 다른 사람들을 지배할 권력을 얻는 데 그것을 사용할 것이다. 개인의 두드러진 성공은 무엇이든 마나를 소유한 증거로 통한다.

그러나 이런 심오한 개념이 일반적인 사람이 공유하지 않는 "주술적" 힘을 확실히 소유한 개인들을 관찰한 결과 나온 것은 아니었다. 관찰을 바탕으로 한 것이었다면, 이 개념을 설명하는 데 "범신론적인" 이론이 필요하지도 않았을 것이다. 반대로 이 개념은 자연에서 벌어지고 있는 설명 불가능한 힘들을 경험한 데서 비롯되었으며, 이 힘들은 강력한 인물과 동일시되었다. 원시인의 영웅은 주술사든 추장이든 그런 의미에서 진정한 초인이었으며, 우주를 지배하는 힘과 똑같은 힘을 부여받았고 따라서 우주를 지배하는 힘을 물리치고 통제할 수 있는 것으로 여겨졌다. "진정한 초인"이라는 표현을 나는 초월적인 힘을 건설적으로 이용할 권력과 의지를 부여받은 인물이라는 뜻으로 쓰고 있지, 권력에의 의지를, 말하자면 두 가지 정당한 힘 사이에 태어난, 하이픈으로 연결해 표현되는 심리학적 사생아인 '권력에의 의지'(will-to-power)를 가진 개인을 뜻하는 것으로 쓰고 있지 않다.

문명화된 인간의 중대한 실패, 즉 권력이라는 초현실적인 개념을 현실주의적인 용어로 옮기지 못한 실패가 권력에의 의지라는 현대 심리학의 오해에 고스란히 나타나고 있다. 따라서 정치적, 경제적 혹은 심리학적(선전)으로 획득되고 행사되었던 물리적 권력은 이제 강력한 성격을 통하지 않고는 유지될 수 없게 되었다. 그런데 이 강력한 성격은 인공적인

권력에의 의지에 따라 움직이지 않고 이 초개인적인 권력을 이롭게 이용하려는 의지에 따라 움직인다. 따라서 역사 속의 모든 위대한 지도자와 정복자들은 자신의 실질적 권력을 맡겨도 좋을 후계자의 문제에 관심을 보였다. 그러면서 그들은 자기만큼 강력한 후계자가 없어서 이 외적 구조가 붕괴하는 것을 보았거나 붕괴할 것이라고 예측했다. 이 계승의 실패가 로마 제국의 붕괴를 부른 결정적인 요소였다. 기독교가 인간의 초자연적인 권력을 되찾는 동안에, 로마 제국의 영광은 사라져갔다. 그런데 기독교가 되찾은 초자연적인 힘은 이 세상의 것이 아니었다. 분명 교회는 로마 제국의 기능을 넘겨받을 수 있을 만큼 강력해진 6세기에 세속의 권력 정책에 손을 댔고, 이것이 결국 로마 제국의 혼란을 불러 결과적으로 중세 유럽을 작은 민족 국가로 쪼개 놓게 되었다.

이 관점에서 본다면, 중세의 역사는 두 개의 경쟁적인 권력, 즉 교회와 국가, 다시 말해 황제 혹은 교황, 카이사르 혹은 신의 종국적 권위 사이에 끊임없이 벌어진 전투였다. 왕의 신성한 권력이 제국주의가 되었듯이, 기독교 신앙에서 정신적 의미로 해석된 초자연적인 권력은 교황의 세속적 권력으로 타락했다. 이 두 권력이 패권을 놓고 벌인 투쟁에 중세를 흔들었던 황제 임명권을 둘러싼 투쟁의 씨앗이 담겨 있었다. 이 투쟁이 결국에는 불만을 품은 인물들이 교황과 제국에 동시에 등을 돌리도록 만들었다. 종교개혁으로 인해 교회는 그 자체에 안고 있던 모순들을 통제하지 못해 더 이상 하나의 우주로 남지 못하게 되었다. 그러나 그 전까지, 그러니까 17세기까지는 유럽 정치 구조에 몇 가지 통일성이 있었다. 이 통일성에 따라서 유럽은 몇 개의 민족 이데올로기로 나뉘어졌으며, 결국에는 독일의 프로테스탄트, 영국의 종교개혁, 프랑스 혁명으로 이어졌다. 이 모든 것은 신세계, 즉 오랫동안 기다려왔던 유토피아가 이 땅에서 성취된 것으로 일컬어지던 미국으로의 이주와 시기적으로 다소 일치한다.

특히 프랑스 혁명은 극적인 전개를 통해서 인간과 초인의 혼동을 그대로 보여주었다. 국가와 그 통치자를 극도로 미화한 예에서 그 혼동이 잘 드러났다. 당시에 국가는 점점 더 개인의 전유물로 되는 한편 통치자는 더욱 집단화되었다. 따라서 군주 통치를 절정으로 끌어올린 "태양왕" 루이 14세는 "내가 곧 국가"라고 선언하기에 이르렀다. 왜냐하면 국가가 실제로 객관화된 통치자 혹은 주권을 상징하기 때문이다. 이는 신성한 통치자를 중심으로 건설되었던 동양의 모든 고대 제국의 조직에 의해 증명되는데, 동양의 경우 신성한 통치자의 삶은 엄격히 천운에 따라는 것으로 여겨졌다.

이 지점에서 동양과 서양의 전체주의 사이의 근본적인 차이가 분명히 드러난다. 동양의 전체주의는 종교에 바탕을 두고 있는 한편, 서양의 전체주의는 종교를 대체하고 흡수함으로써 그 자체가 사회적 종교가 되었다. 그래서 영국 저널리스트 포이크트(Frederick Augustus Voigt)는 『카이사르에게로』(Unto Caesar)라는 책에서 이렇게 말할 수 있었다.

> 서로 매우 많이 닮은 마르크스 사회주의와 국가 사회주의는 현대의 세속 종교이다. 마르크스 사회주의와 국가 사회주의는 똑같이 구세주를 자처하고, 기독교 원죄를 부정하고, 계급 투쟁(마르크스 사회주의의 경우)이나 민족의 원칙(국가 사회주의의 경우)을 선이나 악의 기준으로 삼고 있다. 두 사회주의는 그 방법과 사고방식에서 독재적이다. 두 사회주의는 현대의 카이사르에게, 집단적인 인간에게, 개인의 영혼과 화해가 불가능한 적에게 왕관을 씌워주었다. 두 사회주의는 이 땅 위에 하늘의 왕국(사회주의 천국)을 건설하기 위해 이 카이사르에게 신의 소유였

던 것을 부여할 것이다.

　언제나 다양한 형태의 국가와 연결되어 있었던 권력의 진정한 의미를 알지 못하는 상태에서 인간의 국가 개념을 이해하는 것은 불가능한 일이다. 국가의 정치적 역사는 고대 그리스 문명의 절정에서 시작한다. 왜냐하면 그리스 문명이 처음으로 국가를 인간적인 조건과 세속적인 원칙으로 인식했기 때문이다. 그렇다고 강력한 국가들이 그 전에 알려지지 않았다는 뜻은 아니다. 그러나 동양의 위대한 제국들은 하늘의 법대로 조직되고 신과 비슷한 시배자에 의해 통치되었다. 이 지배자는 엄격히 하늘의 원칙과 연결되어 있었다.

　겨우 기원전 5세기에 이르러서야 그리스인들은 아테네의 발달로 인해 자신들이 이상으로 여기던 국가를, 기본적으로 민주적인 국가를 갖게 되었다. 그러나 플라톤은 『국가』와 『법률』에서 자기 나름으로 하늘의 순리를 따르는 유토피아 국가를 제시한 터라 민주적인 국가에는 반대했다. 인간의 단점들을 그대로 지니지만 인간적인 원칙들을 중요하게 여긴, 인간에 의해 만들어진 국가를 처음 묘사한 사람은 플라톤의 제자 아리스토텔레스였다. 인간을 이성적인 동물이라고 한 아리스토텔레스의 정의를 근거로, 훗날의 정치 이론가들은 국가는 인간이 자발적으로 만든 창조물이라는 결론을 내렸다. 특히 우리가 지금 전체주의라고 부르는 정치체제를 극구 옹호했던 영국 정치 철학자 홉스(Thomas Hobbes)는 인간은 사회적 동물이라고 주장했다. 말하자면 인간이 개인의 권력을 양도하여 국가권력을 계획적으로 창조해냈다는 주장이었다. 이 외의 다른 어떤 수단으로도 무질서를 종식시키지 못하고 정의를 보장하지도 못한다는 판단이 바탕에 깔려 있었다. 홉스에 따르면, 권력은 법의 보증인이고, 법은 공동체의 모든 구성원이 복종하는 최고의 권력이 없다면 지켜질 수 없다.

여기서 우리는 초자연적인 개념들과 현실주의적인 정치의 혼동으로 인해 생긴 또 다른 기이한 이론을 만난다. 왜냐하면 홉스가 "리바이어던"이라고 부른 주권인 이 최고 권력이 그런 것으로서 모든 것들보다 앞서는 최고의 것으로 혼동되고 있기 때문이다. 여기서 모순되는 것은 사회가 한편으로는 무제한적인 복종을 요구하는 한편으로 무제한적인 권위를 요구하고 있다는 점이다. 홉스가 이런 당혹스런 딜레마를 피하기 위해서 권력은 종국적으로 국민에게서 나온다는 점을 보여줌으로써 민주주의의 건전한 이론적 바탕을 제공하고 있다는 것은 별로 놀라운 일이 아니다.

중세 사상이었던 "국민 주권"이라는 원칙은 르네상스가 절대론 쪽으로 급속도로 이동함에 따라 흐려지게 되었다. 16~17세기 네덜란드 정치 철학자 알투지우스(Johannes Althusius)가 이 중세 이론을 "사회 계약"으로 현대화했다. 알투지우스는 사회를 구성하는 계약과 국민과 통치자의 관계를 결정하는 계약을 구분했다. 그리하여 홉스가 옹호한 전통과 반대되는 한 전통이, 말하자면 인간의 자연권을 강조하는 전통이 생겨나게 되었다. 이 전통은 최종적으로 '일반 의지'라는 루소의 전체주의적 신비주의 사고에서 절정을 이루게 된다.

그 유산이 지금 우리에게까지 이어지고 있는 이 정치사상들은 2개의 개념, 즉 권력과 국가의 분리 불가능한 통합에 근거를 두고 있다. 그런데도 이 정치사상들을 대표하는 유명한 인물들 중에서 권력이 먼저 개인에게서 국가로 넘어가는 이유를 설명한 사람은 하나도 없다. 더 나아가 국가가 무력해진 국민들에게 어떤 식으로 권력을 재분배하는지에 대해 설명한 인물도 하나도 없다. 정말, 국가는 인간의 창조물이다. 그러나 원시인의 창조물은 아니다. 또 동양의 거대한 제국들의 엄청난 권력도 이 정치 이론가들이 말하는 그런 의미에서 인간에 의해 만들어진 것은 아니었다. 개인이 앞에서 설명한 그런 의미에서 권력을 획득했을 때에만, 말하자면 원시인의 초개인적인 권력을 다른 형식으로 다시 확보할 수 있게 되었을 때에만, 인간은 새로 얻은 이 권력을 국가에게 맡김으로써 국가를 창조할 수 있었다. 그리하여 비유적으로 말해, 국가는 일종의 정부 권력 "은행"이 되었고 시민들은 누군가에 의해 오용되는 것을 방지하기 위해 이 은행에 개인의 잉여 권력을 맡겨놓았다. 말하자면, 서구의 남자가 사회화된 부권을 통해서 자신의 가족 안에서 스스로 "왕"이 되었을 때에야, 다른 사람들을 견제함으로써 자신의 특권을 보호하기 위해 기본적으로 "민주적인" 국가를 창조하는 것이 가능했고 또 필요해졌다. 고대 그리스에서 시작한 이 같은 전개는 사회화된 부권과 시민권이 있던 로마에서 절정에 달했다. 그것은 어떤 종류든 민주주의는 가족에서 시작하고 가족 안에서 그 바탕을 발견하게 되는 이유를 설명해준다. 반면에 고대 그리스의 스파르타 같은 도시 국가와 비스마르크 이전의 독일은 민족 이데올로기에 의존한다.

문명화된 인간이 원시인의 권력 개념을 합리화한 것이 우리의 국가 개념에 잘 드러나고 있는데, 이 합리화는 최종적으로 보면 "벌거벗은" 권력(버트런드 러셀(Bertrand Russell)의 표현)에 대한 인간의 두려움 때문이다. 우리 현대인이 다양한 종류의 정당화로 옷을 입혀줘야 하는 이 벌거벗은 권력은 실질적인 생명력을 대표한다. 그런데 우리가 이 생명력을 두려워하는 이유는 그것을 통제할 수 없기 때문이 아니라 지나치게 많이 통제하려 들기 때문이다. 정말로 생명력은 자유롭게 흐르도록 내버려둘 경우에는 좋게도 작용하고 나쁘게도 작용하지만 우리가 통제하려 들 경우에는 오직 나쁜 쪽으로만 작용하는 것 같다.

우리가 아는 자아 그 너머에 숨어 있을지도 모르는 "카오스"에 대한 두려움 때문에 인간은 이 같은 초개인적인 권력을 통제해야 할 필요성을 영원히 느끼게 되어 있다. 따라서 초인이 권력이라는 위험한 무기를 부여받은 신성한 왕으로 선택되기에 이르렀다. 그런데 이 무기는 거기에 노출된 국민뿐만 아니라 그것을 소지한 본인에게도 위험하다. 그것이 기본적으로 생과 사를 지배하는 권력이기 때문에, 신성한 왕은 우리가 원시인의 전통에서 본 바와 같이 전임자를 죽임으로써 그 임무에 적임자라는 점을 스스로 증명해야 했다. 이것은 인간의 법에 따라 그가 자신의 목숨을 대가로 치르는 숭배의 관행이었다.

이 점에서 보면, 신성한 왕 혹은 지도자는 씨족의 주술적 힘을 위임받은 존재일 뿐만 아니라 이 권력을 합리화된 법으로 집행하는 존재이기도 하다. 신성한 권력의 이 같은 이중적 위험은 신화 속의 전설과 그에 이은 역사적 전통에서 위기의 시대에 외국인이 지도자로 등장하는 이유를 설명해 준다. 이 지도자는 무엇보다 먼저 외국인이기 때문에 공동체의 어깨에서 위험스런 부담을 벗겨 주고, 둘째 이방인이기 때문에 이상하고 비이성적인 이 권력을 보다 쉽게 받아들일 수 있다. 동시에 예수와 잔 다르크와 다른 역사적 인물들이 그랬던 것처럼, 아웃사이더는 이 권력을 부당하게 차지했기 때문에 임기가 끝난 뒤의 신성한 왕처럼 행위의 현장에서 때 이르게 제거된다. 그런 한편, 모든 통치 형태를 보면 전통적인 계급 조직에 따른 합법적인 권력 배분이 존재한다. 이 권력 배분을 통해서, 총리에서부터 보통 시민인 아버지에 이르기까지 왕의 민주적 화신들은 민주적 권력을 상징하는 역할을 맡는다. 이는 모두가 배낭에 사령관의 지휘봉을 갖고 다닌다는 격언에 잘 표현되어 있다.

전통적인 군주제도에서 공화국의 민주주의로 넘어가는 과정은 로마 제국의 역사에 잘 나타나며, 그것은 시민으로서의 부권의 형태로 이뤄진 사회적 자아의 발달을 통해 성취되었다. 이 사회적 자아로부터 서구 문명의 근본인 두 가지 사회 제도가 나왔다. 민주화된 왕권에서 나온 정부 형태와 사회화된 부권에서 나온 가족이 바로 그 제도들이다. 외적 성장과 내적 허약이 특징인 로마 제국의 전반적 발달은 사회화된 아버지의 원칙을 벗어남에 따라 그 자체가 민주화를 추구한 투쟁이면서 동시에 민주화에 반대한 투쟁이었음을 보여주고 있다. 로마 제국의 사회적 이데올로기, 즉 합법적인 부권이 최종적으로 평등 문제를 경제적 측면에서 현실적으로 해결해야 하는 상황에 직면하게 되었을 때, 민주화를 위한 투쟁임과 동시에 민주화에 반대하는 투쟁이라는, 기본적으로 주술적인 이 개념은 실패하고 말았다. 그러나 이 같은 사회 구조는 "무산자"가 "유산자"의 소유물을 나눠가질 기회를 갖기도 전에 그 거대한 범위와 과도한 성장 때문에 이미 내부에서부터 붕괴했다.

로마 제국 전체는 로마를 제국(가족)의 우두머리(수도)로 삼는 아버지 패턴을 바탕으로 건설되었다. 이런 식의 전개는 역사가 훨씬 더 깊은 어떤 개념을 바탕으로 가능했다. 이 개념에 따르면, 국민의 지배자도 "신성할" 뿐만 아니라 이 지배자가 통치하는 대상도 신성했다. 달리 표현하면, 이 땅에서 실제로 신의 삶을 살아야 했던 신성한 왕과 그가 통치하는, 하늘의 도시를 바탕으로 건설된 '거룩한 도시'는 서로 일치했다. 고대 바빌로니아와 중국, 초기의 페루 문화에서 발견되는 이 같은 인식은 플라톤이 이상으로 여긴 통치에서 그 이데올로기를 확인할 수 있다. 플라톤은 자신이 이상으로 여긴 통치가 완벽한 국가를 창조할 수 있다고 믿었는데, 이 국가의 원형은 하늘에 있었다. 원래 "천상의 쌍둥이의 도시"였던 로마는 통치의 통합을 거쳐서 완벽주의의 세속적 중심으로 발달했으며, 그러한 곳으로서 전체 국가, 즉 로마 제국을 대표할 수 있었다. 그런 이데올로기

154

에 따라, 로마에 사는 개인은 자기 자신의 권리보다는 제국의 완벽을 추구하며 살았고, (파시스트들의 '로마 진군'에서도 이와 비슷한 이데올로기의 역할을 맡았던) 로마라는 도시는 "신의 도시"(교황의 바티칸 시티로 지켜졌다)라는 성 아우구스티누스의 주제를 예고한다. 플라톤과 아리스토텔레스에 의해 각각 표현된 국가의 이데올로기적 개념과 현실주의적 개념 사이에 나타나는 이 같은 모순은 고대 세계에서 처음에는 고대 그리스의 군주정치에 의해, 그 다음에는 로마에 의해 조정되었다. 그러나 그 간극이 최종적으로 메워지기 위해서는 아우구스티누스의 '거룩한 도시'라는 사상이 필요했다. 중세의 정치제도가 안정을 누릴 수 있었던 것은 왕권 신수(神授)의 원칙을 인간사에 적용할 수 있게 한 이 철학적 개념의 덕이었다.

로마의 권력이 성장함과 동시에, 지배계급의 구성원들 사이에 우두머리가 되려는 욕망도, 한 마디로 말해 권력을 지배하는 아버지들의 아버지가 되려는 욕망도 점점 더 커지고 있었다. 아버지들 사이에 일어난 그런 경쟁은 아들이 원하는 때조차도 후계자의 역할을 맡는 것을 더욱 어렵게 만들었다. 게다가 로마 시민의 이상은 자기 아버지나 조상들만큼 훌륭하거나 더 훌륭한 아버지가 되는 것이었다. 따라서 권력자의 후계자가 자기 아들이 되는 경우가 드물었다. 로마의 역사를 보면 양자가 성공한 남자의 실질적 후계자가 된 예가 아주 많다. 사회화된 부권의 민주적인 원칙과 사회화된 부권이 암시하는 권력의 독단적 행사에 대한 유혹 사이의 갈등이 결국에는 평범한 사람들과 지도자 사이의 투쟁으로 변질되었다. 미국 작가 프랫(Fletcher Pratt)은 『만세! 카이사르』(Hail, Caesar)에서 이렇게 말한다. "모든 폐쇄된 귀족정치와 마찬가지로, 로마도 하락하던 출생률로 고민하고 있었다. 공화정이 제국 내의 지위 때문에 많은 문제를 두루 포용할 만큼 넓은 마음과 수십 년 후의 문제들을 내다볼 만큼 긴 안목을 가진 행정관을 절실히 필요로 하던 때에, 훈련이 잘 된 지도자들의 공급이 달리기 시작했다."

한편, 권력을 쥔 집단의 두려움은 그들 사이의 치열한 경쟁과 맞물려 작용하면서 그들로 하여금 대단히 큰 성공을 거둔 사람의 후계자 자리를 찾도록 만들었다. 카이사르가 유럽 전 지역을 로마의 지배 아래 두고 부유한 지주들의 재산을 가난한 사람들에게 나눠주겠다는 약속을 실천할 수 있는 조건을 갖춘 다음에 몰락하게 된 것도 그런 암투 때문이었다. 음모의 주도자는 카이사르의 사생이라는 소문이 있던 브루투스였다. 브루투스는 실제로 카이사르의 아들이 아니었다 해도 어쨌든 카이사르의 피보호자였다. 그러나 사후 양자 결연을 통해서 젊은 옥타비아누스가 카이사르의 물질적 및 정신적 후계자가 되어 그의 이름을 물려받아 "카이사르" 옥타비아누스가 되었다. 살벌한 삼두정치를 거쳐 고국의 자비로운 아버지 아우구스투스가 된 옥타비아누스에 대해 영국 역사학자 버컨(John Buchan)은 "한 가족의 무관심한 아버지가 세계의 아버지가 되었다"라는 식으로 아주 독특하게 묘사하고 있다. 아우구스투스가 이름에 "신의 아들"이라는 뜻을 더했음에도 불구하고 인간적이고 죽을 운명을 타고났다는 점을 받아들인 뒤에야, 진정한 "카이사르들"이 권력에 올랐다. 티베리우스(Tiberius)와 네로(Nero)는 카이사르처럼 초인적이지도 않았고 또 아우구스투스처럼 인간적이지도 않았다. 한마디로 비인간적이었다. 이들을 거치면서 로마는 옛날 동양의 전제 군주와 비슷한 "신성한 통치자"의 전횡에 시달려야 했다. 이들은 종국적으로 실패했다. 이유는 세계를 지배하는 문제가 카이사르가 현실적인 방법으로 생각한 세계의 자유라는 사상에 의해서 쉽게 풀릴 수 있는 문제가 아니었기 때문이다. 독일 역사학자 몸젠(Theodor Mommsen)은 『로마사』(History of Rome)에 이렇게 쓰고 있다. "카이사르와 로마 제국주의의 역사는 사실 현대의 독재정치가 인간의 손으로 쓸 수 없을 만큼 악랄하게 혹평한 것에 지나지 않는다. 아무리 하찮은 생물도 대단히 정교한 기계를 무한히 능가하도록 만드는 바로 그 자연의 법칙에 따르면, 과반의 시민에게 자기결정권을 자유롭게 부여하는 헌법은 아무리 결점이 많더라도 대단히 눈부시고 인간적인 독재보다 우수하다. 왜냐하면 전자는 발달을 꾀할 수 있고 따라서 살아 있는 반면에, 후자는 늘 그 모양 그 꼴이고 따라서 죽어 있기 때문이다." 해결책이 모색되어야 했다. 이 땅 위에서 성취되는 정치적 해결책이 아니라 기독교 종교를 통해서 시공을 초월하여 성취되는 영적 해결책이어야 했다. 자신이 독재자가 되어 세상을 통치할 다윗의 아들이 아니라 구세주를 찾아야 했다.

본인의 성격과 당시 처했던 정치적 상황을 고려한다면, 율리우스 카이사르는 기독교의 진정한 선구자처럼 보인다. 그 시대의 전설은 그에게 영웅적 유형의 온갖 특징을 다 입혔다. 그는 자신의 "운명"을, 말하자면 적들이 싸움터에서 그를 마주할 때 실수를 연발하게 한 그 주술적인 힘을 굳게 믿었다. 젊은 시절 그에 얽힌 어느 이야기는 그가 수호천사의 강력한 보호를 받고 있다는 믿음을 갖고 있었다는 사실을 보여주는 것으로, 물 위를 걸었다는 예수 그리스도를 떠올리게 한다. 그가 작은 배로 어느 해협을 건너고 있을 때 갑자기 폭풍이 불어 닥쳤고 이에 뱃사공이 바닷물에 빠질까 겁을 잔뜩 먹었다. 그러자 카이우스 율리우스 카이사르는 "바보 같으니. 노를 젓게나. 그대는 지금 카이사르와 그의 운명의 여신을 태우고 있다네. 위험한 일은 절대로 일어나지 않을 것 같아."라고 말했다. 자신의 불패에 대한 이 같은 강한 믿음 때문에 그는 친구들의 경고만 아니라 나쁜 조짐까지 많이 나타난 바로 그 날, 암살의 비극이 기다리고 있던 원로원으로 향했다. 폭력 사태 속에 벌어진 그의 죽음은 세계를 동요하게 만들었다. 그 뒤 오래지 않아 있었던, 그리스도가 로마 병사들에 의해 처형당한 사건 못지않게 세상에 큰 영향을 미친 것이다. 카이사르가 유럽을 군사적으로 정복한 것은 오래 지속되지 않았지만, 그는 유럽 대륙이 가난한 자들에게 그들만의 왕국을 약속한 기독교 복음에, 말하자면 현실적으로 성취할 수 없었던 카이사르의 꿈에 영적으로 정복당할 길을 활짝 열어주었다. 카이사르가 정치적으로나 경제적으로 실패한 곳에서, 기독교는 영적으로 성공했다. 소외된 자들은 완전히 새로운 심리학으로 자신들을 막강한 계급으로 만들어주는, 시공을 초월한 어떤 이데올로기를 통해 자신의 문제를 해결해 줄 종교를 확고히 일으켰다.

붕괴되고 있던 로마제국은 북쪽으로부터 야만인의 침공을 받아 결국 종말을 고하게 되었지만, 로마제국의 정신은 기독교를 통해서 살아남았다. 기독교 교리는 쇠퇴하던 동양의 핵심적인 요소를 그리스 철학의 형식으로 담아내고 또 이것들을 유대교의 요소들과 융합시켜 새로운 이데올로기를 만들어냄으로써 이 기적을 성취했다. 유대인의 국적 없는 종교는 신념과 사회적 지위를 불문하고 모든 "무산자"에게 충실한 신도의 특권을 제시한 기독교를 통해서 모든 인류에게 다가서게 되었다. 국가가 없었던 유대인은 생존의 문제를 민족적으로, 즉 자신의 종교를 자기 민족만의 특권으로 지킴으로써 해결해야 했지만, 기독교는 그 문제를 현실적으로 풀지 않고 세계적, 즉 보편적인 이데올로기를 통해 풀었다. 이리하여 기독교는 새로운 심리학적 유형을 하나 창조해냈다.

이 유형이 등장하게 된 이데올로기적 배경에 대해서는 다음 장에서 논하게 될 것이다. 여기서는 이 새로운 유형을 이 유형의 형성에 기여한 다양한 유형들과 구별하는 것만으로도 충분할 것이다. 이 유형을 우리는 "영감"(靈感) 유형이라고 부를 것이다. 이 유형의 형성에 기여한 다양한 유형들은 그리스와 유대인, 로마에 기원을 둔 문화적 요소에 따라 다 다른데, 각각 개인주의적인 그리스인 유형, 민주적인 로마인 유형, 집단적인 유대인 유형으로 불릴 수 있다. 이들 중에서 그리스인들은 심리학적으로 진정한 개인주의자들이다. 고대 그리스인들의 개인주의는 자신의 개인적 자아에 바탕을 두고 있었다. 로마인들은 다른 방향으로 개인주의적이었다. 로마인들의 개인주의는 개인의 자아에서 비롯된 것이 아니고 어떤 원형, 즉 아버지-시민 유형에 맞춰 다듬어진 것이었다. 마지막으로, 천성적으로 대단히 개인주의자였던 유대인들은 필요에 의해 심리학적으로 집단적이었다. 왜냐하면 각 개인이 저마다 국가를 대표해야 했기 때문이다. 유대인과 로마인의 심리에서는 아버지 원칙이 그 중심을 차지했다. 아버지 원칙은 유대인의 이데올로기에서는 민족의 생존을 위해 강조된 생물학적 부권이었고 로마인의 이데올로기에서는 세계 지배를 위해 국가에 이바지하는 사회적 부권이었다.

기독교는 생물학적 부권과 사회적 부권을 영적 부권으로 대체하면서 종교적 및 사회적 이데올로기로 그 전까지 단지 철학적 고찰의 주제에 지나지 않은 사랑의 원칙을 끌어들였다. 고대 동양의 어머니 숭배에 새로운 인간적 의미를 부여함으로써, 기독교는 처음으로 아들의 심리학을 어머니 개념으로 바꿔놓았다. 그 전까지 아들의 심리학은 아버지와의 관계에서 비롯된 것으로서, 하나의 사회적 개념이었다. 달리 말하면 기독교는 아버지와 아들의 문제를 유대인의 전통에 잘 나타난 그 생물학적 바탕으로부터, 그리고 로마법에 명시된 그 사회적 바탕으로부터 그 두 가지 상반된 원칙들을 조화시키는, 시공을 초월한 영적 철학으로 끌어올렸다. 여기서 우리는 불멸의 자아가 인간이 죽음이라는 개인적 운명을 피하기 위해 창조한 사회화된 자아에 잠겨버리지 않도록 구하기 위해 투쟁하는 모습을 다시 보고 있다. 이런 의미에서 본다면, 기독교는 아들 유형이 아버지의 불멸성을 간직할 사회적 유형으로 바뀌라는 압력에 맞서는 혁명적 운동으로 여겨질 수 있다. 따라서 원래의 영웅처럼 아버지의 도움 없이 태어남으로써 자신의 진정한 자아를 구한, 영적인 아들을 영웅으로 숭배하는 현상이 기독교에 나타나게 되었다.

4장

성격의 창조

기독교가 출현한 뒤 발전해 간 과정을 보면, 전체 서구 문명의 발흥과 쇠퇴뿐만 아니라 우리의 현대적 유형의 성격이 창조되고 쇠퇴하는 과정까지 두루 드러난다. 고대의 구(舊)세계의 해체로 인해 생겨난 기독교는 세계적 규모로 전개된 영적인 대중 운동이 되었다. 완전히 새로운 삶의 철학을 전파하고, 그것으로 인해 새로운 심리학적 유형의 인간이 탄생하도록 만든 그런 운동이었다. 새로 탄생한 이 유형에 우리는 "영감" 유형이라는 이름을 붙였다. 이유는 인류 역사상 처음으로 "치유적인" 이데올로기를 바탕으로 탄생한 유형이기 때문이다. 이 이데올로기는 단순히 사회적 행동의 이상을 설득시키는 선을 넘어 보통 사람들에게 현실에서 실천할 수 있는 것보다 훨씬 더 높은 기준에 맞춰 영적으로 살도록 고무했다.

그렇다고 지혜와 삶의 기술과 관련해 영감을 주는 책들이 기독교 시대 이전에는 없었다는 뜻은 아니다. 그런 책들로 잘 알려진 예들만을 언급해도, 솔로몬의 "잠언"에서부터 이솝(Aesop)과 마르쿠스 아우렐리우스

(Marcus Aurelius), 에픽테토스(Epictetus)로 이어지는 오랜 전통이 있다. 그러나 즐거우면서도 선한 삶을 성취하는 방법에 관한 이들의 풍자적인 조언은 실용적인 작가들이 실패한 사람들에게 제시하는 인생의 지침에 권위를 싣기 위해 즐겨 인용하는 그런 자료에서 그쳤다. 예수의 가르침과 특히 그 가르침에 대한 바울의 해석은 "영감을 불어넣으려던" 그 전의 모든 시도와 완전히 달랐다. 사람들을 가만 내버려두면 아주 다양한 태도와 행동을 보였을 텐데, 예수의 가르침과 그 가르침에 대한 바울의 해석은 그런 개인들의 내면에서 성격의 변화를 일으키는 것을 목표로 잡았다는 점에서 특별했다. 이 장에서는 예수의 가르침과 그에 대한 바울의 해석에 대해 논할 것이다.

예수와 바울

이런 점에서 본다면, 기독교는 도덕에서 종교로, 말하자면 모든 도덕과 그것을 담아내는 법률이 최종적으로 근거하게 될 그런 종교로 되돌아가는 것으로 여겨질 수 있다. 왜냐하면 세속의 모든 행동 규범은 종교적 기원을 가진 사상에서 그 생명력을 끌어내기 때문이다. 따라서 법과 법의 해석을 둘러싼 격렬한 논쟁이 예수와 바울의 기독교 교리에서 지니는 중요성은 대단하다. 예수가 유대인의 법과 로마의 법을 어긴 것과 이에 대한 바울의 신학적 해석은 법의 개념이 원래 종교적이었고 지금도 여전히 정서적으로 종교적이라는 점을 분명히 보여주고 있다. 원시적인 법인 터부는 인류의 근본적인 법은 스스로 부과한 것일 뿐만 아니라 자연 발생적이기도 하다는 점을 확실히 보여주고 있다. 말하자면 개인은 자신의 자아를 직접적으로나 간접적으로 위협할 것 같은 행동을 스스로 삼갔다는 뜻이다. 과반의 사람이 그런 식으로 느꼈기 때문에, 원시적인 법은 강요된 것이 아닌 것처럼 보인다. 이는 객관적으로 작동하는 것으로 여겨지는 현대법의 개념에도 여전히 중요한 요소이다. 우리가 도덕법을 준수하는 것은 단순히 그것이 우리의 도덕적 자아를 표현하고 있기 때문이다. 정말로, 이런 순수한 도덕법은 처음 등장한 원시인의 터부에서도 그렇고 십계명에서도 그렇고 오직 금지하는 내용만을 담고 있다. 우리는 지금도 이 십계명에 따라 살고 있는데, 그 이유는 이 계율이 인간의 도덕적 자아를 잘 요약하고 있기 때문이다.

한편 사회법은 로마의 "만민법"에서 보듯 더 이상 금지적인 내용만을 담고 있지 않으며 석어노 정신으로나마 정의라는 이름으로 모든 사람에게, 심지어 권리가 적은 사람에게까지 동등한 권리를 제공하는 것을 목표로 잡고 있다. 그러나 평등을 추구하는 경향이 카이사르 시대에 일부 집단들의 전통적인 특권까지 침해하는 단계에 이르자, 도덕법과 사회법 사이의 갈등은 인류 역사에서 최초의 진정한 계급 투쟁으로 발전했다. 왜냐하면 도덕법은 처음부터 평범한 대중의 법이었던 반면 사회법은 권력을 쥔 집단이 만든 것이기 때문이다. 그러나 감히 터부를 깨뜨리겠다고 나선 사람은 가장 막강한 사람이었으며 이 사람은 성공을 거둘 때에만 자신이 영웅이라고 주장할 수 있었다. 지금까지, 인간의 근본적인 법을 깨뜨리는 사람이 두려움과 견제의 대상이 될 뿐만 아니라 숭배까지는 아니더라도 존경의 대상이 되었던 이유도 거기에 있다. 따라서 보통 사람들의 터부를 깨뜨리는 데 성공한 막강한 인물은 공동체에 자신의 법을 강요할 가능성이 크고 종종 그런 행태가 허용되었다. 한 예로, 초자연적인 힘의 대표자로서 신성한 왕은 똑같은 이유로 법의 대표자가 되고 법의 집행자가 되었다. 그런 한편 신성한 왕은 자연의 창조적인 힘의 화신으로서 당연히 정의롭게 통치를 하고, 법을 객관적으로, 말하자면 자신의 이익을 추구하거나 권력을 증대시키려는 마음을 먹지 않은 상태에서 집행할 것으로 여겨졌다. 이런 측면에서 본다면, 주술적 권력을 지닌 신성한 왕은 저절로 생과 죽음에 대한 권력을 갖고 따라서 이 땅 위에서 신의 법을 대표하게 되어 있었다.

바로 거기에 왕권 혹은 강력한 지도자의 통치가 피할 수 없는 위험이 도사리고 있다. 왜냐하면 왕 혹은 강력한 지도자는 단순한 신의 대표자, 즉 이 땅 위의 객관적인 법이라는 점에서 본인이 독재적인 입법자가 될 수 있기 때문이다. 유대인의 입법자인 모세는 여호와로부터 자기 민족을 위한 계율을 받았다. 따라서 그 계율들은 객관적인 터부와 일치하고 지도자의 인위적인 법과 일치하지 않았기 때문에 도덕법으로 받아들여질 수 있었다. 특권층을 위해 만든 인위적인 법이 객관적인 도덕법의 틀 안으로 점진적으로 유입됨에 따라, 예수와 그의 사도들이 삶을 확장시키지 못하고 오히려 제한하는 유대인의 의식(儀式)적인 법에 맞서 역사적인 투쟁을 벌이게 되었다. 바울은 이 의식적인 법과 로마 제국의 법에 맞서 자기 결정의 영적인 법을 설교하면서 원시적인 터부의 도덕적 가치들을 도덕적 바탕 위에 다시 확립하려고 노력했다. 이 점에서 본다면, 기독교는 모세 율법의 제한적인 요소에 지친 유대인 개종자가 독립을 선언한 것으로 여겨질 수 있다.

기독교는 인류 역사에서 가장 도덕적이고 가장 정치적인 혁명이 되었다. 기독교는 정치적, 사회적, 경제적 평등의 진정한 바탕인 인간 영혼의 평등을 설교했을 뿐만 아니라 "카이사르의 것은 카이사르에게"라거나 "나의 왕국은 이 세상의 것이 아니도다"라는 유명한 말로 교회를 국가로부터 분리시키기도 했다. 기독교는 이런 식으로 고대 세계를 다시 다듬었으며, 고대 세계가 야만인들에게 정복되었을 때에는 이 야만인들까지도 새로운 복음의 매력에 빨려 들었다.

이런 독특한 의미로 본다면, 서구 문명은 기독교의 평등 원칙의 산물로 나타났다고 할 수 있다. 현대인의 도덕과 정의 개념이 형성되는 데 결정적으로 중요한 역할을 한 그 변화의 과정은 예수가 기존의 법에 반기를 든 것에 그대로 나타나고 있다. 이 반항 때문에 예수는 범죄자로 처형되었고, 이어서 신과 비슷한 숭배를 받기에 이르렀다. 미국 변호사 서먼 아놀드(Thurman Arnold)가 '정부의 상징들'(Symbols of Government)을 논한 동명의 책에서 풍자적으로 쓰고 있듯이, "신학에서 대속자(代贖者)로 알려진 별도의 성격은 박애를 대표하기 위해 나타났으며, 이것 때문에 신은 죄의 처벌이라는 논리를 피할 수 있었다".

예수가 위반하고 바울도 맹렬히 반대한 유대인의 법은 팔레스타인 인구 중에서 비교적 작은 편이었던 바리새 사람들에 의해 가장 엄격하게 지켜지고 있었으며, 주로 예루살렘에서 상인과 장인으로 활동하던 바리새인들의 생활 방식은 귀족이었던 사두개 사람과 예수가 속했던 갈릴리 사람들과 크게 달랐다. 바울은 바리새인이었으며 바리새인의 아들인 것을 자랑스럽게 여겼다. 오늘날로 치면 중산층이랄 수 있는 바리새인은 예언자들로부터 영감을 얻었으며, 그들의 전통에 따르면 여자도 남자와 동등했고 극빈자도 귀족과 동등했으며 노예도 주인과 동등했다. 모두가 똑같이 신의 형상대로 만들어진 신의 자식들이었다. 사치와 방탕과 독재권의 세속적인 유혹을 경계한 모습을 보면, 바리새인들은 16세기 영국과 초기 미국의 청교도를 닮았다. 그러나 아우구스투스의 황금시대에 태어나, 네로의 통치 때 막을 내린 기독교 박해로 인해 로마에서 순교할 때까지 티베리우스와 칼리굴라(Caligula)와 클라우디우스(Claudius)의 통치를 거친 바울의 시대에, 바리새인들은 윤리적인 일신교를 세우는 데 전념한 편협한 종파가 되어버렸다.

유대인으로 태어난 바울이 A.D. 60년에 예루살렘 당국이 자신을 체포하여 벌을 내리려 할 때 로마 시민권을 내세우며 카이사르의 심판에 호소할 수 있었다는 사실은 널리 잘 알려져 있다. 당시 로마 제국의 자유 시민의 후손이었던 바울에겐 로마법의 특권이 주어졌다. 로마 시민권은 로마의 거주자에게만 한정된 것이 아니었다. 왜냐하면 초기의 내전으로 인해 상훈의 성격이 강했던 시민권이 이탈리아의 거주민으로까지 확장되었고 이어 여러 황제를 거치면서 제국 전체에 걸쳐 개인들이 누릴 수 있는 권리가 되었기 때문이다. 이런 면에서 본다면, 모든 시민이 법 앞에서 평등하다는 로마법의 정신은 정치적 신분을 시민들 사이의 혈연보다 더 높은 것으로 만들면서 종교적 신분에 대한 기독교 교리, 즉 신의 눈으로 보면 모든 영혼은 평등하다는 교리의 선구자 역할을 했다. 이 영혼의 평등은 무엇보다도 먼저 자유민과 노예, 로마인과 야만인 사이의 결합에 어떠한 장벽도 두지 않은 기독교 결혼제도에 잘 표현되었다. 개종자들의 이혼과 재혼에 관한 "바울 특전"은 인류 역사상 최초로 인종적, 사회적 융합이 깊이 이뤄지도록 만들었다. 현대 문명을 형성한, 종교적 허가 아래에서 이뤄진 일종의 '이종 교배'였다.

이 '이종 교배'의 결과 새로운 유형의 인간이 출현하기가 용이하게 되었으며, 유대인의 신앙과 고대 그리스와 로마의 세계 권력의 정신까지도 포용한 기독교의 엄청난 혼합주의 안에서 사회적 및 영적 '이종 교배'도 나왔다. 구세주가 도래할 미래에 대한 유대인의 믿음과 조화를 이루는 부활이라는 고대 동양의 원칙은 로마 국가의 현실주의적인 이성주의를 중화시켰다. 서구 세계의 새로운 종교인 기독교는 동양의 비합리성을 많이 흡수함으로써 지나칠 정도로 합리적이게 된 로마 문명의 붕괴에도 거뜬히 버텨낼 수 있었다. 유대교 신자와 마찬가지로, 초기 기독교인들은 신분이나 국가 등 그 어떤 것보다 신앙을 우위에 두었다.

그러나 유대교 신자와 초기 기독교 신자 사이에 중요한 차이가 있었다. 초기의 기독교 신자들은 구세주를 통한 현실적 구원 대신에 개인의 자아에서 이뤄지는 내면의 경험과 변화를 구원으로 보았다. 이 점에서 보면, 기독교 분야에서 가장 심오한 학자 중 한 사람으로 꼽히는 알베르트 슈바이처(Albert Schweitzer)가 1923년에 처음 발표한 책의 개정판('Christianity and the Religions of the World', N.Y., 1938)에서 기독교라는 종교는 고대 그리스의 구원 사상을 발달시킨 것으로 여겨질 것이 아니라 그 자체로 영적인 면에서 극동의 위대한 종교 체계들과 비견할 만한 독창적인 종교로 보아야 한다고 주장한 이유가 쉽게 이해된다. 그와 동시에 기독교 신앙의 초기 옹호자들이 예수의 삶과 가르침에서 비롯된 독특한 신앙을 표현하는 데 도움이 될 만한 것들만을 이용하면서 자신의 메시지를 전달하는 매체로 당시의 사고 유형을 채택했다는 점도 고려되어야 한다. 영국 신학자 녹스 신부(Wilfred Knox)가 강조하듯이, 특히 바울의 서한들은 자신의 경험을 그 시대의 신학으로 표현해내려는 시도였다. 이 경험은 그리스도와의 신비한 합일에 관한 바울의 교리에 잘 요약되고 있다. 바울에게는 그런 식의 시도가 가장 확실하고 또 가장 중요했다. 그럼에도 바울의 글은 그리스 신학의 전통적인 언어에 비춰볼 때에만 이해가 가능하다. 이는 바울이 그리스어를 사용하는 세계에 자신의 메시지를 설명하길 원했기 때문이다.

바울의 신학의 가장 근본적인 개념인 "그리스도 안에서의 삶"은 자신의 개종에 의해 생겨난 것이다. 왜냐하면 새로운 삶의 정신에 참여하는 데 필요한 신앙은 "예수 그리스도는 실제로 그의 안에 살고 있고 그에 따라 새로워진 정신이 주님을 영광스럽게 한다"는 개인의 믿음에 바탕을 두고 있기 때문이다. 달리 말하면, 그 믿음은 단순히 심리적 동일시일 뿐만 아니라 진정한 일치이기도 하다. 예수의 가르침에도 예언적인 개념이 발견되긴 하지만, 예수를 "하늘에서 온 사람"으로 제시하고 따라서 정서적으로나 정신적으로 받아들일 준비가 되어 있던 모든 사람들에게 "신의 왕국"을 약속한 인물은 사실 바울이었다. 그러나 이 "왕국"은 베드로가 자신이 그 왕국을 이 땅 위에 세울 메시아라고 고백할 때까지 미스터리로 남았다. 이 왕국에 들어간 사람들이 "남은 자"를 이루었다. 영국 성직자 T. W. 맨슨(Manson)이 『예수 그리스도의 가르침』(The Teaching of Jesus)에서 지적하듯이, "예수에 의해 완전히 성취된 '남은 자'라는 이상은 막연한 형상을 교회로 존재하도록 만들었다".

예수의 시대가 시작되기 오래 전에, 팔레스타인에서 자주 일어났던 반란과 종교적 운동의 핵심적인 문제는 구세주에 대한 희망이었다. 말하자면 유대인들이 억압당하는 자신들을 종국적으로 해방시켜줄 구세주의 도래를 간절히 바란 것이 종교적 운동의 핵심이었다는 뜻이다. 선민의 모든 고통을 종식시킬 구세주가 건설할 유대인의 유토피아는 이들 유목 부족들이 점령당한 영토에 정착하기 시작한, 상대적으로 짧은 기간에 신성한 왕의 개념과 혼동되었다. 당시에 유대인들은 자신들의 지도자로 "여호와를 받아들이길 거부했으며", "다른 민족처럼 되기 위해" 왕을 원했다. 사무엘은 고위 성직자의 경고를 무시하고 "민족의 다른 사람들보다 높은" 사울에게 성유를 바르고 그를 최초의 왕으로 정했다. 사울이 여호와의 명령에 불복했을 때, 양치기인 다윗이 그의 후계자로 기름부음을 받았다. '사무엘서'를 보면 "여호와의 마음이 떠나버린" 왕과 자신의 우울한 주(主)를 위해 하프를 연주해 준, 주의 기름부음을 받은 소년 다윗 사이의 갈등에 관한 이야기로 가득하다. 사울이 자신의 살아 있는 후계자를 죽이려 할 때마다, 다윗은 주인의 목숨을 살려 준다. 그러다 사울이 마침내 자살의 길을 택하게 된다.

역사적으로 뒤늦게 왕권이라는 제도를 갖게 된 유대인들은 처음으로 보다 현실적인 형태의 정치적인 메시아 신앙을 확립했다. 히브리 예언서보다도 역사가 더 깊은 사상이다. 자신에게 주어진 권력을 남용하지 않을 이상적인 왕이라는 개념은 바빌로니아와 이집트의 역사를 지배했을 뿐만 아니라 실제로 원시적인 집단생활의 바탕이 되어 주고 있다. 집단생활의 번영은 왕에 의해 보장되고 왕에게 강요된 금기들에 의해 안진하게 지켜졌다. 유대 민족의 역사에서, 독특한 신정(神政)이 뚜렷하게 보인다. 말하자면 눈에 보이지 않고 또 움직일 수 있는 그들의 신이 황야에서 지도자의 역할을 하고 있었던 것이다. 따라서 유대인들의 세속적 지도자인 모세는 왕이 흔히 그러듯 신을 대체한 존재가 아니라 신을 일시적으로 대표하는 존재였다. 그렇다면 광야의 신 여호와가 모세의 특징을 갖고 있다고 해도 전혀 놀라운 일이 아니다. 그러나 모세는 강력한 지도자이긴 하지만 약속의 땅에 닿지는 못한다. 그가 오직 광야에 속하는 존재이고 자신의 국민들처럼 한곳에 정착할 수 없기 때문이다.

이렇듯 왕권 제도가 별다른 성공을 거두지 못하게 되자, 유대인들은 자신들의 진정한 신을 배신하기에 이르렀다. 당시 이 신은 자신을 어느 한곳에 정착시키려는 유대인들의 시도에 맹렬하게 맞섰으며, 따라서 여호와는 영원한 신전의 건설에 반대하고 나섰다. 기독교 시대 초기에 있었던 이 신전의 최종적 파괴는 하나의 국민으로서 유대인의 역사에 종지부를 찍었다. 유대인의 과거 역사에서 왕조를 확립하고 그것으로 국가를 세울 기회는 딱 한 번뿐이었다. 바로 다윗의 시대였다. 이때 다윗은 이스라엘

전역을 33년 동안 지배함으로써 이상적인 왕의 상징이 되었다. 그 결과, 다윗은 자신의 가문의 계승을 영원히 다질 수 있는 입장에 서게 되었다. 그가 신전 건립 문제를 놓고 선지자 나단과 한 유명한 대화는 그 이후 구세주를 둘러싸고 벌어질 갈등을 예고한다. 사막을 떠도는 신을 위해서 영원한 집을, 즉 신전을 짓는 것은 곧 다윗 가문을 이스라엘을 세습적으로 통치할 왕의 가문으로 정착시키는 것이었다. "여호와가 너를 위하여 집을 짓고, 네 수한(壽限)이 차서 네 조상들과 함께 누울 때에. 내가 네 몸에서 날 네 씨를 네 뒤에 세워 그의 나라를 견고하게 하리라. 그는 내 이름을 위하여 집을 건축할 것이요, 나는 그의 나라 왕위를 영원히 견고하게 하리라. 나는 그에게 아버지가 되고 그는 내게 아들이 되리니."〈'사무엘하' 7장 11절-14절〉

이는 상당히 기독교적으로 들리고, 예수의 시대에도 마찬가지로 메시아는 오직 다윗의 아들만 될 수 있는 것인지 아니면 다윗이 그랬던 것으로 전해지는 것처럼 하느님이 하늘에서 보낸 영웅도 될 수 있는 것인지를 둘러싸고 여전히 뜨겁게 논의된 것으로 보인다. 따라서 유대인은 처음부터 계승이라는 결정적인 문제에 직면했다. 이 계승의 문제를 원시인들은 신성한 왕의 주술적 후계자가 신성한 왕을 죽이는 것으로 해결했다. 다윗 시대 이후로 줄곧, 메시아에 대한 유대인의 희망은 서로 다른 두 방향으로 일어났다. 구세주는 미리 예정되어 있다는 식의 학문적 해결책이 있었는가 하면, 그에 맞서는 민중의 의견이 있었던 것이다. 선지자를 자처하는 사람이 나타나 자신이 메시아라고 주장하고 나설 때마다 이 문제가 결정적인 이슈가 되었으며, '복음서'의 내용에서 확인되듯이 예수의 시대도 예외가 아니었다. 예수는 단 한 번 바리새파 사람들과의 대화에서 이런 신학적인 문제를 제기한다. "어찌 메시아가 다윗의 아들이 될 수 있겠는가?" 이 대목에선 오직 메시아의 출생 문제만 제기되고 있다. 그런데 훗날 종말론들은 메시아의 "도래"에 대해서만 언급한다. 알베르트 슈바이처에 따르면, 나자렛의 랍비의 입장은 두 가지 종말론이 경쟁을 벌임에 따라 제기된 문제에 대한 독창적이면서도 간단한 해결책이었다.

그가 어찌 다윗의 왕의 아들이면서 메시아가 될 수 있겠는가, 하는 유명한 질문을 바리새파 사람들에게 던짐으로써, 예수는 당시에 계승 문제를 둘러싼 이데올로기들 사이의 투쟁을 어리석은 일로 치부했다. 그러나 예수 자신은 그 문제에 대해 준비만 할 수 있었을 뿐 해결책을 찾지 못했다. 왜냐하면 에세네파 설교자에 지나지 않았던 그는 세례자 요한의 종말론을 설교하는 일에 전념하고 있었기 때문이다. 예수는 유대 국가의 부활을 이룰 메시아를 믿는 유대인 종말론을 믿으면서 성장했기 때문에 유대인과 로마인들로부터 동시에 박해를 받는 가운데 지상의 왕국과 천상의 왕국을 결합시키는 메시아 이데올로기를 품게 되었다. 예수의 "비유들"을 나는 자기 자신을 숨기는 수단뿐만 아니라 자신을 드러내고 발견하는 수단으로도 이해한다. 그렇다면 기적을 통해서만, 마법으로 설명될 수 있는 그런 기적이 아니라, 자신의 부활을 보여주는 기적을 통해서만 예수는 하느님이 보낸 메시아가 될 수 있었다. 바울은 이 부활을 직접 목격했을 뿐만 아니라 자신의 개종을 통해서 실제로 경험하고 그것을 삶으로 살았다. 한 개인의 삶은 영원히 지속되지 못한다. 그렇기 때문에 바울은 새로 부활한 그리스도를 바탕으로 한 새로운 시작을 의미한다. 바울은 옛 예언자들로 대표되는 과거 전통의 성취인 예수와 같지 않았으며 현재에서 미래를 성취하는 존재였다.

따라서 우리는 유대-기독교 논쟁의 핵심에서 구세주의 기원을 주술적인 것으로 볼 것인가 아니면 왕조적인 것으로 볼 것인가 하는 문제가 자리 잡고 있다는 것을 확인할 수 있다. 달리 표현하면, '영원한' 적자생존 사상으로도 정의될 수 있는 계승의 문제가 논쟁의 핵심인 것이다. 원시인들은 이 같은 공동체의 문제를 지도자의 초자연적인 권력을 주술적으로 전달하는 방식뿐만 아니라 강력한 개인을 그들의 의식(儀式)적인 전통의 규칙들에 종속시키는 방식을 통해서도 해결한다는 것을 우리는 앞에서 보았다. 고대 동양의 막강한 제국들의 경우에는 독재적인 통치자들이 가부장적인 이데올로기를 통해서 이 문제를 극복했다. 이 가부장적인 이데올로기에 따라 위대한 왕의 자식은 자신의 조상들을 넘어설 수 있었다. 고대 로마에서 이 이데올로기가 어떤 식으로 정치적 시민권의 바탕이 되었는지를 우리는 잘 알고 있다. 고대 로마에서는 아들은 자신의 아버지와 다른 모든 선조들보다 더 훌륭한 아버지가 되어야 했다.

나라 없는 민족이었던 유대인은 신성한 왕권의 확립을 통해 정착을 꾀하면서도 계승의 문제를 정치적으로 해결하지 못한 떠돌이 종족의 투쟁을 자신의 역사에 고스란히 간직하고 있다. 바로 이 점 때문에, 말하자면 메시아 이데올로기에 원래부터 있던 이중성에 따른 유대인들의 정치적 리더십의 부재 때문에, 기독교가 힘을 얻게 되었다. 유대인들은 자신들의 메시아의 도래를 불명확한 미래에 둬야 했다. 말하자면 일종의 최후의 심판의 날을 전제하는 종말론을 믿는 것처럼 되었다. 또 동시에 메시아는 기름부음을 받는 존재, 즉 종말기의 '왕 되신 주'가 되게 되었다. 이 '왕 되신 주'의 출현은 유대인의 비현실적인 희망을 성취시킴과 동시에 그 희망을 짓밟아 버리는 결과를 낳게 되어 있었다. 따라서 메시아의 도래의 지연, 즉 '파루시아'(Parousia)는 초기 기독교의 극적 발달을 이끈 원동력이 되었다. 왜냐하면 기독교가 생겨나게 된 바탕이 바로 메시아에 대한 미래의 희망과 현세에서의 즉각적 구원에 대한 욕구 사이의 충돌이기 때문이다. 마지막 심판의 날에 살아서 부활할 수 있다는 유대교의 개념에 영혼의 계시에 대한 그리스식의 해석을 가미함으로써, 바울은 인류를 위해 초기의 기독교 종파를 구해냈다.

사회 운동 속의 창조 신화

여기서 우리가 관심을 기울이고 있는 것은 기독교가 소개한 새로운 유형의 인간과 그 인간의 영적 이데올로기이다. 그렇기 때문에 우리는 기독교 운동의 실제 전파자이자 이 도덕적 혁명에 근거해 보편적 유형의 인간을 실제로 창조한 장본인인 바울에게 초점을 맞춰야 한다. 이 점에서, 말하자면 바울의 "교육적" 중요성을 강조한다는 점에서 보면, 우리가 바울에게 초점을 맞추는 것이 더욱 정당하게 느껴질 것이다. 왜냐하면 우리가 그리스도의 삶의 드라마를 창조 신화를 새롭게 구현하는 것으로 인식하게 될 것이기 때문이다. 말하자면 창조 신화를 순수하게 의례적인 중요성을 지니는 차원으로부터 사회 운동의 현실적인 영역으로 끌어올린다는 뜻이다. 그리스도의 드라마에서 우리는 신성한 왕의 의식이 갖춰야 할 요소들을 꽤 새로운 각도에서 발견한다. 최종적으로 신성한 왕을 죽임에 따라 왕권을 둘러싼 분쟁이 한동안 일어나고, 신성한 왕의 "더블"의 해방, 즉 어느 죄수의 석방이 있었다. 그리스도의 드라마가 전 세계의 역사적 배경으로 깔리면서, 거기서 새로운 개념의 불멸성이 나왔을 뿐만 아니라 새로운 인간 유형까지 나왔다.

그럼에도 새로운 서구 세계를 건설할 새로운 유형을 창조한 것은 예수와 랍비로서 그가 전한 단순한 가르침이 아니었다. 정말 이상하게 들리겠지만, 현대인의 특징인 이 보편적인 유형은 매우 추상적이고 정교한 바울의 교리에서 나왔다. 바울은 자신의 개인적 경험을 통해서 기독교에 영원한 생명력을 불어넣었다. 기독교 2,000년 역사에 비춰보면, 충분히 그런 평가가 가능하다. 예수의 그 짧은 삶과 죽음을 신성한 왕의 살해로 본다면, 논란이 뜨거운 문제, 즉 예수가 복음서들에 묘사된 삶을 정말로 살았는가 하는 문제는 부차적인 중요성만을 지니게 된다. 예수가 새로운 세계의 시대를 극적으로 창조한 과정을 보면, 시간과 장소를 초월하여 성격 유형들의 창조를 이해하는 데 반드시 필요한 어떤 근본적인 원칙이 작동하고 있는 것이 확인된다. 그 원칙은 바로 혁명적 변화를 촉진하는 영웅 유형은 자신의 임무를 정당화하기 위해 창조 의식에 따라 삶을 살아야 한다는 전통이다. 다시 말해, 영웅은 실제로 신화적인 전통에 맞춰 자신의 삶을 살아야 한다는 뜻이다. 예수의 삶이 예언자들에 의해 미리 예견되었고 '복음서'에서 그렇게 산 것으로 확인되듯이 말이다. 이 전통은 '복음서'에 담겨 세월을 초월하여 생명력을 발휘하고 있다. '복음서'는 "진보"에 대한 이야기가 아니라 죽었다가 다시 일어나는 것에 대해 말하고 있다. 그렇게 함으로써 역사의 패턴이 진화가 아니라 위기의 연속임을 보여주고 있다.

로마 시민의 사회화된 자아에서 절정에 달한 어떤 영구한 성격 유형을 보존하기 위한 투쟁이 예리하게 벌어지던 동안에, 예수는 당대의 역동적인 종교적 이데올로기, 즉 메시아 왕권이라는 측면에서 창조 의식을 실천했다. 인간과 인간 세상을 이런 식으로 새롭게 창조한 것은 바울의 철학적 해석을 통해서 평균적인 유형의 성격에 필요한 이데올로기를 제공했으며, 평균적인 유형은 영웅적 혹은 도덕적인 지도자를 본받으며 자신의 삶을 살았다. 신성한 왕의 삶과 죽음에 대해 이처럼 완전히 새롭게 평가하는 작업은 사회적 격변과 영적 혼동의 세계에서 반드시 필요했으며, 바울이라는 단 한 사람의 특별한 경험에 의해 가능하게 되었다. 원시적인 창조 의식이 기존의 질서를 주술적 부활을 통해 지속시키기 위해 행해진 반면, 바울은 자신이 목격하고 경험한 바와 같이 급변하고 있는 질서 속에서 창조적 부활 문제에 대한 철학적 해결책을 발견했다.

예수가 다윗의 예언자적인 아들로서 유대인을 이끄는 정치적 역할에 실패한 뒤, 그에게는 미래의 종국적 해방자로서의 메시아의 역할이 주어졌다. 부활은 이 두 번째 역할에 속한다. 이 역할에서, 예수는 유대인의 새로운 시대를 연 존재로 나타날 뿐만 아니라 미래의 구세주라는 유대인의 이데올로기를 종식시킨 존재로도 나타난다. 예수의 철학은 예언자들과 다니엘이 말한 메시아 개념의 통합을 상징한다. 메시아의 왕국이라는 옛 사상은 영원한 왕국으로 해석되고 있고, 따라서 부활은 메시아의 시대의 끝이 아니라 시작에서 일어나고 있다.

바울의 종말론은 예수 그리스도의 이데올로기와 묵시록적 상상력을 결합시킴에 따라 한층 더 복잡해진다. 바울은 메시아의 왕국과 영원한 축복의 왕국을 분리시킨다. 따라서 바울은 일시적인 왕국과 영원한 왕국을 동일시하던 예수 그리스도의 관점을 부정하면서, 점점 약해지고 있던 예수의 임무에 대한 공동체의 믿음에 다시 불을 지르기 위해 부활의 시간을 바꿔야 했다. 예언자들이 예측한 정치적 메시아가 십자가에 못 박혀 처형당할 때, 유대인들의 믿음은 이미 깨어진 상태였다. 그런 한편, 예수의 삶과 가르침을 종말론의 부활한 메시아라는 측면에서 해석하는 것은 현실적이지 못했다. 그래서 바울은 왕국에 대한 두 가지 이데올로기를 분리시킴으로써만 유대인의 믿음을 다시 회복할 수 있었다. 유대 민족의 육체적 해방은 불가능했고 메시아가 도래할 미래에 있을 영적 해방은 제대로 먹히지 않았기 때문에, 바울은 현재의 영적 해방에서 해결책을 발견했다. 태도의 변화를 통해서, 바울은 유대인들이 자신과 삶에 대한 믿음을 다시 갖도록 할 수 있었다.

한마디로 말해, 모든 것은 해석에, 아니 파루시아, 즉 메시아가 도래할 시간에 대한 재해석에 달려 있다. 종교적으로만 아니라 정치적으로도 새로운 운동의 붕괴를 의미하는 예수의 죽음으로 인해, 바울은 새로운 해결책이 요구되는 새로운 상황에 직면했다. 그는 영원한 하느님의 왕국과 메시아의 왕국을 분리시킬 수 있도록 예수의 복음을 변화시킴으로써 그 해결책을 발견했다. 예수가 하느님의 영원한 왕국에서 부활이 일어날 것이라고 선언했기 때문에, 하느님의 왕국이 도래했다는 것을 입증하려면 먼저 바울부터 부활해야 했을 것이다. 바울의 교리 전부는 예수의 죽음과 부활이 미래의 메시아를 믿는 유대인의 종말론과 조화를 이루도록 만들려는 노력이다. 랍비인 예수는 현실적인 해결책을 나타냈고, 신비주의자인 바울은 유일하게 가능한 해결책인 영적 해결책을 제시했다. 예수의 해결책은 유대인 예언자들의 사상과 일치하고, 바울의 해결책은 기독교 종말론과 일치한다. 파루시아의 재해석을 통해서 그리스도의 안에서 산다는 이데올로기를 기독교에 제시한 바울이 없었더라면, 거기서 어떠한 세계적 종교도 나오지 못했을 것이다.

그리하여 기독교인들은 메시아의 왕국을 현실 속에서 살기 시작했으며, 심지어 그리스도의 탄생으로 새로운 세계 시대까지 열게 되었다. 그런 반면에 유대교 신자들은 불명확한 미래에 펼쳐질 메시아의 왕국을 계속 기다리게 되었다. 바울이 유대교의 신앙 안에 있는 이데올로기적인 개념을 역동적인 생명력으로 바꿔놓은 것이 바로 이 종말론, 즉 미래를 강조하는 내세 신학이었다. 바울은 다마스쿠스에서의 개종을 통해서 예수의 적에서 예수의 가장 열렬한 사도가 되었다. 스승의 죽음 뒤에 스승을 현실에서 구현한 존재가 바로 바울이었다.

바울은 자신의 내면에서 예수를 죽음에서 부활시킴으로써 그를 메시아로 만들고 그렇게 함으로써 종말론의 시간적 과정을 완전히 거꾸로 돌려놓은 사람이다. "하느님의 나라는 곧 여기!"라고 바울은 강조한다. 예수의 삶과 죽음은 미래에 오고 있는 심판의 날의 전조였다. 아마 내일일지도 모른다. 그러니 모두 준비하는 것이 현명할 것이다. 그리스도를 따르라. 다시 말해, 당신 자신과 그리스도를 동일시하라. 그러면 당신은 그가 그랬던 것처럼 죽음에서 일어날 것이고, 이 땅에서 삶을 살기 위해 무한한 미래까지 기다릴 필요도 없다. 시간적인 요소를 이런 식으로 다시 평가함으로써, 바울은 언제 올지 모를 미래로 끌리던 힘을 거꾸로 돌려놓는 데 성공했다. 이제 그 힘은 사람들의 뒤에서 현재 속에서 사람들을 미는 힘으로 작용할 수 있었다. 이 힘은 하나의 기동력이 되어 사람들이 고대의 붕괴에서도 살아남도록 했을 뿐만 아니라 새로운 서구 문명을 창조할 수 있도록 했다.

모든 사람이 현재 속에서 각자의 부활을 개인적으로 경험할 수 있도록 만들면서, 바울은 보통 사람들이 자신의 특별한 경험에 동참하는 것에 대해 영적 의미를 부여했다. 그리하여 예외적인 유형, 즉 자신의 개인적 개종을 통해 "거듭나고", 따라서 새로운 자아를 획득하게 된 일탈자는 평균적인 사람의 원형, 사실 인류의 원형이 되었다. 바울은 그리스도, 즉 부활한 예수를 믿을 수 있는 사람은 누구나 부활할 것이라고, 말하자면 자신이 얻은 것과 같은 새로운 삶을, 새로운 자아를 갖게 될 것이라고 가르쳤다. 육체를 통한 부활이라는 유대교의 개념뿐만 아니라 환생이라는 동양적 개념까지 버리면서, 바울은 그런 전통적 개념들을 모든 종류의 불멸 이데올로기 그 너머로까지 끌고 갔다. 바울의 불멸 이데올로기는 성격의 창조로 성취되는, 새로운 종류의 살아 있는 불멸이었다.

따라서 우리는 바울이 전파한 기독교에서 해묵은 계승 문제를 완전히 새롭게 해석하는 것을 확인하고 있다. 계승 문제는 본질적으로 시간의 문제이며 그러한 것으로서 세계적인 사도인 바울에 의해 풀렸다. 원시인에게서 확인되는 불멸의 영적인 개념에서 본다면, 우리는 기독교에서 특권을 누리는 개인이나 집단뿐만 아니라 모든 개인을 위해 영적 의미를 부여한 계승의 개념을 만난다. 로마 제국이 현실로 구현하는 데 실패한, 진정으로 민주적인 이데올로기이다.

내면 속의 계승

계승의 문제를 이런 식으로 완전히 다시 평가하는 행위 자체는 무엇인가가 발달할 씨앗을 뿌리는 결과를 낳는다. 이 씨앗이 우리가 성격이라고 부르는 것을 낳았다. 자신의 동료 신자들을 "법"으로부터 해방시키려고 노력한 한 유대교 종파의 신자였던 예수는 자신을 자기 민족의 가부장적 이데올로기로부터 해방시키는 데에만 성공했지만, 바울은 부활에 대한 영적 해석을 통해서 개인들이 자신의 현재 자아 안에서 계승을 이룰 수 있도록 했다고 해도 무방할 것이다. 예수가 자신의 반항을 통해서 성취한 것이 영적 의미가 부여된 부권으로 나타난 어떤 이데올로기를 계승한 것이었다면, 예수의 진정한 후계자인 바울은 자신의 역동적인 치료를 통해서 자아(Selfhood)를 창조해냈다.

정말로, 예수의 설교는 기존의 유대법과 로마법을 벗어난 것이었다. 예수가 처음에 아버지를 부정하고 그 다음에는, 내가 이해한 바로는, 모든 사람이 로마법이 선언한 것처럼 "아버지"만 되는 것이 아니라 "왕"이 될 수도 있다고 선언했다는 점에서 보면 그렇다. 그것은 그가 선언하고 고무한 자신만의 현실적인 왕권이 아니라, 인류들을 위한 보편적인 왕권이었다. 말하자면 모든 사람이 불멸의 권리를 똑같이 누린다는 뜻이었다. 소유물을 갖지 못한 사람과 노예조차도 불멸의 권리를 똑같이 갖는다는 뜻이었다. 이런 의미에서, 나는 "누구도 나의 목숨을 빼앗지 못하니라. 내가 스스로 버리노라."고 한 예수의 말에 비춰 그의 자발적 죽음을 이해한다. 이것은 하느님 아버지에 대한 반란을 위한 희생도 아니고 죗값도 아니며, 스스로 자신의 삶과 죽음의 주인이라고 느끼며 원할 때에만 아버지를 선택할 자유를 누리는 그런 해방된 개인의 한 표현이다. 사실 예수는 사도들 앞이 아니고는 하느님에 대해 아버지라는 식으로 좀처럼 말하지 않았으며 베드로가 가이사랴 빌립보에서 고백한 뒤에 사도들에게만 그런 식으로 표현했다는 점을 영국 성직자 맨슨 박사는 상기시킨다.

바울은 예수의 십자가 처형과 부활을 바탕으로, 원시인이 주술적으로 상징했고 또 그리스 문화의 절정기에 위대한 철학자와 예술가, 과학자들의 사제 관계에서 표현된 영적 계승이라는 사상을 완전히 복구했다. 그러나 바울은 이 같은 그리스적인 개념을 인간관계 그 너머로까지 확장했다. 바울이 각 개인이 자신만의 새로운 성격을 발달시킴으로써 자기 자신의 계승자가 되도록 고무했다는 점에서 보면 그렇다. 따라서 '더블'의 삶이 내세에서 현재로 이동했고, 이 이동을 통해서 개인은 자신의 '더블'의 삶을 자신의 생애에 성취하고 있었다. 예수의 부활에 참여함으로써, 사람들은 사후에 부활하는 대신에 생전에 실제로 '거듭'났다. 자기계승이라는 이 철학에서 나는 우리의 심리학적 성격 개념의 기본적인 요소를 본다. 고대 그리스인들은 이 계승의 문제를 스승과 제자의 관계에서 지적으로 처리했고, 고대 로마인들은 그것을 시민의 부권으로 법률화했고, 기독교는 그것을 영적으로 다듬어 불멸이라는 원래 주술적인 개념을 개인들에게 돌려주었다. 예수가 누가 진짜 계승자가 될 것인가 하는 공동체의 문제에 여전히 갇혀 있던 동안에, 바울은 "그리스도 안에 사는 삶"을 통해서 자기계승을 할 수 있는 개인의 권리를 확립했다.

비록 기독교의 결혼제도, 즉 다른 인종 간의 결혼제도가 유대인들의 엄격한 민족적 법전과 로마법의 정치적 차별과 구별되는 것으로서 기독교 유형의 사람에게 계승의 문제를 해결해 주었을지라도, 개인 심리학 그 너머까지 파고드는 우리의 연구에는 계승이라는 개념이 가장 중요한 요소이다. 그 이유는 계승 안에서 개인의 문제가 공동체의 문제를 만나기 때문이다. 원래 자신의 더블을 통해서 존속하는 것에 대한 개인의 관심을 의미하는 계승은 어떤 개인의 특별한 자질을 다른 사람, 즉 그의 계승자를 통해 간직하려는 욕구와 필요성 때문에 공동체의 문제가 되었다. 이럴 경우에 계승자는 그 계승을 통해서 전임자만큼 "성공"하게 될 것이다. 그리스의 사제 관계에서 영적 동일성의 주술적인 차원으로 승화된 그런 주술적 계승이 자칭 '세계 사도'와 그의 스승 예수의 관계의 바탕에 자리 잡고 있다. 역사적으로 말하면, 기독교 기원의 문제는 이 질문에 있다. 예수와 그리스도의 관계는 무엇인가? 다시 표현하면 이렇게 된다. 유대인 설교자 예수는 어떻게 새로운 교리의 창설자인 그리스도가 되었는가? 이에 대한 대답은 '바울을 통해서'이다. 자신의 환상을 근거로 스스로를 그리스도에게 선택된 존재로 여기는 바울을 통해서 예수가 그리스도가 되었다는 뜻이다. 바울은 자신을 그리스도와 동일시하고 있다. 이 동일시는 진정한 동일성을 의미하며, 따라서 바울이 예수가 살았을 법한 삶을 산다는 점에서 보면 창조적 계승이 된다. 원시적 믿음의 주술적 '더블'과 그리스 문명의 지적인 사제 관계를 두루 포용하는 그런 영적 쌍둥이 관계는 또한 로마법에 요약된 합법적인 계승을 능가한다. 아버지가 없는 예수는 자유롭게 선택한 아버지를 사랑하고 그 아버지로부터 사랑을 받는 모든 아들은 본래 한 사람의 메시아라고 가르친다.

따라서 인류 역사에서, 우리는 계승이라는 결정적인 문제에 대한 해결책을 3가지 볼 수 있게 되었다. 이 계승의 문제는 불멸에 대한 개인의 욕망에서 비롯되어 뒤에는 최적의 존재의 자질들을 간직한다는 공동체의 문제로 발달한다. 주술적, 지적, 생물학적인 이 해결책들은 각각 3가지 유형의 문명, 말하자면 '더블' 안에서 주술적 계승을 이루는 원시 문명, 제자의 내면에서 지적 계승을 이루는 고대 그리스 문명, 아들에서 합법화된 생물학적 계승을 이루는 로마 문명에 해당한다. 이 모든 개념들을 결합하면서, 기독교는 생불학적으로 아무런 관계가 없는 아버지를 아들의 미래를 대표하는 것으로 인식하면서 그 개념들을 넘어선다. 기독교에서는 "선택된 아버지"가 앞에 소개한 그 관계들을 대체한다. 따라서 환생과 부활의 고대 개념들은 자기계승의 성격 유형으로 결합된다. 이리하여 성격의 "심리학적" 개념의 원형이 창조되었다. 이런 측면에서 보면, 모든 심리학은 그 바탕을 보면 집단 심리학이며 그런 것으로서 개인을 넘어서고 있다. 그러나 심리학은 또 다른 깊은 의미에서도 개인을 "넘어서고" 있다. 개인의 성격 유형이 언제나 이런저런 길로 평균에서 벗어난 두드러진 인물에서 비롯되는 것 같다는 점에서 하는 말이다. 이런 측면에서 본다면, 평균의 모델이 되고 있는 원형은 언제나 이 유형에 따라 처신하는 보통 사람의 심리를 벗어나 있다.

한편 모든 집단 심리학은 사람들에게 "영감"의 자아로 받아들여지는 탁월한 개인을 중심으로 형성된다. 따라서 어떤 한 시기나 시대의 성격 유형은 지도자의 탁월한 유형과 주술적 혹은 영적 참여를 통해서 이 이상을 닮으려고 노력하는 평균적인 사람들 사이 그 어딘가에서 다듬어진다. 그렇기 때문에 우리는 이 이상으로부터 창조되는 것으로서의 집단 심리학과 이 이상이 평균적인 사람에게 적용된 것으로서의 집단 심리학을 구분해야 한다. 우리는 기독교 유형의 인간의 창조와 전파에서 이 두 가지 과정이 전개되고 있는 것을 확인할 수 있다. 기본적으로 시대를 초월하는 이 유형은 당연히 그 시대의 지배적인 이데올로기의 영향을 받으면서 당시 사회를 지배하는 기준에 따라 성격을 창조해낸다.

따라서 서구 세계 안에서 이뤄지는 성격 유형의 형성과 재형성에는 3가지 원칙이 동시에 작용하게 된다. 아주 흔한 영감 유형은 온갖 종류의 영향에 쉽게 휘둘리는데, 종교적, 정치적 혹은 경제적 기원의 사회적 및 영적 위기가 일어나는 동안에 이 유형을 바탕으로 새로운 성격 유형들이 창조된다. 일시적 가치와 영구적 가치 사이의 갈등으로 어느 시대에나 표출되고 있는 그런 위기들은 강력한 지도자를 요구하고 또 그런 지도자의 출현을 용이하게 한다. 이 지도자는 자기 앞에 예전의 활동가들이 했던 것과 비슷한 어떤 임무가 놓여 있다는 사실을 깨달으면서 자신의 목표를 세우고 리더십의 영웅적 전통에 따라 자신의 성격을 다듬는다. 이리하여 그는 지도자는 새로운 질서의 창조를 촉진하고 그 질서 안에서 지도자의 원형에 따라 스스로를 다듬는 새로운 유형의 인간을 만들어낸다.

집단 운동의 영향으로 인해 성격 유형에 정기적으로 나타나는 변화와 별도로, 그 같은 강력한 사회적 영향들과 완전히 무관하게 보다 깊은 곳에서 이뤄지는 성격 발달도 있다. 인간에겐 자신의 진정한 자아의 계승자로서 각자의 개인적 성격을 지키고 싶어 하는 욕구가 있다는 뜻이다. 다소 소모적인 첫 번째 변화는 집단과 계급의 차이에 대한 자각에 의해 촉진되고 그 차이를 확인함으로써 성취되는 반면, 자신의 진정한 자아를 발달시키는 두 번째 과정은 사랑에 의해 촉진되고 사랑을 통해 성취된다. 바울이 소위 말하는 "사랑의 송가"에서 표현했듯이, 이 사랑의 원칙은 지금까지 논한 그 어떤 사랑의 개념과도 다르다. 이 사랑의 원칙이야말로 사람은 믿음을 통해 감동을 받지 통찰을 통해 감동을 받는 것이 아니라는, 바울의 신비한 신조에 언급된 기독교의 영감 심리학의 진정한 한 특징이다.

따라서 성격의 개념과 다양한 문명의 서로 다른 성격 유형은 최종적으로 보면 일탈자에게서 나오고, 이 일탈자는 각자의 시대와 문화에 내려오는 영웅적 전통에 따라 자신의 두드러진 성격을 형성한다. 앞에서 이미 본 바와 같이, 이 같은 전통 자체는 개인의 일상적 삶을 조직해야 할 필요성에서 비롯되었나. 그런 한편, 원시 시대와 고대에는 영웅은 다른 사람들과 다른 아주 출중한 존재로서 문화의 요소들을 혼자서 창조했으며, 훗날에는 왕권과 결혼제도의 민주화가 이뤄짐에 따라 보통 사람도 문명의 발달에 능동적으로 참여하게 되었다. 그렇다면 개인의 삶을 특출한 성격의 영웅에 맞추려는 노력은 의식적인 행사를 통해서 시작된다. 이런 행사가 벌어지는 동안에 개인은 일시적으로 자신의 사회적 자아 그 너머까지 고양된다. 그러나 기독교의 등장으로 인해 이 고양의 경험이 영구화되기에 이르렀다. 말하자면 한 가지 심리적 유형의 성격으로 정착되었다는 뜻이다. 예언자들의 말이 그리스도에서 육신이 되었다는 '복음서'의 내용으로 확인되듯이, 전통에 따라 성격을 본받음으로써 성격을 창조하던 전체 과정이 의식(意識)적인 것이 되었다. 그리스도의 삶이 바울에게서 계속되었듯이, 그리스도의 말씀은 바울에게서 육신이 되었고 이 사도를 통해서 인류의 육신이 되었다.

그럼에도 영웅과 종교적 지도자는 성격을 스스로 창조할 수 있지만, 평균적인 사람은 영웅의 전통에 맞춰 자신의 심리적 수단 그 이상으로 살고 있기 때문에 그처럼 "고양된" 자아를 다양한 기둥으로 떠받칠 필요가 있다. 원래 이 뒷받침은 집단 구성원들이 특출한 인물(영웅, 신성한 왕, 성 직자)이 행하는 부활의 주술적 의식에 참여하는 것으로 성취되었다. 그런 경험은 우리의 심리적 "동일시"보다 훨씬 더 깊은 곳에 뿌리를 내리고 있 었다. 여기서 말하는 심리적 동일시는 현대인의 대리적인 삶의 유형과는 매우 다른 어떤 통합적인 공동체의 경험을 개인적으로 희미하게 반향하 는 것에 지나지 않는다. 그러나 그런 참여가 어떤 정서적 차원에서 이뤄 지는지를 불문하고, 그 참여는 주술적 의식의 발의뿐만 아니라 그 의식의 지속적 실행을 위해서도 반드시 다른 사람을 필요로 한다. 부활의 주술적 의식은 개인이 완전히 독립적인 존재가 되도록 해주려고 노력한다. 그럼 에도 그런 의식은 그 같은 목표를 성취하는 데 반드시 실패하게 되어 있 다. 성격이란 것이 뒷받침과 정당화의 필요성을 끊임없이 느끼게 되기 때 문이다. 우리의 성격 유형이 개인적인 성향을 강하게 보일수록, 그 성격의 지탱을 위해서는 보완적인 성격 유형을 가진 다른 사람이 더 절실하게 필 요해질 것이다. 한편 원시적인 유형은 집단 구성원으로 느끼는 것이나 개 인으로 느끼는 것이나 거의 비슷하기 때문에 혼자서도 훨씬 더 강하게 서 있을 수 있다. 원시적인 유형은 심지어 성적인 관계에도 관여하지 않게 된다. 그에게 있어서 섹스는 단지 죽을 운명을 타고난 자아의 한 기능일 뿐이기 때문이다.

우리가 바울의 신학을 통해서 알게 된 그런 사랑은 원시인들에게는 알 려져 있지 않았고 또 고대 세계에는 존재하지도 않았다. (마다가스카르 섬의) 가장 원시적인 부족들 사이에는 조상들을 화나게 만들지도 모른 다는 두려움이 사회적으로 용인된 행동을 하게 하는 주요한 자극이었다. '구약 성경'을 보면, 보상과 처벌의 도덕규범이 널리 퍼져 있다. 여호와는 처벌로 협박하면서 정당하게 행동할 것을 요구한다. 예언가들은 먼저 사랑에 대해, 당신을 선하게 만드는 하느님에 대한 사랑에 대해 말했다. 기독교 신은 당신이 선하든 선하지 않든 불문하고 당신을 사랑하게 되어 있었다. 잘 알려진 바와 같이, 이것은 이상적인 원칙이다. 그러나 이 원칙은 곧 옛날의 유대교 교리를 좋아하던 교회의 아버지들에 의해 폐기되었다. 그럼에도 선하고자 하는 욕망은 진정한 기독교 유형에게 스며들었다. 이 기독교 유형은 결국엔 그 욕망을 종교적 및 도덕적 의미 그 이상으로 성격 발달의 영역으로까지 확장시켰다. 숭고한 불멸을 얻으려는 노력으로 자신의 성격을 창조함으로써, 개인은 동시에 자신의 진정한 개인적 자아에 의존해야 했다. 따라서 기독교의 사랑 개념을 받아들임으로써 자신의 불멸의 자아를 구원하면서, 개인은 자신의 진정한 자아가 "차용한" 지도자의 자아를 바탕으로 살지 않아도 되게 만들었다.

개인의 자아는 부족이나 민족의 집단적 불멸성을 보장하는 군중 심리에 일치하라는 유혹으로부터 거듭해서 스스로를 구해야 했다. 더블을 통한 주술적 자기 영속성을 통해서든, 법제화한 부권의 사회적 조건에서든, 아니면 초인적인 영웅의 패턴을 본뜬 성격의 창조를 통해서든, 이 덧없는 세상에서 살고 있는 자연적인 자아와 다른 세계에서 다소 분명하지 않은 미래에 살고 있는 성격 자아(personality-self) 사이엔 언제나 중첩되는 부분이 있게 마련이다.

성격 형성을 통해 영적 자기계승을 추구하는 사람은 자신에게 자연적인 자아를 물려준 부모를 부정하고 독립을 위해 영웅의 패턴을 따른다. 그렇게 함으로써 이 사람은 이런저런 식으로 영적 위기를 맞게 된다. 거듭난 유형의 경험과 비교할 만한 위기이다. 달리 말하면, 기독교 시대의 평균적인 사람은 자신이 거듭나는 경험을 할 수 있는지 여부를 떠나서 거듭나는 사람의 성격을 본받게 되어 있다는 뜻이다. 평균적인 사람은 거듭난 경험을 하지 않고도 이런 식으로 거듭난 유형의 심리를 배울 수 있다. 그래도 그 사람이 갖는 것은 "초인"의 진짜 해방 경험의 효과적인 상징인 세례이다. 세례의 종교적 의미는 원죄로부터의 해방임과 동시에 평균적인 사람의 두 번째 출생을 상징한다. 한 예로 아이는 교회의 영적 개념을 통해서 자신의 시대에 그리스도의 부활에 참여하게 된다. 그리하여 기독교 유형의 성격은 자신의 삶을 두 번째 단계의 경험으로부터 시작한다. 그러면서 자신의 생물학적 과거뿐만 아니라 그리스도를 경험하기 이전의 모든 역사를, 다시 말해 심리학적으로 표현하자면 주술적 자아와 영웅적 자아, 사회화된 자아를 자신의 뒤에 남겨 놓게 된다. 이 모든 것들이 기독교 유형의 영적 자아에서 통합되는 것을 우리는 확인할 수 있었다.

훗날의 모든 집단 운동들과 성격 유형들의 바탕이 된 이 원형은 현대 심리학의 "적응 가능한" 유형에 오늘날까지도 이어지고 있는 어떤 유연성에 있다. 이 원형이 어느 일탈자의 개인적 경험에서 비롯되었듯이, 현재의 심리학은 일탈 유형, 즉 신경증에서 비롯되었다. 그렇다고 우리의 신경증 유형의 심리학이 과거에 역사를 만들었던 모든 일탈자들에게 소급해서 적용될 수 있다는 뜻은 아니다. 자기희생적인 태도를 가진 예수는 "피학적 경향"이 있었다. 바울은 간질 발작에도 불구하고 간단히 신경증 환자였다. 두 인물은 낡은 가치들을 파괴함으로써 새로운 생명력을 해방시킨, 대단히 창조적인 인물인 것 같다.

모든 사람들에겐 일치하고, 향상하고, 발달하고 싶은 순수한 욕구, 한마디로 말해 선하고 싶은 욕구가 있다. 변화하고 성취를 통해 사랑받고 싶어 하는 이런 고유한 욕망은 개인의 성격에 좋고 나쁜 특질들을 낳는다. 사람은 기질에 따라서 창조적 유형처럼 자신의 일을 통해서 스스로를 불멸화하려고 노력하든가, 아니면 신경증 환자처럼 자연스런 생명의 과정으로부터 스스로를 차단함으로써 자신의 육체적 자아를 간직하려고 노력한다. 그러나 그들 모두, 심지어 현대의 평균적인 개인조차도 집단으로부터 개별적 독립을 누리는 데 대해 치러야 하는 대가는 관계라고 부르는 또 다른 종류의 '개인적' 의존이다. 역설적이게도, 개인주의적인 성격은 겉으로 보이는 것처럼 고독을 추구하는 것이 아니라 관계의 발달을 추구하는 경향을 보인다. 그러나 그처럼 매우 개인주의적인 관계는 그 정서적 구성과 영적 평가에서 주술적인 더블이나 원시인의 쌍둥이의 관계를 닮았다. 이런 점에서 보면, 결혼의 의미는 자기 영속성을 약속하는 주술적 행사로부터, 그리고 가족의 아이들을 통해 생물학적 영속성을 보장하는 법적 합의로부터 매우 개인주의적인 관계의 상징으로 바뀌었다. 이런 개인주의적인 관계는 쉽게 실패하게 되어 있다. 왜냐하면 한쪽 파트너가 상대방의 '또 다른 나'의 역할을 제대로 해내지 못하기 때문이다.

여기서 우리는 타인에게 호감을 사거나 미움을 받는 것의 정서적 의미에서 원래 불멸의 자격이 있는지 여부를 말해주는 것으로 여겨졌던 그 케케묵은 선악의 문제를 만난다. 이런 차원의 개인주의적인 관계에서 성격은 우리의 "신"으로 떠받들어지고 있는 그 타인을 기쁘게 해 줄 필요성에 따라 다듬어지고 형성된다. 자연적 자아와 사회적 자아는 완벽을 위해 인위적으로 노력하지만 불가피하게 다시 원래의 모습으로 돌아오게 되어 있는데, 자연적 자아와 사회적 자아에 나타나는 모든 뒤틀림은 선(善)을 향한 영적 욕구를 실현하려는 이런 시도들의 결과이다. 이런 쓸모없는 시도들에 따른 투쟁과 갈등은 본인이 기꺼이 달라지려 하든 아니면 상대방을 변화시켜 우리가 원하는 사람으로 바꿔놓으려 하든 의지로는 절대로 해결되지 않는다. 현대인이 느끼고 있는 모든 죄의식은 다른 사람을 그런 식으로 이용, 아니 악용하지 못한 데에 따른 것이기보다는 보다 깊은 의미에서 보면 자아에 반하는 의지를 품고 그 뜻을 문명 혹은 공동체의 영역 안에서 성취하려 한 데 따른 것이다.

신경증 유형과 범죄자 유형은 단지 성격 발달의 현대적 바탕인 개인적 인간관계에 나타난 그런 실패를 보여주는 두드러진 예에 지나지 않는다. 원시인이 기존 질서의 공식적 부활을 통해서 견제하고 제한했던 개인의 권력과 그 위험에 대한 두려움은 그 이후로 인간이 자신의 비합리성으로부터 스스로를 보호하기 위해 만들어낸 온갖 억제와 금기를 통해 해소되고 있다. 성격 발달에서 우리는 역사의 "변증법적" 과정에서 작동하고 있는 것과 똑같은 역동적인 사이클을 탐지할 수 있다. 우리는 무질서와 계급 조직, 부르주아 계급이 환경에 대한 개인의 반응을 결정하는 충동적 성격 유형과 신경증적 성격 유형, 창조적 성격 유형과 비슷하다는 것을 확인한다. 그러나 이때 이 개인의 환경은 더 이상 자연스런 환경이 아니고 당시를 지배하는, 인간이 만든 사회적 질서에 따른 것이다.

사회적 위기가 닥친 시기에, 선(善)을 바탕으로 한 불멸성에 대한 이 같은 욕구는 개인에게서 전반적인 사회 질서로 옮겨간다. 기독교 운동이 그런 예이며, 우리 시대에 이 땅 위에 천국을 건설하기 위해 나오는 사회 개혁 운동도 마찬가지이다. 기독교 시대에는 그 당시에 형성되고 있던 역사적 현실이 아주 막강한 신화적 전통과 충돌을 일으킨 반면에, 지금은 그와 반대로 영감 유형의 사람이 가진 전통적인 이데올로기가 그 사람이 다루지 못하는 경제적 및 정치적 현실과 충돌을 빚고 있다. 프랑스 혁명과 그 여파, 미국 민주주의의 등장은 개인의 평등이라는 기독교 원칙을 정치적 현실주의의 영역까지 확장하려 한 최초의 사회운동들이었다.

그 근본적인 이데올로기가 초기 기독교를 아주 많이 닮은 공산주의는 그 방향으로의 또 한 걸음을 의미하는 것 같지만, 파시즘은 민족적 우수성이라는 원칙에 상징적으로 표현되고 있듯이 이와 정반대인 차이의 원칙을 대표하고 있다. 그러나 이런 민족주의 운동들은 유럽 국가들이 로마의 굴레에서 벗어나기 위해 벌인 투쟁에 있어서 새로운 것은 아니다. 미래의 역사학자에겐, 나치가 게르만의 한 민족인 튜턴족의 야외극을 선전하고 있는 것이 루터(Martin Luther)의 프로테스탄트가 독립적인 독일 종교를 확립하기 위해 싸운 논리적인 결론으로 여겨질 것이다.

여기서 한 번 더 우리는 평균적인 개인의 심리는 특출한 인물을 본떠 형성될 뿐만 아니라 역사도 크게 보면 신화적 전통에 따라서 만들어지며 이 신화적 전통은 어떤 식으로든 기존의 삶의 현실과 충돌하게 되어 있다는 것을 확인한다. 이런 측면에서 본다면, 역사는 실제로 신화적인 재료로 만들어지고 이 신화적 재료는 뒷날 "비역사적인" 것으로 분리될 것이다. 우리가 알고 있는 많은 것들에도 불구하고, 영웅은 역사적이지 않을 수 있다. 그러나 역사적으로 말하면, 영웅은 역사보다 더 현실적이다. 왜냐하면 영웅이 신화적 전통에 따라서 역사를 만들고 다듬어 나가기 때문이다. 실제로 보면 그 영웅을 영웅으로 만드는 것은 바로 그런 능력이다. 따라서 우리는 역사 발달의 패턴들이 성격 유형의 패턴만큼이나 자주 "차용되고" 있는 것을 본다. 예를 들어, 우리는 1789년의 프랑스 혁명의 추진력은 1788년의 영국에서 왔다는 것을 알고 있다. 미국 혁명이 프랑스 혁명과 크게 다른 결과를 낳았음에도 불구하고 프랑스 혁명의 자극을 받은 것과 똑같다. 이 세계적 혁명은 프랑스에서 살벌하게 진행된 반면에, 그 혁명을 영국은 경제적으로 저지하고 독일은 이데올로기적으로 적용했다. 미국이라는 처녀지에서 이 혁명은 정치적으로 새로운 종류의 민주주의로 승화될 수 있었으며, 이로써 유럽 대륙의 이민자들이 진정한 미국인이 되었다.

그럼에도 혁명들은 전염성이 있을 뿐만 아니라, 다른 사회운동들에서도 확인되듯이, 외국으로부터 전파되어 올 때에는 편리한 구실과 정당화의 역할도 하는 것 같다. 영국에서 "프랑스 질병"이라 불리고, 프랑스에서 "스페인의 저주"라고 불린 매독과 크게 다르지 않다. 스페인 사람들은 매독이 콜럼부스의 일행을 통해서 미국에서 들어왔다고 주장했다. 이렇듯 사회적 악과 격변도 곧잘 외국에서 들어온 것으로 여겨진다. 어쨌든, 우리는 세상을 바꾼 역사적 인물들의 보편적인 운명이 기독교에서 요약되고 있는 것을 확인한다. 새로운 성격 유형은 현실의 삶에서 그것을 실제로 창조해내는 사람에 의해서만 아니라 그런 타인의 생생한 경험을 적용하는 사람에 의해서도 촉진되는 것 같다. 비록 실제로 그 성격을 사는 사람이 새로운 성격 유형의 창조에 필요한 원형을 제시할지라도, 평균을 측정하는 기준이 될 이데올로기를 제시하기 위해선 언제나 신학자든 정치학자든 철학자든 심리학자든 이론가가 필요하다. 그렇기 때문에 예수 그리스도가 아니라 바울이, 로베스피에르(Maximilien Robespierre)가 아니라 루소(Jean-Jacques Rousseau)와 독일의 칸트(Immanuel Kant)가 자연발생적으로 일어난 어떤 새로운 성격 유형의 이론적 틀을 제공했다. 우리 시대에도 신경증 유형과 그 유형의 해석자인 프로이트에게 그대로 통하는 말이다. 프로이트는 신경증 증후들을 정상적인 행동의 과장으로 설명할 수 있다고 생각했지만, 실제로 보면 현재 "신경증" 증세를 보이고 있는 것은 오히려 문명화된 사람들의 심리이다. 문명화된 현대인들의 심리가 비이성적인 힘들이 그 힘들을 누르려 드는 압제자인 이성에 맞서 싸우는 전투 때문에 뒤틀리게 되었다는 뜻이다.

이런 모순적인 사실들에 비춰 보면, 다양한 문명에서 표출되는, 성격들과 이데올로기, 전통들의 충돌이 오히려 진정한 문화의 창조와 새로운 성격 유형의 창조에 필요한 바로 그 생명의 불꽃이 아닌가 하는 궁금증

이 생길 것이다. 어쨌든, 마지막 장에서 심도 있게 논의할 문화들의 확산
은 평균적인 개인이 특출한 인물의 심리를 흡수하는 능력을 대규모로 보
여주는 것 같다. 대체로 보면 문화들의 확산은 이방인에 의해 소개될 뿐
만 아니라 전형적으로 외국 문명에 의해 차용되며, 따라서 어딘가에서 문
명을 전하는 구원자로 온 그 영웅은 신화적 전통을 문화적으로 수행한다.
왜냐하면 "차용한" 성격을 그런 식으로 흡수하는 것이 그 개인으로 하여
금 자기 자신의 진정한 자아를 구할 수 있게 할 것처럼 보이기 때문이다.
외국 문명에서 차용한 요소들이 진짜 순수한 문화의 발달에 필요한 비료
를 제공하는 것과 똑같은 이치이다.

5장

두 종류의 사랑

보다 큰 질서를 추구하려는 이데올로기적 및 집단적 동기가 심리학을 넘어서 개인의 행동과 성격 형성을 어떤 식으로 결정하는지를 보여주려고 노력하는 과정에, 우리는 마침내 그 같은 노력에 제한을 가하는 것처럼 보이는 지점에 도달했다. 사랑보다 더 개인적이고 개인주의적인 것이 있을까? 그런데도 사변적인 철학과, 종교 교리나 도덕적 기준을 결정한 강력한 이데올로기들은 우리에게 끊임없이 사랑을 제시해왔다. 다양한 철학과 이데올로기들은 사랑의 다양한 개념뿐만 아니라 우리가 사랑하고 사랑을 받는 실질적 방법에 대해서도 많은 이야기를 들려주었다. 사랑에 관한 진술은 아무리 낯설어도 바람직한 것처럼 보인다. 철학들과 이데올로기들이 종교들처럼 단순히 기존의 현상을 설명하거나 해석하는 데서 그치지 않고 새로운 현상을 창조하고 그 결과 새로운 사건들을 일으킬 새로운 유형의 성격까지 창조한다는 사실을 깨닫기만 하면, 그 철학과 이데올로기들은 심지어 용인할 수 있는 것처럼 보인다.

어쨌든, 사랑은 암묵적으로 받아들여지고 있는 것과 달리 인류만큼 역사가 깊지는 않다. 사랑의 개념은 원시인들 사이에는 전혀 존재하지 않았으며, 고도로 문명화된 고대 민족들 사이에도 거의 존재하지 않았다. 하느님과 부모와 이웃에 대한 사랑이 당연한 명령으로 언급되는 구약 성경과 플라톤의 철학을 제외한다면, 기독교 시대 이전에는 사랑의 진정한 개념은 어디에도 존재하지 않았다. 최초의 사랑 이데올로기는 플라톤에게서 단지 위대한 도덕주의자인 이 철학자가 퇴폐적인 자신의 시대에 대해 감상적으로 반성하는 형식으로 나타나고 있다. 스웨덴 신학자 니그렌(Anders Nygren)에 따르면, 플라톤의 에로스 개념은 원래 생명력 넘쳤던 에로스가 힘을 잃고 있다는 징후를 보여주고 있다. 오늘날 우리가 "플라토닉 러브"라는 관념과 동시에 떠올리는, 경시하듯 한 암시에서도 이 같은 관점이 나타나고 있다.

에로스와 아가페

그럼에도 개념적으로 본다면, 플라톤의 에로스 철학은 3가지 다른 의미를 암시한다. 욕망하는 사랑, 다시 말해 우리가 "리비도"라고 부를 수 있는 사랑이 있고, 자기중심적인 사랑, 즉 우리가 자기도취적인 자기사랑이라 부를 수 있는 사랑이 있고, 세 번째이자 마지막으로 신성하고 숭고한 사랑(예를 들면, 지혜에 대한 사랑), 즉 일반적으로 "플라토닉" 러브로 여겨지는 사랑이 있다. 세 번째 사랑을 "플라토닉" 러브라고 부르는 것은 꽤 적절하다. 왜냐하면 그것이 에로스의 발달과 관련해서 오직 한쪽 방향, 즉 아래에서 위로 올라가는 방향만을 인정한 플라톤에게 가장 특징적인 사랑이기 때문이다. 플라톤이 쇠락하고 있던 그리스 문명에 던진 메시지는 사람은 오직 에로스를 통해서만 감각의 세계에서 관념의 세계로 나아갈 수 있다는 것이었다. 관념이 에로스의 생명력에 의해 역동적인 이데올로기로 바뀌지 않는다면, 관념 자체는 무력하다는 점을 암시하고 있다.

그러나 바울이 예수의 가르침과 경험에 영감을 받아 "사랑의 법칙"을 하나의 능동적인 생명력으로 공언한 기독교 시대가 열릴 때까지, 사랑의 이데올로기는 확고히 정착하지 못했다. 새로운 기독교적 사랑, 즉 아가페는 에로스와 반대인 것으로 인식되지 않고 완전히 다른 종류로 인식되었다. 아가페는 승화된 에로스 혹은 "플라토닉" 러브가 아니었으며, 완전히 새로운 삶의 태도였다. 이 태도가 현실 속에서 실천되면서 새로운 유형의 인간을 창조해냈다. 고대 세계가 새로운 사랑의 개념이 등장함에 따라 붕괴하게 되었느냐, 아니면 정신적으로는 그리스인들을 파고들고 육체적으로는 로마인들을 파고든 에로스의 확장이 고대의 붕괴와 사랑의 시대의 탄생을 낳았느냐 하는 문제를 놓고 논란이 뜨겁다. 어쨌든 현실에서 일어난 일은 고대 세계의 특징이었던 강력한 확장과 지배의 충동이 사랑 받고 싶은 욕구에 나타나는 양보와 포기의 욕망으로 대체되다가 최종적으로 보완되었다는 것이다. 양보에 대한 욕망은 패배주의자의 태도도 아니었고 부정적인 포기도 아니었다. 그것은 사랑에 자발적으로 굴복하는 것이었다. 말하자면 밖으로 향하는 감정을 자기중심적이고 고집스런 에로스와 반대 방향으로 풀어놓는 것이었다.

아주 깊이 있는 책에서, 니그렌은 기독교 초기에는 하느님과의 연대감이 3가지 다른 길로 인식되었다는 점을 보여주고 있다. 유대교와 헬레니즘, 기독교가 그 길들이다. 이 길들은 각각 인간이 법(노모스)을 충실히 지키고, 인간이 천상의 가치들(플라토닉 에로스)을 갈망하고, 하느님이 죄인을 사랑하는 것(아가페)을 골자로 하고 있다. 니그렌은 또한 아가페 모티프는 법과 리비도의 강력한 충동에 맞서 스스로를 지킬 수 있어야 한

196

다는 점을 보여주었다. 바로 이것이 니그렌의 주된 관심사이다. 사도교부(使徒教父)들이 아가페 모티프를 법의 손아귀로부터 구해내는 데 실패한 다음에, 에로스 모티프가 영지주의(靈智主義: Gnosticism)에서 기독교를 홍수처럼 압도하는 가운데 어떤 타협이 이뤄졌다. 이 타협에 따라, 에로스의 영향력이 시간이 지날수록 더욱 커지게 되었다.

아가페 원칙이 존속을 위해 벌인 이 투쟁에서, 권력 이데올로기들이 전반적으로 승리를 거두었을 뿐만 아니라 아가페를 다소 고의적으로 잘못 설명하거나 해석함에 따라 일대 혼란이 일어났다. 현대에 들어서조차도, 니체는 기독교의 사랑 이데올로기를 퇴폐적이고, 허약하고, 비굴하다고 조롱했으며, 프로이트는 그것을 "여성적이고" 자기학대적이며 한마디로 신경증적이라고 잘못 해석했다. 그 이유는 니체뿐만 아니라 프로이트까지도 개인을 치료하는 하나의 수단으로 의지가 실린 고대의 에로스를 복구하는 것에만 관심을 두고 있었기 때문이다. 유대인은 자신의 신으로부터 처벌을 받지 않기 위해선 사랑해야 한다는 명령을 받고 있었던 반면, 기독교의 사랑 개념은 사랑을 받음으로써 선한 존재가 된다는 인식에 바탕을 두고 있다. 유대인의 경우에는 두려움에서 신을 존경한다고 볼 수 있다. 그러나 기독교의 사랑 개념은 사람이 아니라 신으로부터 사랑을 받는다는 것을 의미하는 것으로 여겨지고 있다. 처음부터 우리 시대까지 현실주의적으로 해석되어 온, 말하자면 잘못 해석되어 온 탓이다. 신에 대해 논할 때, 우리는 종교적 개념을 심리학적으로 해석해서는 안 된다. 왜냐하면 신이 역사의 어느 시점부터는 개인에게 그야말로 "신"의 의미밖에 지니지 않게 되었기 때문이다. 그럼에도 우리는 이 기독교 사랑은 '자기'를 정당화하는 순수하게 내면적인 경험이라고 말할 수 있다. 왜냐하면 신의 사랑을 받는 것은 신에 대한 사랑으로 나타나면서 오직 자기수용의 바탕

위에서만 경험될 수 있기 때문이다.

고대의 사랑 철학과 기독교 시대의 사랑 철학 사이의 차이는 강제적인 독점과 양보의 차이로 설명될 수 있다. 따라서 유대교의 신은 처벌과 복수의 신인 반면에 기독교의 신은 사랑과 용서의 신이었다. 한마디로 말해, 증오의 종교가 사랑의 종교로 바뀌었고, 이 사랑의 종교는 개인이 고집스레 원하는 태도를 버리고 원함의 대상이 되고 싶은 욕망, 즉 사랑받고 싶은 욕망을 품도록 만들었다. 이 점에서 본다면, 사람의 성격은 고집스런 유형에서 사랑스런 유형으로 바뀌었다. 심리학적으로 말하면, 원하던 의지가 원함의 대상이 되고 싶은(사랑을 받고 싶은) 의지로 바뀌었다.

이 같은 태도 변화는 인간 삶의 가장 근본적인 문제인 선과 악의 개념에도 반영되고 있다. 유대교의 교리는 정직에 의존했다. 만약 당신이 신의 명령을 따른다면, 즉 당신의 신의 법을 존경한다면, 당신은 선하다. 기독교 신앙은 신에게 사랑 받는 것을 중요하게 여겼다. 신의 사랑은 곧 당신을 선하게 만든다.

한편 문제 중의 문제인 악의 기원은 객관적으로(즉 신 안에서) 해결될 수 없으며, 오직 인간 존재의 내면에서만 해결될 수 있었다. 이 문제에 대한 최초의 심리학적 해결책은 "jeçer", 즉 원래의 인간의 심리학을 뜻하는 유대교 교리에서 발견된다. 이 유대교 교리는 우리의 태도가 우리 안의 무엇인가를 "나쁘게" 만든다고 정하고 있다. 이 "jeçer"는 프로이트의 "리비도" 개념과 비슷하다. 이 두 가지 개념이 매우 비슷하기 때문에 영국 신학자 윌리엄스(Norman Powell Williams)는 자신의 뱀프턴 강좌에서 이 두 개념을 비교해야 한다고 느꼈다. 윌리엄스는 유대교의 원죄 원칙을 히브리 사람들의 "jeçer" 개념을 빌려 설명함으로써 그 같은 비교를 끌어냈다. 이 악의 정신은 가슴에, 즉 가장 깊은 자아 속에 자리 잡고 있으며, 그

본질은 모호하며, 그 기원은 유전이 아니고 개인적이라는 것이다. 기원이 개인적이라는 것은 곧 사람마다 신에 의해 심어진다는 뜻이다.

그러나 죄스러운 욕망에 관한 이 최초의 심리학은 유대인들의 오랜 성찰 끝에 나온 것처럼 보이고, 어찌 보면 유대인들의 역사의 피할 수 없는 결과로도 보인다. 근동의 위대한 종교 체계들과 달리, 타락(그리고 원죄)에 대한 유대교 교리는 악을 일시적이고 피할 수 있는 것으로 인식하고 있으며, 인간의 본성에 고유한 이중성으로 보지 않는다. 유대인의 이런 독특한 인식은 그들이 유배 생활 중에 겪은 특별한 경험의 결과인 것 같다. 그들로서는 당연히 유배의 고통을 일시적이고 피할 수 있는 것으로 인식할 수밖에 없었다. 자신들의 역사의 비극적 운명을 정당화할 뿐만 아니라 거기에 의미까지 부여하기 위해서, 유대인들은 자신들이 그 모든 악을 참아내야 하는 것은 신의 법을 준수하지 않은 자신들의 잘못(죄) 때문이라고 단정해야 했다. 동시에 유대인들은 신이 자신들에게 고통을 겪게 함으로써 역사에 특별한 임무를 맡겼다고 믿어야 했다.

유대인의 독특한 심리에 대한 이런 식의 설명은 학자들의 연구 결과에 의해 뒷받침되고 있다. 학자들의 연구는 바빌론 유수 이전에는 원죄의 개념이 전혀 없었으며 인간 타락의 이야기('창세기' 3장)도 유수 중에 자신들의 삶에 대한 반성으로만 이해될 수 있다는 점을 보여주고 있다. 에덴동산 이야기도 원죄 개념을 전혀 드러내지 않는다. 그러다 바빌론 유수를 경험하면서 변화가 일어났다. 유대인들에게 바빌론 유수는 자신들의 죄에 대한 처벌로 받아들여졌다. 최초로 기록된 죄의 행위는 천사들(하느님의 아들들)과 인간 여자의 성행위이다('창세기' 6장). 이 이야기가 유랑 중인 유대인들이 이방인 여자들과 함께 저지른 죄를 들려주고 있는지 여부와 관계없이, 어쨌든 원죄 사상은 바빌론 유수 이후에 점점 더 커졌다

('시편' 참고). 그러나 이것이 노아의 홍수 이후의 죄를 설명하는 것이 아니기 때문에, 이것은 인간 타락의 교리로 대체되었다고 할 수 있다. 말하자면 분명히 바빌론 유수 이후의 산물인 원죄 사상이 거꾸로 태초로까지 끌어 당겨진 것이다.

이 이론은 유대인들이 비극적인 바빌론 유수를 경험한 결과 자기비난과 자책의 태도를 갖게 되었으며 그 같은 태도는 심지어 바빌론 유수에서 해방된 뒤에도 디아스포라(분산)를 통해서 인류의 보편적인 심리의 일부가 되었다는 점을 분명히 보여주고 있다. 나머지 인류가 유대인이 겪은 고난을 겪지 않았으면서도 유대인이라는 한 예외적인 민족의 독특한 심리를 자신의 심리로 받아들인다고 해도 전혀 놀랄 일은 아니다. 역사를 보면 그런 식으로 한 종류의 심리가 완전히 다른 유형에게 흡수되는 예들이 많다. 여기서는 세계의 나머지가 유대인의 독특한 심리를 채택함에 따라 유대인이 우리가 믿는 것보다 훨씬 더 깊은 의미에서 희생양이 되었다는 점을 지적하는 것으로도 충분할 것이다. 이 점에서 보면, 기독교는 나머지 세상이 완전히 다른 유형의 도덕으로부터 스스로를 해방시키기 위해 주도한 영적인 혁명처럼 보인다.

기독교 시대 초기에 죄에 관한 이론이 두 가지 있었다. 학정의 멍에로부터 벗어나기 위해 메시아의 도래를 기다리고 있던 하층민들의 묵시록적인 글에 나타나는, 도덕적 타락과 원래의 악이라는 개념이 있었는가 하면, 학식이 있는 랍비들이 제시한, 개인의 내면에 악의 충동이 있다는 이론이 있었던 것이다. 기독교는 이 두 가지 이론을, 말하자면 인간을 불가피한 죄의 저주로부터 해방시키려 했지만 성공을 거두지 못하고 있던 이론들을 결합시켰다. 그런 한편 유대인들은 예루살렘 함락(A.D. 70)과 바르 코크바(Bar Kochba)의 반란이 진압된 후에 묵시록적 이데올로기를 포기했다. 왜냐하면 이 사건들을 통해서 보다 밝은 미래에 대한 유대인의 희망이 거의 완전히 사라져버렸기 때문이다.

그 사이에 기독교 운동으로부터, 사악한 의지에 바탕을 둔 것이 아니라 다른 사람의 원함을 받기 위해(사랑을 받기 위해) 선하고자 하는 욕망에 바탕을 둔 사랑의 이데올로기를 통해서 새로운 희망이 생겨났다. 이것은 새로운 복음이었다. 신의 사랑을 받는 인간은 나쁜 것이 아니라 선하다는 것이었다. 인간은 이 세상의 악에 대한 책임을 모두 짊어질 필요가 없으며 하느님의 사랑을 받을 수 있는 쪽으로 처신하기만 하면 되었다. 유대인들은 세상의 악을 자신의 책임으로 받아들였다. 왜냐하면 그렇게 하면 하나의 전체로서 민족이 죄의식을 느낄 것이기 때문이다. 유대인의 죄는 집단적인 죄였으며, 따라서 죄의식도 집단적인 죄의식이었다. 이것은 최후의 심판의 날에 다른 민족들 중에서 전체 유대인이 하나의 민족으로서 부활할 것이라는 메시아의 구원에 잘 표현되어 있다. 어떤 한 민족의 예외적인 경험에 따른 이 같은 집단 심리는 인류의 각 개인의 일반적인 심리의 바탕이 되었다. 기독교는 타락 전설의 원래의 의미로 되돌아감으로써 집단 심리주의의 악순환의 고리를 끊으려고 노력했다. 타락 전설은 인간은 천성적으로 선하며 그 길을 벗어날 경우에도 정직함으로써 다시 선의 길로 돌아갈 수 있다는 것을 암시한다. 이리하여 원래의 타락 전설은 기독교 교리의 일부가 된 한편, 개인의 사악한 의지가 죄의 "원인"이라고 주장하는 심리학적 설명은 유대교의 전통으로 남게 되었다. 그러나 남자의 심리학에서 보편적으로 받아들여진 것은 후자였다.

이 교리들은 인간의 본성에 있는 두 가지 이중적인 원칙들을 대표한다. 한 원칙은 원래 악으로 인식되는 의지이고, 다른 한 원칙은 선과 악의 도덕적 원칙이다. 선과 악의 도덕적 원칙에 대한 해답은 기본적으로 사랑을 대하는 개인의 태도에 달려 있다. 윤리에 나타나는 이 같은 이중성의 문제는 인류 역사 만큼이나 오래 되었고, 루터의 '미해결의 의지 문제'(unresolved will-puzzle)와 칸트의 '정언 명령'(categorical imperative)에 이르기까지 신학적 및 철학적 논란이 끊임없이 이어져 왔음에도 불구하고 지금도 여전히 풀리지 않은 채 남아 있다. 왜냐하면 의무를 수행하는 것으로서의 도덕과 선을 추구하는 것으로서의 도덕이 합리성의 일원론적 바탕에서는 절대로 양립할 수 없는 탓에 모든 사람의 일상의 행동에 선과 악의 문제가 반드시 따르게 되어 있기 때문이다. 우리가 아는 한, 기독교는 인간에 대한 신의 보답적인 사랑을 통해서 조화로운 어떤 원칙을 만들어내려고 노력해 어느 정도 성공을 거둔 유일한 예이다. 악의 문제와 의지의 자유에 대한 최종적인 해결책은 아닐지라도, "신은 곧 사랑"이라는 기독교의 가르침은 적어도 인간 행위의 새로운 바탕을 확립했다.

그것은 절대로 종국적인 해결책이 아니다. 왜냐하면 인간을 향한 신의 사랑, 즉 "아가페"는 사랑을 받겠다는 인간의 의지를 전제로 할 뿐만 아니라 신에 대한 인간의 호혜적 사랑, 즉 신앙을 암시하기 때문이다. 아가페의 성취를 가로막는 것은 개인의 주관적 경험 안에서 강력한 충동인 의지가 언제나 나쁘거나 악한 것으로 여겨진다는 사실이다. 강력한 충동이 악하게 느껴지는 이유는 그것이 다른 사람들을 해롭게 할 수 있을 뿐만 아니라 본인의 자아까지도 위험하게 만들 수 있기 때문이다. 따라서 개인의 내면에 있는 죄와 죄의식의 개념은 그 사람의 의식과 자아의식과 밀접한 관계가 있다. 그러나 또 다시 유대인의 경우에 죄의 개념은 죽음을 받아들이지 않는 것보다는 그들의 운명, 즉 생명을 받아들이지 않는 것과 관계가 더 깊었다. 따라서 유대인의 심리는 염세적이고 생명에 적대적인 반면, 기독교는 모든 개인에게 보다 나은 삶을, 정말 선한 삶을 살 기회를 약속했다.

기독교의 진정한 민주주의 이데올로기는 바로 여기에 뿌리를 내리고 있다. 기독교는 모든 사람에게 신 앞에서의 평등을, 말하자면 자신의 자아 안에서의 평등을 약속하고 있는 것이다. 반면에 우리의 정치적 민주주의 는 그럴 듯하게 들릴지는 몰라도 언제나 이 땅 위의 천국이라는 결코 닿을 수 없는 이상으로 남아 있다. 정말 흥미롭게도, 이 점에서 본다면 초기의 기독교가 그 이후 사회적 계획의 시대보다 훨씬 더 현실적이었다. 인간은 근본적으로 나쁘지 않다고 선언함으로써, 기독교 교리는 그와 동시에 좋지 않은 일들은 변화시켜야 한다고 주장했다. 유대인은 자신의 신이 요구한 이상을 충족시키지 못한 자신을 끊임없이 탓해야 했던 반면, 바울을 지도자로 둔 초기의 기독교인들은 질서의 변화의 필요성을 예리하게 자각하고 있었다.

그러나 고대 세계의 붕괴를 야기한 이 질서의 변화는 먼저 사랑이라는 새로운 사상을 통해서 인간의 유형이 변화함에 따라 이뤄질 수 있었다. 신에게 사랑을 받는 것으로 순수하게 이해됨과 동시에 사람은 자신을 기본적으로 선한 존재로 받아들여야 한다는 의미로 받아들여졌던 새로운 이데올로기는 세월이 흐름에 따라 잘못 이해되고, 잘못 해석되고, 심지어 악용되게 되었다. 그러다 급기야 우리 시대에 와서는 이 이데올로기가 고의로 거기에 맞서거나 지나치게 "자학적으로" 굴복하려 드는 신경증 유형에서 방해 받거나 왜곡되기에 이르렀다.

그러나 사랑을 받고 싶어 하는, 인간 존재의 이 순수한 욕구는 이런저런 방식으로 성격 유형들의 형성에 영향을 가장 강하게 미치는 요소가 되었다. 악의 저주가 선한 존재라는 의미인, 사랑을 받는 것으로 극복되었던 한편, 인간화된 이 사랑 이데올로기의 문제는 사랑을 받지 않는 개인을 나쁜 존재로 여기게 만든다는 점이다. 한마디로 말해, 성격의 도덕적 완전성이 다른 사람의 사랑에 지나치게 의존하게 됨에 따라, 개인은 의도적으로 사랑 이데올로기를 부정하든가 아니면 신처럼 구는 어떤 사람의 변덕에 복종해야 했다.

영적인 사랑의 원칙을 이처럼 인간화하는 작업은 낭만적인 시기로 알려진 시대에 이르러 절정에 달했다. 이 낭만적인 시기는 낭만주의라 불린 이데올로기를 무기로 현대의 인간관계에 뚜렷한 각인을 남겼다. 18세기를 풍미한 이 사랑의 철학은 르네상스 때에 이미 준비되어 있었다. 르네상스는 하나의 문화 운동으로서 새로운 사랑의 개념을 발달시켰는데, 이 사랑의 개념은 중세의 것과 아주 다르고 독창적이었다.

고대인들은 사랑을 하나의 쾌락으로 받아들이고 또 그것을 통해서 인간의 아름다움을 단순히 자연의 아름다움의 한 측면으로 받아들였던 반면에, 중세에는 사랑이 죄가 되었고 또 여자들의 아름다움은 남자들로부터 유혹이라고 멸시를 받았다. 중세의 남자는 여자를 쾌락의 수단으로 보지 않고 파멸의 원인으로 보았다. 그러나 르네상스 동안에 여성의 아름다움은 강력한 자극으로서 새로운 사랑의 개념과 더불어 철학적 성찰의 대상이 되었고 시적 영감의 원천이 되었다. 르네상스 문화가 대표하는, 전적으로 이교도적이지도 않고 전적으로 기독교적이지도 않은 그런 통합에서, 사랑은 영적일 뿐만 아니라 감각적인 것으로도 여겨졌으며 여자는 남자와 동등한 것으로 여겨졌다. 여자가 남자와 동등하게 고려되었다는 것은 곧 여자가 육체뿐만 아니라 정신의 재능까지도 타고났다는 뜻이었다.

중세의 사상과 반대로, 이제 사랑은 더 이상 미덕에 종속되는 것으로 여겨지지도 않았고 또 아름다움이 위험의 한 원인으로 여겨지지도 않았다. 한마디로 말해, 원죄라는 개념이 원래의 사랑이라는 개념으로 변화했다.

말하자면 사랑이 선한 존재가 되는 수단이라서 평가를 받은 것이 아니라 그 자체로 선한 것이기 때문에 평가를 받게 되었다는 뜻이다. 이는 곧 사랑은 즐거운 것일 뿐만 아니라 아름다운 것이기도 하다는 뜻이다. 다시 말해, 사랑이 자연의 일부로 받아들여지게 된 것이다.

사디즘과 마조히즘

독일에서 번창했던 낭만적인 시대에는, 이 같은 자유로운 사랑의 철학은 받아들여질 수 없었다. 독일에서 평가받고 따라서 사랑받은 것은 아름다운 여인이 아니었다. 하나의 집단 혹은 계급으로서 여자가 이상화되었던 것이다. 그 시대를 이끈 지식인들은 프랑스 혁명의 여파로 근본적인 자아까지 흔들린 가운데 충분히 발달한 여성성에서 진정한 자아가 정서적으로 완벽하게 표현되는 것을 보았다. 민간 전통과 민속, 민속 예술을 찬미하는 집단주의적인 이데올로기에서, 여자는 말하자면 민족의 지속성을 잇는 존재로 집단화되었다. 사랑에 관한 논의는 순수한 아름다움을 더 이상 거론하지 않게 되었으며 대신에 "아름다운 영혼"이라 불리는 추상적인 개념을 바탕으로 이뤄지게 되었다. 이 사상이 플라톤의 "향연"에서 물려받은 것임에도 불구하고, 낭만주의 시대를 산 시인들의 실제 애정생활은 절대로 "플라토닉"하지 않았다. 실제로, "아름다운 영혼"이라는 낭만적인 개념을 제시한 독일 시인 빌란트(Christoph Martin Wieland)는 포르노그래피를 방불케 하는 공상에 몰입했다. 한편 그의 영국인 선배격인 철학자 셰프츠베리(Shaftsbury)와 소설가 리처드슨(Samuel Richardson)은 "아름다운 영혼"에 도덕적 의미를 부여했다.

이처럼 여성을 이상화한 현상에서, 우리는 중세에 교회가 여성을 도덕적으로 교화하려 한 데 대한 반동을 확인할 수 있다. 중세의 교회는 마법에 사로잡혀서 여자를 도덕의 사악한 상징, 즉 섹스와 동일시했다. 낭만주의의 180도 방향 전환을 통해서 남자는 갑자기 여자가 불멸의 영혼의 원칙을 대표하는 역할을 맡도록 했다. 그때까지 남자가 맡았던 역할이었다. 원시적인 개념에서 영혼을 간직한 존재라는 이 역할은 종교적으로는 토테미즘의 영혼 믿음을 통해서, 사회적으로는 모권제도를 통해서 여자에게로 주어졌다. 그래도 원시 사회에서는 남자는 자기 영속성의 믿음에서 자신의 개인적 불멸성을 간직할 수 있었지만, 여성이 영혼을 간직하고 있다는 낭만적인 개념에서는 남자는 사실상 자신의 보다 훌륭한 자아를 여자에게 넘겼다. 따라서 여자는 남사의 아름다운 영혼이 되었다. 말하자면 여자는 남자의 개인적인 자아의 무상(無常)과 덧없음과 반대되는 것으로서 남자의 영구하고 불변하고 불멸하는 측면을 의미하게 된 것이다. 우리는 이것이 같은 시대에 박해하는 더블로 나타나는, 사악하고 저주 받은 에고와 갈등을 빚는 것을 보았다.

이리하여 낭만적인 사랑에서 기독교의 사랑 이데올로기는 남녀에게 똑같이 적용되면서 남녀 사이에 구분이 생겨나게 하고 동시에 일대 혼동을 일으켰다. 이 혼동 속에서 우리는 지금도 성 심리학을 정립시키려 노력하고 있다. 중세에는 남자가 여자를 악의 상징으로 만들었지만, 이젠 아름다운 영혼을 상징하게 된 여자는 남자가 자신을 사랑하도록 허용함으로써 남자를 선한 존재로 만드는 것으로 여겨지게 되었다. 여자는 자신에게 적용된 아름다운 영혼이라는 집단 이데올로기를 통해서 "집단적"이게, 다시 말해 난잡하게 되었다. 현대의 성생활에 이혼 열풍을 불러일으킨 것으로 여겨지기도 하는 낭만주의 운동의 지도자들 사이에 그다지 "낭만적"이지 않고 매우 감각적인 관계가 많았다는 사실로도 충분히 확인되는 부분이다. 이 난잡함은 감정 표현의 자유와 맞물려 작용하면서 여자들이 남자처럼 행동하도록 만들었다. 이런 남자 같은 모습은 근본적으로 여자가 남자의 영혼을 간직하고 있는 존재라는 이데올로기에서 비롯되었다.

여자에게 아주 많은 자유가 허용되고 또 남자를 위해 영혼을 구원하는 역할이 주어짐에 따라, 남자는 곧 자신이 여자에게 지나치게 의존하고 있다는 느낌을 받게 되었다. 여자가 남자의 삶만 아니라 내세까지 지배하려 든다는 인상을 주었던 것이다. 이리하여 남자의 눈에 여자가 다시 나쁜 존재로 비치게 되었다. 이 같은 태도 변화는 문학의 주제가 되었으며 "파멸적인 여자"나 "무자비한 미녀" 같은 유형을 낳았다. 우리 시대에 오스카 와일드(Oscar Wilde)와 앙드레 지드(André Gide), 가브리엘레 다눈치오(Gabriele D'Annunzio) 같은 작가의 작품에서도 그런 흔적이 발견된다. 현실에서 일어나는 유형의 창조에 영향을 미칠 수 있는 문학 작품 속에서, 여자는 여자답지 않을 뿐만 아니라 남자 같은 태도로 잔인하기까지 한 존재로 묘사된다. 여기서 우리는 처음으로 가학적이고 남자 같은 여자와 피학적이고 여자 같은 남자의 유형을 만난다. 그들은 그 시대에는 사회적으로 용인되고 높이 평가받은 유형이었지만 우리 시대에는 "신경증"으로 진단받는다. 그들의 이상한 행동은 남녀의 근본적인 차이에 대해 처음으로 심리학적으로 고찰하도록 만들었다.

이 차이가 자연의 양성애 성향에 비춰보면 어떠한 명쾌한 구분도 암시하지 않는 것처럼, 관능적 쾌락과 관능적 고통을 명쾌하게 구분하는 선은 절대로 있을 수 없다. 관능적 쾌락과 관능적 고통이 가학-피학성 성욕에서 서로 결합되는 것에서도 둘 사이에 전혀 구분이 없다는 점이 확인된다. 이 성적 용어들이 사실 2명의 노골적인 성도착자에게서 비롯되었지만, 쾌락과 고통 사이의 심리학적 관계는 삶의 원칙 자체의 이중성에 바탕을 둔, 어떤 뿌리 깊은 속박을 표현하고 있다.

섹스는 자연히 개인이 집단적 삶의 원칙에 굴복하는 것으로서 죽음을 암시한다. 그러기에 우리는 낭만적인 사랑에서 바로 이 삶의 원칙이 도덕적으로 고찰되는 것을 본다. 이 원칙을 통해서 남자는 유순해지게 되었고 동시에 치명적이고 잔인한, 한마디로 말해 가학적인 여자의 그림을 창조해냈다. 우리는 같은 시대의 문학 속에서 이 유형 옆에, 이 유형에 대한 반작용으로 악마 같고 끔찍한 유형이 함께 등장하는 것을 본다. 이런 유형은 악명 높은 사드 후작(Marquis de Sade)과 그의 "가학적" 글에 잘 나타나고 있다. 사드의 글은 플로베르(Gustave Flaubert)와 보들레르(Charles Pierre Baudelaire), 스윈번(Algernon Charles Swinburne)에 이르기까지 현대의 많은 작가들에게 영향을 미쳤다.

심리학을 넘어서기 위해선 우리의 성 심리학에 살아 있는 그 유형들이 낭만주의 문학에서 등장한 순서를 깨닫는 것이 특별히 중요하다. 첫째, 무자비한 여자에게 속박당하는 피학적인 남자가 있었다. 이어서 이 같은 자발적 복종으로부터 자신을 해방시키려는 시도로 가학적인 남자가 나왔다. 가학적인 유형, 즉 퇴폐적인 남자의 창조는 또 다른 인공물을 하나 만들어냈다. 피학적인 여자다. 남자가 여자에게 부여했던 남성적인 성격을 빼앗기 시작할 때, 피학적인 여자라는 인공물이 생겨나게 되었다. 여자를 "피학적"인 존재로, 말하자면 남자에게 완전히 복종하는 존재로 만듦으로써, 남자는 여자를 극단적일 만큼 여자다운 모습으로 그려야 했다.

정말로 복종은 여자의 기본적인 자아이다. 그러나 그 복종은 자연에 대한 복종이지 남자에 대한 복종은 아니다. 자연의 생물학적 역할을 전적으로 받아들이는 그런 자연스런 "희생"은 여자가 남자를 위해 인위적으로 "자신을 희생하는" 것과는 다르다. 여자가 남자를 위해 희생하는 것은 진짜 "피학적인" 형태로만 가능하다. 과장된 형태의 아가페로 인식될 수도 있는 이런 희생적인 성향은 여자의 본성에 깊이 뿌리를 내리고 있으며, 우리의 심리학에서 말하는 그런 피학적인 성도착은 아니다. 그런 성향이 개인의 행복 욕구를 충족시키는 한, 우리에겐 그 생생한 의미를 제대로 이해하지 못한다는 이유로 그것을 "신경증"이라거나 "성도착"이라고 부를 권리가 전혀 없다. 기독교 순교자들을 놓고 "피학적"인 유형이라는 식으로 접근해서는, 예를 들어 희생과 자기희생을 최고의 덕으로 꼽은 일본군을 설명하는 그 이상의 설명을 내놓지 못할 것이다. 희생적인 성향을 피학적으로 해석한 데서 나온 프로이트의 "자기처벌" 개념은 고통에서 쾌감을 얻으려는 신경증 환자의 성도착으로 잘못 설명되어 왔다. 고통에서 나오는 쾌감은 개인의 의지가 고통을 누르고 승리한 것으로 해석되어야 한다. 이 단계에 이르면 의지는 다른 것의 영향을 받지 않고 아주 강해진다.

현대 여자의 피학적 복종은 도덕주의적 이데올로기에 비춰볼 경우에 정신분석적 관점에 비춰볼 때에 비해 훨씬 덜 신경증적인 것으로 보인다. 기본적으로, 그런 복종적인 태도는 여성의 생물학적 본질의 근본적인 부분이다. 그러나 남자가 그것을 과장하고 또 그렇게 함으로써 그것을 악용하고 있으며, 이는 남자의 이데올로기가 여자의 "심리"에 미치고 있는 영향력을 잘 보여주고 있다.

물론 적지 않은 여자들이 피학적으로 행동한다. 그런 여자들은 마치 고통에서 쾌감을 끌어내는 것처럼 보인다. 거기에는 두 가지 이유가 있다. 첫째, 여자가 자신이 사랑하는 남자에게 쾌락을 주고자 하는 욕망에서 그렇게 행동할 수 있다. 남자의 에고가 받쳐줘야 할 정도로 약할 때, 여자들이 피학적으로 나올 수 있다. 둘째, 변화하기 위해서, 말하자면 자기 자신의 본성에 복종하기 위해서 그럴 수도 있다. 그런데 이 경향이 남자 중심의 이데올로기들에 의해 왜곡되어 왔다. 소설뿐만 아니라 교과서에도 묘사되고 있는 마조히즘의 고전적 예들은 그 독창적인 유형을 만들어 냈던 낭만주의 문학에 나오는 예와 똑같다. 실제로 보면, 그 여자들은 자신의 삶에서 오직 한 번만, 즉 한 사람과의 관계에서만 "피학적"이었다. 다른 때엔 그들도 꽤 의지가 강하고 저항적일 수 있다. 그들의 "마조히즘"은 자신의 삶에서 한 시기를 상징한다. 그 시기에는 여자가 한 사람에게만 자신을 아주 철저히 복종시키기 때문에, 그 같은 복종은 여자의 의지가 없으면 절대로 불가능하다.

이런 측면에서 본다면, 여자의 "마조히즘"은 자신의 복종을 당연한 것으로 여겨 받아들이는 것이 아니고 의지로 받아들이는 것이 된다. 이 유형의 신경증이 자리 잡고 있는 곳은 바로 자아를 받아들이지 않는 거기에 있지, 마조히즘에 있는 것이 아니다. 마조히즘은 단지 이 유형이 원래 가진 이기적인 본성을 중화시키려는 시도에 지나지 않는다. 피학적인 여자에게 "신경증 환자"라는 딱지를 붙이는 데서 내가 확인할 수 있는 유일한 정당성은 그 유형 자체의 비현실성에 있다.

신경증과 관련한 우리의 용어와 이데올로기는 사실 성격 행동과 패턴의 비현실성에서 비롯되었다. 다시 말하면, 이런 성격 행동과 패턴이 현실성을 상실한 데서 생겨났다는 뜻이다. 예를 들어, 그 유형을 만들어 냈던 낭만주의 시대의 탁월한 여성들은 신경증으로 여겨지지 않고 강한 인물로, 적어도 그 전까지 여성들에게 허용되었던 것보다 훨씬 더 강한 인물로 여겨졌다. 어쨌든 남자가 깜짝 놀라서 가학적인 심리를 갖도록 만들 만큼 강한 인물로 여겨졌다. 지금도 여전히 정신분석가들을 혼란스럽게 만들고 있는, 남자의 사디즘과 마조히즘 이데올로기는 낭만적인 유형의 남자가 지배와 복종 사이에서 느끼는 갈등으로부터 스스로를 해방시키려는 시도에서 비롯되었다. 낭만적인 유형의 남자가 남녀 사이에 에로스와 아가페로 대표되는 두 종류의 사랑을 구분함으로써 발견한 해결책이 성 심리학으로 이어졌다. 그렇다면 성 심리학은 남자가 자신을 정당화하고 케케묵은 편견들을 뒷받침할 필요성에서 만들어졌다고 볼 수 있다.

첫 번째 편견, 즉 성행위는 반드시 즐겁다는 편견은 명백히 자연에 반한다. 동물의 왕국을 보면 성행위는 대체로 고통스런 투쟁이라는 사실이 명백히 드러난다. 동물들에게 있어서 성행위는 가능하다면 피해야 할 투쟁이다. 그래서 인간은 이 투쟁을 받아들이기 위해 성행위를 이상화할 필요가 있었다.

아주 널리 퍼진 이 착각과 밀접히 관계있는 또 다른 가정 하나는 모든 인간 존재가 가능한 한 오래 살기를 원한다는 생각이다. 죽음의 위험을 안거나 심지어 죽음을 추구하는 것이 반드시 비생물학적인 몸짓인 것은 아니다. "자살"이 아닌 방법으로 죽기를 원하는 사람들이 있다. 특히 죽음이 급작스레 고통 없이 닥칠 때, 그 죽음은 도피가 아닌 진정한 해방이 될 수 있다. 그 사람의 삶이 성취되었거나 죽음으로 인해 성취되는 경우엔 특별히 더 그러하다.

마지막 편견은 바로 모든 사람의 행복이 똑같다는 편견이다. 마지막에 제시하는 편견이라고 해서 그 영향이 약하다는 뜻은 절대로 아니다. 이 편견 때문에 우리는 행복관이 우리와 일치하지 않는 사람들을 "신경증" 환자로 여기게 된다. 이 편견 안에 심리학의 중대한 죄가 자리 잡고 있다. 왜냐하면 심리학이 지배적인 어떤 유형에 대한 이성적인 해석을 바탕으로 절대적 기준들을 제시하고 있기 때문이다. 우리는 이 지배적인 유형을 바탕으로 동료 인간들을 판단할 뿐만 아니라 과거의 성격들과 행동들까지 해석하고 있다.

이 부분에서 심리학적 현실과 비현실 사이의 차이를 확인하려면 위대한 성인인 시에나의 카타리나(Catherine of Siena)의 삶을 보기만 하면 된다. 그녀의 놀라운 고행에도 불구하고, 우리는 그녀를 보고 "피학적"이라고 하지 않는다. 또 막강한 교황에 맞서 단호하게 싸움을 벌였음에도, 그녀는 과대망상증 환자로 분류되지 않는다. 최근에 카타리나를 연구한 덴마크 작가 요르겐센(Jens Johannes Jørgensen)에 따르면, 그녀의 엄청난 권위는 완전한 자기 포기에서 나오는 것으로서 자기본위와 정반대이다. 카타리나의 가르침의 핵심은 자신을 절대적으로 버리라는 것이다. 그것은 성 프란치스코(St. Francis)의 가난의 원칙이기도 하다. 여기서 다시 남자와 여자의 본성과 행동이 어떻게 다른지가 나타나고 있다. 심지어 성인의 고결한 덕행에서도 그런 차이가 나타나는 것이다. 카타리나는 여자였기 때문에 자신의 의지와 교회의 의지를 완전히 동일시할 수 있었으며, 그리스도의 신부(新婦)를 상징하는 교회는 신비의 결혼을 통해서 카타리나와 하나가 되었다. 그렇다면 카타리나가 기독교의 양심이 될 수 있었던 것은 그녀가 양심을 열망할 만큼 주제넘게 나섰기 때문이 아니라 신성한 양심이 자신을 통해 작동하는 것을 느낄 수 있을 만큼 자신의 아집을 철저히 버렸기 때문이다.

이 같은 경험들과 과거의 다른 경험들은 영적으로 진정하다는 한 가지 이유만으로도 강력한 현실이 될 수 있었다. 이 인물들은 "신경증" 환자들이 아니고 신경증 외에, 혹은 신경증에도 불구하고 그들을 창조적인 존재로 만드는 다른 무엇인가를 갖고 있었다. 사실을 말하자면, 그들은 자신의 내면에서 우리의 기준으로 보면 신경증적인 것을 실제로 경험했다. 달리 말하면, 중요한 것은 개인이 경험하는 내용물이 아니고 개인이 그것을 어떤 식으로 경험하느냐 하는 것이다. 신경증의 진정한 개념은 경험의 내용물과는 아무런 관계가 없는 태도의 문제이다. 이런 측면에서 본다면, 여자가 "피학적 성향" 때문에 신경증 환자가 되는 것이 아니라 진정으로 복종적이지 않으면서도 자신이 복종적이라고 믿고 싶어 하기 때문에 신경증 환자가 된다.

남자 쪽의 사디즘에 대해서도 똑같이 말할 수 있다. 사디즘은 여자의 지배에 맞서 자신을 강하게 주장하는 것으로 해석될 수 있다. 사디즘의 아버지인 사드를 인간적인 측면에서 연구하면, 사디즘은 특이한 성도착이 아닌 것이 확실해진다. 그것은 성적인 문제조차도 아니다. 실제로 보면 그것은 여자들과 인간에 대한 증오로 인해 뒤틀린 남자의 에고의 문제이다. 시에나의 카타리나가 하느님에 대한 사랑으로 가득했듯, 사드는 세상에 대한 증오로 가득했다. 그러나 두 사람에겐 그 사랑과 증오가 진정한 경험이었다. 사드의 "심리"는 오직 그의 근본적인 증오를 통해서만 이해될 수 있다. 이는 곧 그 바탕에 성적 비정상이 아니라 선과 악의 도덕 문제가 깔려 있다는 의미이다. 사실, 사랑의 문제 자체는 증오의 현상을 고려하지 않고는 제대로 이해되지 않는다. 개인이 실망이나 상처를 느낄 때 사랑이 아주 쉽게 증오로 변한다는 사실은 두 감정 사이의 깊은 관련을 암시한다. 물론 사랑이 그냥 증오로 바뀌는 것은 아니다. 그러나 사랑과 증오는 서로 반대되는 두 가지 생명력의 표현이다. 각각은 통합과 분리를, 즉 유사성과 차이를 추구하려는 경향이다. 이는 고양된 사랑, 그러니까 당사자가 자신의 자아로부터 지나치게 멀어지면서 상대방과 지나치게 동일시하게 되는 그런 강렬한 사랑의 감정 끝에 증오가 드물지 않게 나타나는 이유를 설명해준다.

사랑은 피학적 복종이라는 가장 극단적인 형태로 표현될 때조차도 그것이 "승화"된 섹스가 아니라서 부정적인 의지인 것이 아니라 '자기'보다 더 큰 무엇인가에 복종하길 원하는 의지를 긍정적으로 확인하는 것이라는 점을 깨닫는 것이 중요하다. 의지의 그런 자기복종은 강박적이고 소유욕이 강한 에로스의 심리학과는 완전히 다른 심리학을 이해할 수 있는 길을 열어준다. 원래 이 에로스에서 개인이 태어나게 된다. 이 점에서 본다면, 에로스는 이기적이고 탐욕적으로 작용하는 반면에 아가페는 보편적으로, 즉 자연의 일부로 작용한다. 그러나 에로스와 아가페는 둘 다 자기보존에 유리한 쪽으로 긍정적으로 작용하고 있으며, 단지 그 정도에서만 차이가 있을 뿐이다. 그럼에도 인간의 본성에는 에로스도 아니고 아가페도 아니면서 부정적인 것으로 표현되는 부정적인 의지가 있다. 사랑의 반대인 증오가 바로 그것이다. 이 인간적인 감정은 사랑의 감정에 비해 훨씬 적게 논의되고 있음에도 사람들의 입에 자주 회자되는 사랑의 감정 못지않게 중요하다.

사랑의 이데올로기

이 문제를 역사적으로 살펴보면, 사랑의 이데올로기가 개인이나 집단, 민족 간에 점점 커지는 증오의 조류를 막기 위해 창조된 것이 아닌가 하는 인상을 받게 된다. "네 이웃을 너 자신처럼 사랑하라"는 기독교의 가르침은 무엇보다도 이웃과 반목하지 말라는 뜻이다. 부처는 그것을 이렇게 표현하고 있다. "증오로는 증오를 절대로 종식시키지 못한다. 증오하지 않는 것만이 증오를 종식시킬 수 있을 뿐이다. 이것이 고대의 법이다."

보다 깊은 의미에서 보면, 이런 염원은 자기애, 즉 자기 수용의 바탕 위에서만 성취될 수 있다. 왜냐하면 개인이 자기 자신을 수용할 수 있을 때에만 타인들을 그들의 모습 그대로 받아들이고, 그런 의미에서 그들을 "사랑"할 수 있기 때문이다. 서로의 다름을 증오로 표현하는, 타인을 용인하지 않으려는 태도는 나쁜 존재로 인식됨에 따라 부정되고 있는 자기 자신을 용인하지 못하는 데서 비롯된다. 따라서 자기증오는 타자들이나 세상 전체를 증오하는 바탕이 된다. 왜냐하면 자기증오라는 것은 정말로 참기 어려운 것인데, 타자들과 세상을 나쁜 것으로 만들 경우에는 그것까지도 쉽게 정당화되기 때문이다. 그래서 타자들과 세상이 너무나 쉽게 본인 대신에 증오의 대상이 된다. 그렇다면 염세주의는 증오의 철학으로 불리거나 아니면 니체의 정교한 표현을 빌려 '르상티망'(Ressentiment: 좌절감이나 적대감을 느끼고 있으면서도 그것을 직접적으로 표현하지 못하는 데 따르는, 패배주의적이거나 냉소적인 태도를 일컫는다/옮긴이)이라 불릴 수 있다. 쇼펜하우어(Arthur Schopenhauer) 같은 염세적인 철학자는 삶의 고통에 관한 일반적인 언어로서만 자신을 표현하는 데서 그치지 않는다. 염세주의자는 대체로 여자를 싫어하고, 반(反)페미니스트이고, 본인이 유대인인지 여부와 관계없이 유대인에 반대한다.

유대인의 종교는 기본적으로 염세적인 탓에 증오의 철학이며 또한 반(反)페미니스트이다. 왜냐하면 그 종교가 독일 철학자 테오도르 레싱(Theodore Lessing)이 보여준 바와 같이 유대인의 내면에 깊이 뿌리를 내리고 있는 자기증오에서 나온 것이기 때문이다. 여호와에게 지은 죄에 따른 자기비하로까지 거슬러 올라가는 유대인의 이런 이상한 특징은 반유대적인 태도를 보이는 유대인에게서 가장 분명하게 나타난다. 반유대적인 유대인은 자주 보이는 유형이며, 레싱은 두드러진 예를 제시하고 있다. 바로 여기서 유대교의 삶의 철학과 기독교의 삶의 철학의 근본적인 차이가 잘 드러나고 있다. 유대교의 삶의 철학은 자기증오에 바탕을 두고 있으며, 이 자기증오는 자신들의 신앙을 통해서가 아니라 자기경시를 통한 박해로 이어진다. 반면에 기독교의 삶의 철학은 자기 자신을 근본적으로 선한 존재로 받아들이는 자기사랑에 바탕을 두고 있으며, 이 자기사랑은 사랑의 경험을 중심으로 타인을 용서하는 태도를 낳을 낙관적인 삶의 철학으로 이어진다.

사랑과 증오가 개인의 내면에만 있는 정적인 개념들이 아니고 통합과 분리를 번갈아 낳는 근본적인 생명력으로 작용하는 동적인 요소인 것과 똑같이, 민족들의 삶에도 이 두 가지 힘이 인종적으로나 문화적으로 동일시와 차별화 사이를 오가면서 나타난다. 동화와 이화(異化)의 역사적 과정에서, 유대인은 디아스포라를 겪으면서 이 두 가지 상반된 경향들의 상징이 되었다. 유대인의 과도한 동화는 자신의 인종적 및 종교적 다름을 완고하게 고집하는 경향과 맞물려 작용하면서 민족을 거의 피폐화시키면서도 그와 동시에 민족이 살아남을 수 있는 에너지를 제공했다. 역사적으로 고대의 에로스와 기독교의 아가페로 대표되는 두 종류의 사랑을 버텨내면서, 유대인은 차이와 증오의 종교를 바탕으로 살았다.

현재 우리의 민주주의 국가들에는 기독교의 삶의 철학이 현대의 세속적 종교의 반기독교적인 이데올로기들에 맞서 부활할 것이라는 희망이 있다. 우리가 새로운 기독교 유형의 인간을 형성할 수 있을 것인지 아니면 또 다른 해독제를 발견해야 할 것인지는 진정으로 깊은 어떤 경험을 할 우리의 능력에 달려 있을 것이다. 지금까지 새로운 기독교 질서를 다시 확립하자고 외친 목소리들은 그 점에서 보면 절망의 탄식으로 들린다. 그런 종교적 부흥을 외치는 소수의 지식인들은 정치적 및 경제적 자유를 요구하는 대중의 외침을 침묵시키지 못한다. 기독교 이데올로기는 특히 프로테스탄트가 그것을 민주적으로 적용하는 과정에 대중에게 정치적 및 경제적 자유를 전하는 데 실패했다. 그런 한편, 대중들은 지금도 여전히 선조들의 종교적 전통에 깊이 젖어 있다. 그렇기 때문에 소수의 지식인들이 새로운 용어 몇 가지를 대중의 언어로 소개했다고 해서, 그 지식인들을 포함한 대부분의 사람들이 부정하면서도 여전히 소중히 여기고 있는 깊은 종교적 감정이 바뀌지는 않는다.

죄에다가 죄의 결과로 나타나는 "죄책감"이라는, 오해를 부를 소지가 있는 이름을 붙여도 죄와 관련한 개인의 내면적 경험에는 거의 아무런 변화가 일어나지 않는다. 신경증 유형은 죄의 개념을 믿지 않아도 죄를 의식하는 것만으로도 자신의 종교적 조상만큼이나 큰 고통을 받는다. 이것이 그 사람을 "신경증 환자"로 만드는 바로 그것이다. 그는 죄에 대한 종교적 믿음을 갖고 있지 않으면서도 죄인이라는 느낌을 받는다. 따라서 그에겐 거기에 대한 새로운 합리적 설명이 필요하다.

인본주의적인 기독교에 대한 욕구와 필요성을 느끼는 것과 기독교적인 삶을 영위하는 것은 서로 크게 다른 문제이다. 반(反)민주적인 이데올로기를 가진 전체주의 운동들은 이미 한 가지 중대한 문화적 임무를 성취해냈다. 자만에 빠진 민주주의가 자체 수정으로 눈을 돌리도록 만들고 근본적인 원칙들을 다시 평가하도록 만든 것이다. 독창적인 기독교의 삶의 철학에서 자란 민주주의가 민주주의 정신을 진정으로 표현했던 적은 한 번도 없었다. 그러다 보니 민주주의는 돌연 기본적인 철학이 부족하다는 현실을 절감하지 않을 수 없게 되었다. 종교개혁에서 시작된 우리의 민주주의는 프로테스탄트 "리버럴" 민주주의가 되었다. 말하자면 어떤 영적 이데올로기를 현대 세계에 실용적으로 적용한 것이 우리의 민주주의인 것이다. 따라서 프로테스탄티즘은 사실상 민주주의라는 세속적 종교를 대표한다.

이런 상황은 최근에 프랑스 철학자 자크 마리탱(Jacques Maritain)의 논문 '진정한 인본주의'(True Humanism)에서 아주 인상적으로 논의되었다. 마리탱은 지금까지 상징과 이미지에 지나지 않았던 민주주의를 진정으로 성취하지 않고는 새로운 기독교의 부흥은 절대로 불가능하다고 지적한다. "민주주의라는 단어의 윤리적 및 정서적 가치를 진정으로 성취해 낼 수 있는 길은 오직 미래의 새로운 기독교 안에 있다." 성 토마스 아퀴나스(Thomas Aquinas)의 사상을 잇는 열렬한 가톨릭 교도의 이 같은 희망에 맞서는 것으로, 우리는 이탈리아 평론가 보제스(Giuseppe Antonio Borgese)의 목소리를 듣는다. 보제스는 서구 세계가 3개의 종교로, 즉 가톨릭과 파시즘과 공산주의로 나뉜 것으로 보고 있으며, 또 교회가 민주주의를 구원하거나 구원하기를 원한다는 데 대해 의문을 품고 있다. 왜냐하면 교회와 리버럴리즘이 서로 양립 불가능하고, 교황의 무오류 원칙을 지키고 있는 가톨릭교회의 계급 조직은 프로테스탄트 리버럴리즘보다 독재의 계급 조직에 더 가깝기 때문이다. 게다가 모든 계급 조직에서와 마찬가지로 가톨릭교회에도 가톨릭 신자와 성직자 사이에 심연이 가로놓여 있다. 이 심연은 파시즘이나 공산주의의 지배자들과 그들의 도구가 된 시민들 사이에 놓인 것과 다를 게 별로 없다. 엘리엇(T. S. Eliot)은 1930년 램베스에서 영국 교회 총회가 열린 뒤 그 회의를 이렇게 요약했다. "세계는 지금 이를테면 문명화된 비기독교적 심리를 형성하려는 실험을 하고 있다. 이 실험은 실패할 것이다. 그러나 우리는 그것이 붕괴할 때까지 인내심을 갖고 기다려야 한다."

진정으로 종교적인 이데올로기에 대한 욕구는 단지 세속적 종교들이 민주주의 이데올로기에 미치는 영향을 중화할 필요성에서만 나오는 것이 아니라는 사실을 깨닫는 순간, 현재의 딜레마는 아주 다른 의미를 지니게 된다. 그런 욕구는 인간의 본성에 고유한 것이며, 그 욕구의 성취는 어떠한 종류의 사회생활에나 기본적이다. 이는 내가 1930년에 주장한 바와 같이 이데올로기가 현실을 지배하는 것에서도 확인될 뿐만 아니라 어떠한 정치적 혹은 경제적 이데올로기보다도 더 넓고 더 깊은 종교적 철학에 대한 욕구에 의해서도 뒷받침된다. 어떠한 정부나 국가보다 더 큰 무엇인가를 모색하려는 이 노력은 개인이 자신의 자아와 환경, 초기의 삶의 영역 그 너머로 확장하려는 욕구에 그 기원을 두고 있다. 이 점에서 본다면, 개인은 단순히 생존을 위해 노력하는 것이 아니라 어떤 종류의 "저편"을 추구하고 있다. 여기서 말하는 "저편"은 개인이 자신의 자아를 확장하기 위해 복종할 수 있는 또 다른 사람일 수도 있고, 집단이나 명분, 신앙일 수도 있다. 그런 확장은 개인이 복종하는 것처럼 보일 때조차도 의지가 실려 있는 에로스에서 나오는 에고의 단순한 고양과는 명백히 다르다.

"차용한" 힘을 먹고 자라는 에로스의 권력 이데올로기와 대조적으로, 아가페의 사랑 이데올로기는 개인의 내면에 이처럼 보다 큰 다른 세계를 창조해낸다. 에로스를 추구하는 유형도 새롭고 중요한 것들을 만들어낼 것이다. 그러나 그 중요한 것들은 언제나 그의 '자기'보다 더 큰 것으로 드러나고, 따라서 그는 불만족스런 상태로 남게 되어 더욱 많은 것을 탐욕스럽게 추구하게 된다. 이와 반대로, 아가페의 사랑을 바탕으로 한 확장에서 나오는 창의성은 언제나 개인적인 성취보다 더 큰 것으로 남는다. 한마디로 말해, 진정으로 창조적인 유형은 자신의 임무 혹은 성취보다 더 크며, 현실의 세계가 아닌 창조의 영적 세계에서만 성취를 추구하고 이룰 것이다. 그는 진정으로 영적인 창조의 세계에서 천재적인 결과물을 내놓을 것이며, 그 결과물은 그의 내면적 위대함의 산물일 것이다. 언제나 자기중심적인 모습을 보이는 대중적인 파워 이데올로기에서 보듯, 그런 초인적인 차원은 차용된 힘에서는 나오지 않는다. '자기' 그 너머까지 확장하려는 개인의 욕구는 파괴적인 방식뿐만 아니라 창조적인 방식으로도 충족될 수 있기 때문이다. 말하자면 천국과 지옥은 똑같이 그 너머의 상징인 것이다. 신경증 환자는 자신의 지옥을 구축하면서, 자신의 운명을 믿는 악랄한 범죄자가 느끼는 것과 비슷한 주제넘은 우월감을 느낀다. 창조적 성격이 자신의 임무를 수행할 때 그런 기분을 느끼는 것처럼 말이다.

그러나 자신의 에고를 이런저런 식으로 지탱할 길을 발견하지 못하는 대부분의 사람들은 부모와 자식, 학생과 선생, 우정 혹은 성적 관계 같은 개인적 관계에서 그것을 추구한다. 그러다 보면 현실의 그 어떤 것도 개인의 내면에 있는 확장 욕구의 무게를 견뎌내지 못하는 것이 분명히 확인된다. 그의 도덕적 가치들이 그 확장 욕구와 연결되어 있을 때에 특히 더 분명하게 확인된다. 사람의 영적 욕구와 순수하게 인간적인 욕구 사이에 어떤 구분이 존재하고, 또 두 가지 욕구의 충족 혹은 성취는 서로 다른 영역에서 이뤄져야 한다는 사실을 깨닫는 것이 어려운 것 같다. 대체로 보면, 이 두 가지 측면이 현대의 인간관계에서 절망적으로 혼동되고 있는 것이 확인된다. 현대의 인간관계를 보면 한쪽 당사자는 상대방의 내면에 있는 선과 악에 대해 마치 신처럼 심판하는 입장에 선다. 길게 보면, 그런 공생의 관계는 양 양사자 모두의 사기를 꺾게 된다. 왜냐하면 신의 역할도 노예로 지내는 것만큼이나 견디기 어려운 일이기 때문이다.

여기서 우리는 신의 사랑을 받는다는 신학적 개념이 인간관계에서 어떤 식으로 실종되게 되었는지를 확인할 수 있다. 이 도덕적 원칙이 오직 한 사람만을 사랑하고 한 사람의 사랑만을 받기를 원하는 현대인의 내면에서 대단히 개인화된 섹스 개념과 혼동을 일으키며 사라져 버리는 것이다. 따라서 기독교의 사랑 이데올로기는 우리 시대에 와서 어떤 성 심리학의 용어로 해석되기에 이르렀다. 이 성 심리학은 플라톤의 에로스 철학과 마찬가지로 병적인 문명이 잃어버린 아가페의 원래의 가치를 되살리려는 마지막 시도를 상징한다.

플라톤이 기독교의 사랑 개념이 생기기 전에 약해져가던 에로스의 힘을 되살리려고 노력했던 것과 똑같이, 우리 시대에는 프로이트가 섹스 중인 개인을 위해 잃어버린 에로스를 되찾아주려고 노력했다. 그러나 인간은 생물학적인 존재이기보다는 신학적인 존재이기 때문에 그야말로 순수하게 자연적인 차원에서는 절대로 살지 않는다. 따라서 개인의 의지를 치료적으로 해방하는 것으로 칭송 받았던 성적 표현이 그것을 치료의 한 요소로 찬양했던 똑같은 심리학에 의해 터부시되어야 했다. 프로이트 심리학에서 거론되지 않은 사랑의 도덕적 원칙은 현대인의 도덕의 상징인 섹스와 혼동되었다. 이 점에서 본다면, 사랑은 사람을 아가페적인 의미에서 선한 존재로 만드는 데 쓰이지 않고 대신에 섹스를 용인 가능한 것으로, 말하자면 선한 것으로 만드는 데 이용되었다.

섹스를 통해서 죽음에 대한 신경증적 두려움을 극복하려는 시도는 어떠한 것이든 성공하지 못한다. 왜냐하면 섹스가 죽음과 죽음에 대한 용인을 암시하기 때문이다. 그런 한편, 아가페는 죽음의 공포를 극복할 수 있다. 왜냐하면 그것이 죽음의 공포를 가장 긍정적으로 표현하고 있기 때문이다. 개인은 사랑의 감정을 일으키면서 에고보다 더 크고 타자, 즉 '너'보다 더 큰 무엇인가에게 자유롭게 복종함으로써 '자기'의 해체를 자발적으로 받아들인다. 개인은 그런 식으로 자연의 '큰 것'에 기꺼이 복종함으로써 죽음을 정복한다.

진정한 선(善)은 오직 자아 안에서만 발견될 수 있다고 한 기독교 신앙이 심리학적으로 '너'에 의해서 선하게 되어야만 하는 '에고'로 잘못 해석되어 왔다. 진정한 기독교 유형이 고무하는 바와 같이, 진정한 자아는 역설적이게도 그 유지를 위해서 어떤 집단 이데올로기를, 즉 신의 사랑을 필요로 한다. 우리가 이 신의 사랑을 개인주의적인 시각에서 선과 악이라는 도덕적 용어로 해석한 것이 오히려 반대로 타자의 내면에서 자아의 상실을 부르는 결과를 낳고 있다. 타자의 내면에서 잃어버린 이 도덕적 자아가 신경증의 가장 근본적인 원인이며, 이 신경증은 프랑스어로 "도덕적인 병"이라는 적절한 용어로 불리고 있다. 그리고 프로이트가 신경증을 해석한 것을 보면 섹스는 단순히 도덕주의의 상징으로 묘사되고 있다. 사랑 받으려는 욕구가 개인화될수록, 그 욕구는 신성을 그만큼 더 강하게 띠게 된다. 그러면 어떠한 인간 관계도 그 신성을 견뎌내지 못한다. 왜냐하면 그런 개인은 종교적 경험에서처럼 사랑을 받는 것에 의해 선을 성취하는 것이 아니라 사랑을 받는 것을 통해서 끊임없이 신해질 수 있기를 바라기 때문이다.

개인화된 사랑과 개인의 도덕성이 이처럼 혼동되면서 두 영역 모두에서 실패가 일어나고 있으며, 이 실패는 당사자에게 심각한 절망감을 안겨준다. 이 절망감은 심리학적으로 "열등감"이라 불리는데, 열등감이라는 표현은 평등을 추구하는 민주주의의 어휘에서 차용한 것이다. 현실적으로 보면, 이 열등감은 그 사람의 성격이 진정한 내면적 가치들을 결여하고 있다는 점을 암시한다. 그러면 그 사람은 자신의 부적절함을 비난하면서 그 가치들을 타인의 내면에서 발견해야 한다. 인간 본질에 기본인 이런 내면적 가치들을 상실하는 것이 간혹 전염병처럼 번지기도 한다. 이는 도덕적 자아가 자연적 자아의 근본적인 부분을 이루고 있기 때문에 일어나는 현상이다. 이 자연적 자아를 우리는 "원시적"이라고 부르는데, 정신분석 이론에 따르면, 이는 도덕적 자아가 본능적 자아를 사회적으로 억압한 결과 창조된 문명의 산물이라는 점을 암시한다.

1905년에 발표한 예술가에 관한 첫 번째 책에서, 나는 신경증적 유형을 창조성의 좌절로 인해 고통 받는 것으로 깊이 이해함으로써 이 같은 프로이트의 개념에 반대했다. 나는 개인의 내면에서 자아를 억제하는 어떤 본능이 자기보존과 자기표현의 다른 본능들만큼 활력적으로 작동하고 있다는 주장을 폈다. 그 이후로 나는 좌절한 유형들을 치료한 경험을 통해서 이 같은 관점을 재확인할 수 있었을 뿐만 아니라 종교적 경험에 대한 이해에서 그 철학적 바탕까지 발견할 수 있었다. 실제로 현대의 일부 과학자들은 "종교적 본능"에 대해 말하기를 주저하지 않는다. 예를 들면, 러시아 태생의 스위스 생물학자 폰 모나코프(Constantin von Monakov)는 최근 종교적 본능을 가장 중요하고 근본적인 충동 중 하나로 인정했다. 달리 말하면, 개인은 내면으로부터 그런 도덕적 가치들을 순수하게 만들어내고 있으며 그런 가치들을 사회적 환경에 의해 자신의 의지에 반하게 강제로 받아들이고 있는 것이 아니다. 무엇보다도 종교는 도덕적 가치들을 주입한다는 비난을 들을 필요가 없다. 왜냐하면 인간의 본성에 고유한 도덕적 자아가 그런 근본적인 내면적 가치들을 공통적으로 체계화한 것으로서 종교를 만들어냈기 때문이다. 한 사람의 종교 지도자의 업적으로 돌려지는 그런 체계화와 형식화는 단지 그런 근본적인 인간적 가치들에 법으로서의 현실적인 형식을 부여하는 것에 지나지 않는다. 이 과정은 개인들에 따라 다 다른 양심의 수준을 일상의 삶에 적용할 수 있는 집단적 기준으로 평준화하는 효과를 발휘한다. 따라서 그 법은 세속적 형식으로 어떤 인간적 절대를 표현하고 있는데 이 인간적 절대가 바로 도덕적 자아이다. 그 법 안에 영적 자아의 세속적인 모습이 어떠해야 하는지가 잘 정리되어 있다. 따라서 선하다는 것은 당신 자신보다 더 낫거나 더 크다는 것을 의미한다. 한마디로 말해, 불멸성을 의미한다.

이 같은 의미에서 본다면, 인간은 근본적인 도덕률을 자유롭게 받아들임으로써 그것을 지속적으로 재창조하고 있다고 말할 수 있다. 사람들이 이 능력, 다시 말해 순수한 도덕적 자아를 상실할 때, 그들은 그것을 강제적인 사회적 법률로 대체해야 한다. 그리하여 또 다른 인위적인 원칙이 처음에는 도덕적 자아, 즉 양심을 바탕으로 작동하기 시작하다가, 훗날에는 양심 대신에 작동하게 된다. 이는 외국의 법 아래에서 망명 생활을 한 유대인들이 자유를 찾는 노력에 돌입하기 전에 자신들만의 성문화된 도덕적 가치들을 가져야만 했던 이유를 설명해준다.

인간의 본성

그러나 인간의 본성은 유대교의 교리가 보는 것만큼 나쁘지도 않고 기독교의 사랑 이데올로기가 믿고 싶어 하는 것만큼 좋지도 않다. 오직 집단적인 형제애를 통해서만 가까이 다가설 수 있는, 그런 성취 불가능한 목표를 향해 이런 저런 방식으로 노력하면서, 개인은 완벽이라는 이상의 온갖 복잡한 것들에 갇혀 있다. 그런데 이 완벽이라는 이상은 그 사람에게 개인적 향상에 따른 만족이나 진정한 성취를 안겨주지 못하고 오히려 그를 진정한 자아로부터 떼어놓는다. 플로베르의 표현을 빌리면, 이 "완벽이라는 질병"은 현대인의 도덕적 악이다. 그것은 개인이 최선을 다하지 못하게 막고 그렇게 함으로써 그 개인이 할 수 있는 것까지 성취하지 못하도록 막을 뿐만 아니라 부적절하고 열등하다는 신경증적 느낌까지, 한마디로 말해 도덕적으로 나쁘다는 느낌까지 일으킨다.

완벽을 향한 비이성적인 추구는 또한 개인의 과도한 양심이 떠안는 병적인 책임감에도 나타난다. 우리 시대의 신경증적 유형에게 고통을 안겨주고 있는 이런 병적인 양심은 자연스런 도덕적 자아의 과도한 성장으로 인해 나타난다. 이런 측면에서 본다면, 현대인의 병적인 양심은 그 성격상 집단적인 도덕적 자아가 개인화된 것처럼 보인다. 프로테스탄트의 자유의지 교리에서 확인하듯이, 그런 개인화된 양심은 최종적으로 보면 개인이 자신의 삶에 대한, 그리고 자신의 죽음에 대한 통제를 추구하려는 또 다른 노력을 상징한다. 자신의 행동에 최종적 심판자가 되고 동시에 "특별히 선한 존재"가 됨으로써 불멸을 확보하는 것이 프로테스탄트 청교도가 품은 완벽한 삶의 모습이다. 불행히도, 완벽의 이런 정적인 개념은 삶 자체를 가로막을 뿐만 아니라 "신경증", 즉 대단히 병적인 형태로 나타난 불완전의 원인이 되기도 한다.

어떤 절대 선을 향한 이런 노력은 적어도 하나의 이상(理想)으로는 이해가 되지만, 어떤 나쁜 패턴에 동조하는 이상한 현상은 우리의 이성적인 마음에 이해가 되지 않는 것 같다. 그럼에도 사악한 영혼에 대한 유대교의 개념이 바로 그런 경우다. 이 개념은 죄의 관점에서 전체 민족에게 이데올로기로 받아들여졌다. 마찬가지로, 우리 시대에도 "도착적인 사랑"이 부적응과 반사회적 및 신경증적 행동의 관점에서 무익한 심리학적 논의의 핵심 주제가 되었다. 사랑 받지 못하는 개인은 자동적으로 이런 저런 나쁜 것으로 눈을 돌리게 되어 있다. 여기서 다시 우리의 성격 심리학의 이중적 역할이 드러나고 있다. 성격 심리학은 인간의 기존 유형을 설명한다고 주장하는 한편으로 평균적인 사람에게 자체의 이데올로기에 충실한 패턴에 동조하라고 요구하고 있는 것이다. 성격 심리학은 그 패턴이 사람을 선하게 만드는가 나쁘게 만드는가 하는 문제에는 신경을 쓰지 않는다. 그 사람을 비슷하게 만들기만 하면 된다는 식이다. 그러나 개인의 입장에서 기존의 집단적인 이데올로기에 그런 식으로 동조하는 것은 자신의 본성 중 좋거나 나쁜 다른 측면을 부정함으로써만 가능하다. 만약 그가 지나치게 선하다면, 말하자면 지나치게 많이 사랑하거나 용서하고 있다면, 악이 이따금 분개나 증오의 발작으로 나타날 것이다. 그러나 만약에 그가 대단히 "나쁘다"는 느낌을 받고 있다면, 그는 거짓 선으로 과잉 보상할 가능성이 있으며 이때 거짓 선을 꾸미는 것은 진짜 악만큼이나 나쁘다.

　도덕적으로 설명한 이 사랑 이데올로기는 남녀에 따라 두 가지 다른 방식으로 나타나며 다양한 형식을 취한다. 남자의 내면에 있는 악은 의지가 실린 에로스에서 나오고 죄의식을 안기는 능동적인 불량일 가능성이 크다. 반면에 여자의 내면에서는 사랑 받지 못한다는 사실에서 일어나는 나쁜 감정은 수치의 형태를 띨 가능성이 크다. 그러나 현대인의 내면에서는 그런 자연스런 반응들이 뒤섞여 나타난다. 그 외의 모든 것들이 여자 같은 남자와 남자 같은 여자가 모순적으로 혼합된 것처럼 보이는 것이나 마찬가지이다. 원래 남녀 성별 차이에 나타났던 유사성과 자아 사이의 충돌은 최종적으로 현대인의 내면에서 자연적 자아와 그가 일치하려고 노력하는 성격 이데올로기 사이의 신경증적 투쟁으로 나타나고 있다.

　한마디로 말해, 현대의 사랑은 더 이상 에로스도 아니고 아가페도 아니며 '프시케'(Psyche)가 되었다. 말하자면, 기본적으로 성적인 문제가 아니라 선과 악의 도덕적 기준으로 경험되는 심리학적인 문제가 되었다는 뜻이다. 우리는 우리의 내면에서 사랑의 두 가지 경향을, 말하자면 남자다운 에로스와 여자다운 아가페를 다 발달시켰으며, 이 경향들이 동시에 표현됨에 따라 인간관계는 서로의 "선"을 먹고 사는 기생충 두 마리의 공생관계가 되어 버렸다. 그런 관계는 '또 다른 나'라는 원시적인 쌍둥이의 개념을 되살리고 있으며, 현대인은 '또 다른 나'를 이성(異性)에서 발견하려고 노력하고 있으며 또 그렇게 함으로써 '또 다른 나'의 자연적 가치를 차이의 상징으로 부정하고 있다. 현대인의 에고는 개인의 불멸성에 대한 욕망을 뒷받침하기 위해 유사성을 원한다. 그런 한편 현대인의 성격은 자신의 자연스런 자아 중에서 거부당한 부분을 보완하기 위해 차이를 필요로 하고 있다.

6장

성적 자아의 창조

개인 심리학과 집단 심리학의 핵심에서 확인되는 바와 같이, 계승이라는 개념은 자연 자체가 명백한 해결책을 제시하는 것 같은데도 개인과 공동체가 복잡한 이데올로기들을 절실히 필요했던 이유가 무엇인가 하는 물음을 제기한다. 이에 대한 대답은 사람이 개인적으로나 사회적으로나 생물학적 계승에 주된 관심을 두고 있지 않다는 그 역설에 있다. 원시인은 우리 현대인의 눈에 개인의 불멸에 강박적으로 매달리고 있는 것처럼 보인다. 그러나 이 강박증은 집단 존속을 위한 씨족 정신에 의해 중화되는데, 이 씨족 정신은 주술적으로 창조되는 리더십을 통해 일어나는 일종의 선택적 불멸을 통해서 탁월한 성격들의 계승을 촉진한다. 그런 집단적 불멸은 어떤 특별한 인간 유형의 지속을 상징하는 국가와 민족의 출현을 예고했다.

그와 동시에 섹스는 개인이 자식을 통해 계승하는 자연스런 수단으로 여겨지지 않고 단지 에고의 쾌락적인 기능으로만 여겨졌다. 전통적인 활동들이 개인에게 필요한 집단 안전을 다 책임지는 원시인의 집단생활에도 아주 작으나마 사회적 자아가 있기 때문에, 오늘날 현대인에게서 확인되듯이, 원시인에게도 전체 성격과 구별되는 성적 자아가 있다. 섹스가 에고의 자연스런 기능에서 성격의 표현으로 다시 평가를 받게 된 배경을 깊이 이해하려 들다 보면, 심리학을 벗어나서 인간의 행동을 결정하는 이데올로기들의 비이성적인 뿌리까지 거슬러 올라가게 된다.

　현대인이 원시인들의 이상한 믿음들에서 미신이 아닌 다른 것을 보기는 대단히 어려운 일일 것이다. 그럼에도 앞에서 살펴본 바와 같이 현대인이 개인의 불멸과 종족의 존속 사이의 영원한 갈등에 대한 해결책으로 발견한 것들을 보면, 인간이 자신의 에고의 최종적 파괴에 대해 두려움을 품고 있는 곳이면 어디든 어김없이 소망적 사고가 슬며시 끼어드는 것이 확인된다. 또한 우리는 원시인이 자신의 생존을 둘러싼 이 같은 영원한 갈등을 섹스를 통한 생식(生殖)으로 해결하지 않고 집단적으로 개인의 자기 영속성을 보장하는 초자연적인 이데올로기를 빌려 해결했다는 것을 보여주었다. 그래서 원시적인 사회들에서는 남자의 성적 역할이 여자의 생식적 기능과는 완전히 별개라는 것이 확인된다. 원시 사회에서 여자의 임신은 씨족의 토템으로 상징되는 죽은 자들의 영혼의 부활을 통해서 일어나게 되어 있다. 이 같은 비이성적인 이데올로기가 생겨나 지켜지는 매우 복잡하면서도 정교한 방법들을 추적하는 일은 대단히 흥미로운 작업이다. 그러나 이 작업은 같은 씨족 안에서도 다양한 여러 집단이 서로 엄격히 구분되는 체계를 가진 원시적인 조직을 바탕으로 할 때에만 가능했다. 예를 들어, 아이들은 나이와 남녀 성별에 따라서 여러 집단으로 구분되며, 또 여자가 차지하는 장소는 특별한 의미를 얻었다. 여자의 공간이 특별한 의미를 지닌다는 점에서, 원시적인 사회는 현대의 모든 사회 개념과 뚜렷이 구분된다.

여자들은 단순히 남자의 한 변종이거나 남자보다 열등한 존재로 여겨지지 않았다. 여자들은 순수한 하나의 종(種)으로 인정을 받았으며, 따라서 그들만의 방식으로 표현하는 것이 허용되었다. 틀림없이 여자는 남자와 상당히 다른 그들만의 심리를 가졌을 것이며, 남자는 여자의 심리가 안고 있을지도 모르는 위험으로부터 자신을 보호해야 했음에도 그 신비를 감히 침범하려 들지 않았다. 여자의 전통적인 습관과 관습은 여자들의 집단 안에서 신성한 비밀로 대물림되었다. 여자와 남자가 자연스레 정해지는 성교 시간에 서로 만나는 경우를 제외하고는, 여자들의 활동은 남자 집단의 사회생활과 엄격히 구분되었다. 한마디로 말해, 원시 사회에서는 남자와 근본적으로 다른 여자들의 특성들이 충분히 받아들여졌다. 정말이지, 여자의 성적 기능이 남자의 성적 기능과 완전히 동떨어진 것으로 여겨질 만큼 여자의 다른 점이 강하게 강조되었다.

토템 신앙

지금 나는 인류학자들에게 잘 알려진 수수께끼 같은 어떤 사실에 대해 언급하고 있다. 남자 원시인이 내면에서 성교의 생물학적 사실들(수태)과 임신(출산) 사이의 연결을 분리시켰다는 사실 말이다. 이 같은 이상한 견해는 원인과 결과에 대한 무지의 산물이 아니고, 내가 이미 주장한 바와 같이, 남자의 에고 안에 있는, 자기 영속성에 대한 믿음을 고수하고 싶은 강력한 충동 때문이었다. 이 같은 최초의 불멸의 철학에서 시작하여 생물 심리학의 용어로 과학적 해석을 내놓기까지 인간이 걸어온 그 멀고 꼬불꼬불한 길을 나는 심리학이 원시적인 바탕, 즉 영혼에 대한 믿음에서 발달해온 과정을 추적한 책에서 두루 둘러보았다.

그림자나 더블이라는 대단히 순진한 형식으로 믿어 오던 불멸의 영혼에 대한 믿음이 처음 깨어졌을 때, 인간은 자신의 영혼을 구하기 위해 최초의 사회적 종교 체계랄 수 있는 토테미즘에서 그 피난처를 얻었다. 이 원시적인 영혼 종교는 개인의 불멸에 대한 믿음을 바탕으로 임신을 죽은 자의 영혼이 엄마의 자궁으로 들어오는 것으로 여겼다. 동물이나 식물 안에 사는 것으로 전해진 영혼들이 여자의 몸 안으로 들어가 임신을 시키는 것으로 여겨진 것이다.

　에고가 다소 다른 형태로 지속적으로 생존한다는 이런 순진한 인식은 아이들을 통한 성적 생식을 인정하지 않았다. 정말로 이런 생물학적 사실은 단호하게 거부당하다가 오랜 세월이 지나서야 겨우 아버지가 아들을 통해서 재탄생한다는 관념을 통해 받아들여지게 되었다. 그렇다면 토템 신앙은 육체의 불멸이라는 불가능한 목표와 그때까지도 부정되고 있던 생물학적 사실인 자식을 통한 성적 생식 사이의 타협이었다고 할 수도 있다. 따라서 실제의 아버지는 전혀 아무런 역할을 하지 않게 되었고, 또 개인이 자신의 영혼을 통해 영원히 존속할 수 있다는 사상도 부정되었다. 그 대신에 죽은 자들의 영혼이 다시 태어나기 위해 여자의 몸으로 들어간다고 믿는 집단적인 영혼 신앙이 생겨났다.

　두 가지 세계관, 즉 초자연적인 세계관과 자연적인 세계관 사이의 이동은 호주의 토템에 나타나는 영혼 종교에서 발견된다. "토템"은 부족들이 자신의 조상들을 상징하는 것으로 채택한 동물이나 식물 혹은 대상을 의미한다. 만약에 부족이 토템 동물을 먹어야 하는 상황이 벌어진다면, 그 동물이 부족에게 필요한 식량의 공급을 책임지게 되어 있기 때문이다. 특별한 잔치 행사를 위한 것이 아닌 한 그 동물을 죽이는 것을 금기시하는 것은 현대로 치면 "사냥 금지 기간"과 다소 비슷하다. 금기의 이유가 특별한 종을 보호한다는 데 있기보다는 공동체에 필요한 식량을 안정적으로 공급할 원천을 확보하기 위한 것이긴 하지만 말이다. 이런 의미에서 본다면, 토템은 최초의 집단적인 부족(部族) 계획을 상징한다. 이유는 토템이 부족의 인구가 필요로 하는 영양소를 제공해야 할 뿐만 아니라 인구의 지속적 유지도 책임져야 하기 때문이다. 동시에 토템 숭배는 인간 존재의 두 가지 중요한 욕구인 굶주림의 해소와 섹스를 하나로 연결함으로써, 말하자면 최초의 "사회 계약"을 실현시켰다. 토템 숭배는 원시 공동체와 외부 세계, 즉 특정한 환경 사이에 서로 살 권리를 보장한다는 어떤 합의가 있다는 것을 암시한다. 사람은 식량을 영원히 얻기 위해 동물을 절멸시키는 짓을 자제하고, 또 사람은 자신이 죽음을 당하지 않기 위해서라도 다른 동물을 죽이지 않는다는 뜻이 담겨 있는 것이다.

토테미즘의 이런 중요한 특징들은 오직 호주에서만 서로 연관이 있는 것으로 확인되는 것 같다. 이는 호주 원주민들이 가장 원시적인 편이기 때문에 더욱 흥미로운 사실이다. 북미 대륙의 북서 해안에 사는 원시 부족들과 달리, 호주 원주민들은 온갖 특징들을 두루 보이는, 아주 정교한 형태의 토테미즘을 간직하고 있었다. 토템의 후예라는 믿음과 토템 식량에 대한 터부, 토템 동물을 증식시키기 위한 주술적 의식, 환생에 대한 믿음, 토템의 이름을 가진 씨족들, 그리고 마지막으로 족외혼(族外婚) 등이 그런 특징이다.

인류학 논문을 통해 아주 광범위하게 논의된 이 문제를 놓고 학자들 사이에 벌어지고 있는 혼동은 일부 학자들이 토템의 특징들을 전체적인 시각에서 보지 않고 자신의 이론에 적합한 것만을 선택하는 성향을 보이는 데서 비롯된 것이다. 이 분야의 연구를 검토한 러시아 태생의 미국 인류학자 골덴바이저(Alexander Goldenweiser) 교수는 "최초의 기원"을 찾는 것을 "비과학적"이라고 부정해놓고는 토테미즘에 대해서 지나치게 "과학적인" 정의를 제시하고 있다. 그는 토테미즘에서 "사회적 단위들이 정서적 가치를 지니는 대상이나 상징과 결합하려는 경향"만을 보고 있다.

어떤 이론에 대해 이런 식으로 조심스럽게 접근하는 것도 이 주제를 공부하는 학생들에게는 좁은 관점의 설명밖에 가능하지 않다는 식으로 말하는 학자들의 확신 그 이상의 도움을 절대로 주지 못한다. 순전히 생각만을 근거로 제시한 프로이트의 가설, 즉 토테미즘의 "기원"이 오이디푸스 콤플렉스에서 발견된다는 가설도 편협한 관점에서 나온 가설의 예에 속한다. 토테미즘 종교의 두 가지 중요한 특징, 즉 특별한 경우가 아니고는 토템을 죽이는 것을 금기시하는 가운데 토템(동물)을 숭배하는 것과 씨족 구성원들 간의 결혼을 금지한 족외혼은 문명화된 아이가 자기 어머니와 잠자리를 같이 하기 위해 자기 아버지를 죽이려 드는 충동으로는 절대로 설명되지 않는다. 왜냐하면 원시인의 경험에는 우리 서구인이 생각하는 가족 구조의 개념들이 들어설 자리가 전혀 없기 때문이다. 이와 반대로, 죽은 자의 부활을 통해서 후손에게 생명을 부여하고 또 그 살로 후손을 키우는 토템은 모성의 두 가지 중요한 기능을, 말하자면 아이를 낳고 양육하는 것을 상징한다.

복잡한 종교적 및 사회적 개념들을 갖고 있는 토템 신앙은 인간이 죽을 운명의 어머니로부터 나왔다는 생물학적 기원을 부정할 필요성에서 나왔다는 말이 일리가 있다. 자신의 기원을 영적인 무성(無性) 수태의 초자연적인 차원으로 끌어올리고 또 사람을 먹여 살리는 동물을 통해서 어머니의 양육을 대체함으로써, 사람은 자신의 필요를 뒷받침할 어떤 사회적 구조를 세울 뿐만 아니라 종교적 및 사회적 개념들이 나올 초자연적인 세계관까지 창조해냈다. 토테미즘의 이런 보편적인 의미를 처음 제시한 사람은 독일 철학자 에른스트 카시러(Ernst Cassierer)였다.

그러나 앞에서 본 바와 같이 기본적으로 인구와 식량 분야에서 공급과 수요의 균형을 추구하는 체계인 토테미즘은 부족의 가장 절박한 문제에 대한 해결책을 찾으려 노력하고 있다. 오늘날의 경제 계획과 비슷한 이 원시적인 규제의 바닥에 깔린 사상은 부족의 조상을 상징하는 토템은 자신이 먹여 살릴 수 있는 그 이상으로 사람을 창조하지는 않을 것이라는 믿음이다. 따라서 성교에 관한 제한들은 "사냥" 시즌에 식량을 공급할 동물을 죽이는 것을 금지하는 것과 똑같은 효과를 발휘한다. 달리 말하면, 원시인은 아이들을 낳는 생식 행위에 참여하기를 거부함으로써 공동체의 행복과 공동체의 생존에 대한 전반적인 책임을 토템에게로 넘기고 있다.

인간의 책임을 다른 대상으로 넘기는 것이 종교적 개념의 진정한 특징인데, 이 때문에 토테미즘은 인류 최초의 종교로 여겨지고 또 프랑스 사회학자 뒤르켐(Emile Durkheim)이 처음 제안한 바와 같이 기본적으로 사회적 종교로 여겨진다. 이런 원시적인 종교는 최종적으로 보면 모든 종교가 그렇듯 인간 내면에 있는 가장 강력한 두려움, 즉 자연적인 죽음보다는 종국적 파괴에 대한 두려움에서 비롯된다. 그럼에도 종족의 존속과 반대되는 것으로서 개인의 불멸에 대한 믿음을 표현하고 있는 실제적인 창조의 힘은 영원히 존속하려는 의지의 표출로 나타난다. 이 노력에서, 매일 즉각적으로 충족시켜야 하는 욕구인 굶주림은 개인의 현세의 생존을 상징하는 한편, 섹스는 종족의 집단적 불멸성을 표현한다. 개인의 불멸에 대한 믿음을 위해 비개인적인 생존에 저항함으로써, 그리고 잉여 생산을 통해서 식량을 불멸성의 경제적 상징으로 만드는 한편으로 섹스를 자아의 일시적 활동으로만 인식함으로써, 인간은 인간 본성의 기본적인 원칙들을 거꾸로 뒤집어놓았다. 그러나 원래 인간은 그날 식량을 마련해 그

날 먹는 식으로 살았다. 식량이 귀해서도 그랬지만, 사회적 행동을 이끄는 종교적 믿음들이 영원한 생존을 보장해 줄 것이라는 생각에서도 그렇게 했다. 예를 들어 중앙아프리카의 피그미족 같은 가장 원시적인 부족들까지도 식량이 필요하지 않으면 동물을 죽이지 않는다. 또 동물을 죽일 때에도 그때그때 목적에 필요한 만큼만 죽인다. 그와 동시에 동물을 죽이고 사냥의 결과물을 분배하는 행위는 의식을 치르는 가운데 이뤄진다. 의식이 행해지는 동안에, 부족이 고통을 겪는 일이 일어나지 않도록 한다는 뜻에서 일부 고기는 특정한 개인들에게 주어져야 한다. 그런 식으로 의식을 치르면서 동물을 죽이고 먹는 것을 가장 잘 보여주는 예는 에스키모이며, 덴마크 탐험가이자 인류학자인 라스무센(Knud Rasmussen)에 의해 세세하게 묘사되었다. 베두인의 생활을 적절히 묘사한 말, 즉 베두인은 낙타의 기생충이라는 표현은 에스키모와 그들의 삶에 가장 중요한 식량 공급원인 고래의 관계에도 그대로 통한다. 에스키모는 해안에서 주로 물고기와 물개를 주식으로 살아가지만, 고래의 포획이 부족의 가장 중요한 의식이다. 거대한 몸집의 고래가 제공하는 것들이 다양해서도 그렇게 되었지만, 그것이 불러일으키는 경외심 때문이기도 했다.

원시인이 이처럼 의식을 치르면서 동물을 죽이고 먹는 행위에 부여하는 초자연적인 의미는 미국 캘리포니아 주의 인디언 부족으로 그 흔한 원시 예술조차도 거의 갖지 않은 루이제노의 순수한 신화로부터 추론해 볼 수 있다. 공동체 안에서 사람들이 죽어서 다시 살게 되는가 하는 문제를 놓고 토론이 벌어지는 동안에, 이 부족은 수사슴을 먹어도 괜찮구나 하는 생각을 처음으로 품게 되었다고 한다. "사람들이 수사슴을 죽이는 문제에 대해 의견을 주고받고 있었는데 그가 단호하게 말했다. 수사슴은 샤만이고 매우 막강한 동물이기 때문에 죽여서는 안 된다고 말이다." 이어 이야기는 수사슴이 목숨을 구하게 된 사연을 묘사하고 있다. 수사슴은 인간이 가진 모든 마법을 다 소유한 것으로 여겨졌고, 이 점에서는 인간과 똑같은 것으로 여겨졌다. 루이제노 부족 사람이 굴복한 것은 부싯돌 화살촉을 보여준 뒤였다. 화살촉은 그가 갖지 않은 마법이었던 것이다. 또 다른 놀라운 이야기는 요구트(Yoghut) 족의 예이다. 이들은 소년 2명이 수사슴으로 변장한 뒤에 사냥에 나섰다. 그런 다음에 사슴을 죽이고, 내장을 끄집어내고 고기를 나눠 먹었다. 이 신화들을 수집한 독일 인류학자 루블린스키(Ida Lublinski)는 "여기에 묘사된 장면을 보면서 식용을 목적으로 사슴을 죽이는 첫 시도"라는 인상을 받았다. 이 같은 전통에서 원시인의 불멸과 영혼의 이동에 대한 믿음에 근본적으로 중요한 동물과 원시인의 생물학적 동일시가 분명히 확인되고 있다. 말하자면 토템 동물을 먹음으로써, 인간은 그 동물의 힘을 흡수할 뿐만 아니라 환경 안에서 생존을 보장할 동물의 특별한 특성까지 흡수한다고 할 수 있다. 이 때문에 토템 동물은 식량의 공급원일 뿐만 아니라 개인과 공동체를 위한 생명의 상징이기도 하다. 바로 이것이 토템의 의미이다.

한편 토템을 죽이는 것을 터부시하는 데는 특별한 동물을 멸종시킴으로써 결정적인 식량 공급원을 잃게 되지 않을까 하는 경제적 두려움만 아니라 종교적 동기도 작용하고 있다. 인간과 인간을 먹여 살리는 동물은 엄마와 아이처럼 동일하고 한 몸이라는 믿음이 바로 그 동기이다. 따라서 독일 고고학자 프로베니우스(Leo Frobenius)가 아프리카의 다양한 암각화들 중에서 발견해낸, 원시인의 사냥 장면을 그린 그림에서 확인되듯이, 동물을 죽이는 행위에 지극한 정성이 쏟아졌다. 이 암각화에는 사냥감을 겨누고 있는 사냥꾼이 기도하는 여자와 연결되어 있는 것으로 그려지고 있는데, 두 사람을 잇는 곡선은 사냥꾼의 배꼽과 그의 어머니를 상징하는 여자의 자궁을 연결하고 있다. 그녀는 사냥에 나서는 아들의 행운을 기원할 뿐만 아니라 아들이 그 동물을 죽이는 행위에 대한 허락까지 구하고 있다. 여기서도, 비슷한 다른 전설에서처럼, 인간의 생존을 위한 필요성에서 동물을 죽여도 좋다는 허락을 그 동물에게 간청한다는 것이 중요한 주제이다. 사냥꾼은 사냥을 나서기 전에 안전을 간구하는 의식을 치르고 자신이 잡으려는 동물로 변장하며 사냥을 끝낸 뒤에는 특별한 특성을 지닌 것으로 여겨지는 부위를 의식(儀式)에 따라 분배하는 과정을 거친다. 인디언과 다른 원시인들이 사냥에 앞서 하는 금식은 식량을 위해 동물을 죽이는 행위를 정당화하려는 의식인 것 같다. 왜냐하면 현실적인 관점에서 볼 때 금식이 사냥꾼의 힘을 약화시키고 따라서 사냥의 기회를 최소화할 것이기 때문이다.

원시인의 집단생활에 따르는 다른 활동도 마찬가지로 영혼에 대한 토테미즘적인 믿음에 의해 결정되었다. 각 씨족은 공동체의 보존을 책임지는 토템 동물(혹은 식물)을 갖고 있었기 때문에, 같은 씨족의 여자들과의 성교는 생식 목적으로는 불필요했다. 그러므로 성교에 제한을 둔 것은 친척들(같은 토템의 후손들 모두는 서로 연결되어 있다고 느꼈다)과의 "근친상간"을 막기 위함이 아니고, 여자들은 친척의 도움 없이도 토템에 의해 임신된다는 믿음을 보여주는 것이었다. 남자의 불멸에 대한 믿음을 지켜주는 이 이론은 생식에서 하는 남자의 역할에 대한 지식을 전제로 하고 있다. 그와 동시에 남자는 영혼에 대한 자신의 믿음을 위해서 이 지식을 부정해야 했다. 그 결과 아이들이 엄마들의 집단에 속하는 그런 순수한 모계 조직이 형성되기에 이르렀다. 엄마 쪽에서 본다면, 씨족의 모든 아이들이 "형제 자매"로 여겨지는 것이 이해가 될 것이다. 왜냐하면 아이들이 모두 영적으로 엄마들을 임신시킨 토템에서, 씨족의 남자들과의 성교에 의한 임신을 불필요하게 만들어버린 그 토템에서 비롯되었기 때문이다.

이런 의견들을 바탕으로, 인류학 연구에서 가장 아리송한 문제 하나를 설명할 생각이다. 성생활에 대한 최초의 집단적 규제 중 하나인 족외혼 풍습은 남자가 씨족의 여자와 성관계를 갖지 못하도록 정하고 있다. 마치 씨족의 남자가 여자들과 아주 가까운 "친척"인 것처럼 말이다. 이 엄격한 금기는 우리가 생각하는 그런 가족의 단위가 존재하기 전의 시기로까지, 정말이지 생식에서 아버지가 하는 역할이 인식되기 전으로까지 거슬러 올라간다. 원시 사회에 있었던 이런 족외혼의 기원과 의미와 관련해서 오늘날 학자들 사이에 합의된 내용은 전혀 없다. 이 분야의 최근 연구서들을 통해서 우리는 그 전에 나온 모든 이론들을 놓고 옥석을 가리다 보면 약간의 사실들만 남는다는 것을 알 수 있다. 이 사실들은 족외혼의 목적이 근친상간의 예방에 있었다는 프로이트의 관점과는 크게 모순되는 내용이다.

원시 문화에는 아직 근친상간이라는 개념도 없었고 그럴 만한 사회적 조건도 갖춰지지 않았다. 다른 모든 민속적 전통뿐만 아니라 원시 사회의 족외혼에 대한 접근에서도 유일하게 효과적인 것은 뒤르켐이 처음 제시한 초자연적 기원을 받아들이는 것이다. 이 족외혼의 문제를 초자연적 기원을 바탕으로 설명한 인물은 뒤르켐의 추종자인 프랑스 사회학자 레비 브륄(Lucien Levy-Bruhl)이었다. 레비 브륄의 '위반 이론'(theory of transgressions)은 근친상간의 금지를 악의 영향을 억누르는 수단으로 설명하고 있다. 영국 학자 래글런 경(Lord Raglan)은 이 주제의 일반적인 연구에서 한 걸음 더 나아가 족외혼의 기원을 주술적으로 볼 때에만 기존의 알려진 사실들에 대한 설명이 만족스러워진다면서 이 수수께끼에 대한 해답은 불멸에 대한 믿음에서 찾아야 한다고 주장했다.

나도 1930년에 저서『영혼과 심리학』(Seelenglaube und Psychologie)에서 초기의 사회에서도 영혼적인(soulish) 동기들이 생물학적 사실들을 왜곡시켰을 뿐만 아니라 사회 제도의 형성에 결정적인 영향력을 행사했다는 점을 보여주면서 그 같은 결론을 내렸다. 그러나 "영혼적인" 동기라는 표현을 나는 심리학적인 동기나 "심층 심리학"이 주장하는 그런 동기를 의미하는 것이 아니라, 영혼에 대한 믿음에 바탕을 두고 있고 또 종교의 형성에 아주 중요한 주술적 및 초자연적 이데올로기들을 의미하는 것으로 썼다.

　이 과정을 이해하기 위해선, 순수하게 생물학적인 성적 충동의 본질을 명쾌하게 밝히는 작업이 먼저 선행되어야 한다. 개인적인 쾌락의 원천으로서의 성적 충동은 명백히 개인적 성격을 지닌다. 그런 한편 종의 번식을 위한 수단으로서의 성적 충동은 반(反)개인주의적인 성향을 명확히 드러낸다. 성적 충동의 이런 이중적인 측면에 대한 논의로부터 시작하면서, 나는 이 이중성이 외적 제한에 의해 형성된 것이 아니고, 반대로 오히려 외적 제한이 이 같은 구분의 결과로 나타난 것이라는 점을 강조했다. 특히 전체적인 삶의 태도가 개인의 존속이라는 순진한 전제에 바탕을 둔 원시인은 생식 목적의 성행위에 강한 저항감을 보인다. 왜냐하면 그것이 개인의 불멸에 대한 자신의 확고한 믿음에 반하기 때문이다. 그런 믿음을 보여주는 예를 든다면, 원시인이 성행위와 임신 사이의 연결을 부정하고 아이들의 출생을 어떤 초자연적인 일로 설명하려 드는 태도가 있다. 이런 태도는 시대를 불문하고 모든 민족의 신화와 습관, 믿음에 간직되고 있다.

　생물학적인 성적 충동에 내면적으로 저항하는 것이 개인의 쾌락에 이바지하지 않는다면, 그 같은 저항은 인간 삶의 가장 근본적인 사실들 중 하나로, 또 사회적 행동에 대한 연구의 출발점으로 고려되어야 한다. 남자의 성적 충동에는 근본적인 이중성이 존재한다. 에고의 한 유쾌한 기능으로 소중하게 여겨지는 한편으로 생식의 유혹으로 부정당하고, 따라서 인간의 죽음을 상징하는 것으로 두려움의 대상이 되는 것이다. 원시인의 내면에서 일어나는 이 같은 저항, 그리고 개화된 성격이 종족의 성적 생식에 더욱 강하게 저항하는 것을 바탕으로 한다면, 현대인의 금지 개념과는 다른 원시인의 성적 금기들을 개인이 자신의 개인적 불멸을 지키려는 노력을 긍정적으로, 또 적극적으로 표현하는 것으로 이해하는 것이 가능해진다. 원시인은 성생활에 대한 놀라운 규제에도 불구하고 실제로 성적 자아를 창조하고 있었다. 말하자면 원시인은 자연스런 섹스와 반대되는 것으로서 인위적인 성적 관심을 세우고 있었던 것이다.

성적 터부

남자가 자기보호를 위해 여자와 관련해 다양하고 복잡한 금기들을 만들어내도록 한 것은 바로 이런 식으로 새롭게 창조된 남자들의 성적 자아였다. 무엇보다 먼저, 자기 씨족의 여자들을 임신시켜서는 안 된다는 아주 포괄적인 터부가 있다. 이는 토템 신앙과 족외혼이라는 사회적 금지에 잘 표현되고 있다. 남자의 자기 영속성에 대한 욕망에 깊이 뿌리를 내리고 있는 임신에 대한 두려움은 서구 문명으로 전파된 다양한 관습에서도 탐지된다. 고대 문명에서 결혼한 여자의 처녀성을 빼앗는 의례를 수행하는 것은 고위 성직자의 신성한 임무였다. 중세에는 "초야"에 그런 짓을 할 권리가 지주에게 주어졌다. 현대의 남자가 아이를 갖기를 망설이는 것도 남자의 입장에서 경제적인 이유를 내세우지만 그 바탕을 보면 이런 비이성적인 동기가 어느 정도 작용하고 있다.

따라서 원시 시대 이후로 개인의 성적 충동을 생식의 기능으로부터 완전히 분리시키려는 노력이 있었을 뿐만 아니라 여자들을 두 집단으로 나누려는 경향도 줄곧 있어 왔다. 두 집단 중 하나는 여전히 같은 토템에 의해 임신되는 것으로 여겨지는, 생식의 기능을 맡고 있는 "엄마들"이다. 다른 한 집단은 쾌락을 주는 기능을 수행하는 여자들이며, 많은 남자들에게 쾌락을 주기 위해 결혼을 하지 않는 여자라는 뜻의 그리스어 단어를 빌려 "에타이라"(Hetaera)라 불리는 유형이다.

인간의 조직은 집단들 사이의 광범위한 성적 규제들로 시작되었다는 것이 정설로 통한다. 부모와 자식 사이든 형제자매 사이든, 개인들 간의 특별한 근친상간을 금지하는 것으로 인간의 조직이 시작된 것은 아니다. 분명히, 혼전 단계에 족외혼을 통한 성교의 금지는 남자들이 자신을 보호하기 위해 도입한 것이었다. 그러나 남자가 개별적 결혼을 처음 받아들이고 그로 인해 자식을 통한 생물학적 영속성을 받아들이게 되자, 족외혼 제도가 오히려 자신들에게 불리하게 작용하는 것처럼 보였다. 왜냐하면 일부일처제 결혼은 개인이 모든 어머니들(여자)이 집단적으로 속한 공동체와 별도로 자신의 불멸성을 꾀하려는 시도를 의미하기 때문이다. 이때 공동체는 이런 식으로 선언한다. 자신만의 여자를 원하는 사람은 다른 곳에서 여자를 구해야 하고 우리 씨족의 유지에 필요한 여자들을 건드려서는 안 된다. 이리하여 최초의 형태의 개인적인 결혼이 생겨나게 된 것 같다. '모거제'(母居制: matrilocal) 형식이라 불리는 결혼이다. 남자가 아내를 찾아 자신이 태어난 곳을 떠나서 아내의 집이나 아내의 엄마의 집에 정착하기 때문에 그런 이름이 붙여졌다.

결혼생활을 하는 동안에 남편이 아내의 집에 거주하는 이런 풍습은 아시아와 폴리네시아의 토착민들뿐만 아니라 북아메리카와 남아메리카 사람들 대부분과 아프리카의 모든 부족, 인도네시아와 미크로네시아의 말레이인 사이에 널리 퍼져 있었다. 이 주제에 천착한 프랑스 인류학자 브리폴트(Robert Briffault)에 따르면, 모거제 결혼은 엄마가 자녀 양육에 큰 비중을 차지하는 데 따른 당연한 결과이다. 그러나 성적인 문제를 본다면, 남자가 여자의 집에 거주하는 이 같은 모거제는 그것이 영원하거나 일부일처일 필요가 없다는 점에서 우리의 결혼과 다르다. 남편은 다른 장소에 다른 아내들을 두고 돌아가며 살거나 아니면 같은 장소에서 대체로 자매 사이인 여러 명의 아내와 함께 살 수 있었다.

이는 결혼제도가 정착되기 전에 있었던 또 다른 조직을, 말하자면 우리의 개인적 결혼을 낳은 집단 결혼을 고려하게 만든다. 정말로, 남자들의 숫자가 전쟁으로 인해 감소되지 않던 시대 때부터 발견되는 어떤 풍습의 흔적이 있다. 어느 한 집단의 모든 형제들이 다른 집단의 자매들과 성적 교류를 하는 그런 풍습이다. 이 결혼 풍습은 형제들과 자매들 사이의 성교를 금지하던 족외혼과 정반대인 것 같다. 그럼에도 이 풍습에 대한 설명은 역시 족외혼에서 발견될 것이다. 왜냐하면 어느 집단의 "형제들"이 자기 씨족의 "자매들"과 결혼하는 것이 금지되었을 때에는 이방인 집단에 속하는 자매들의 집단에서 대체 방안을 찾게 될 것이기 때문이다. 그러나 이 형제 자매 관계는 우리가 생각하는 "근친상간 관계"와는 아무런 상관이 없다. 왜냐하면 그 관계가 원시인들에게는 혈연관계가 아니라 집단의 관계에서 파악되기 때문이다. 집단의 관계에서 본다면, 같은 세대의 모든 아이들은 집단적으로 "형제들"과 "자매들"로 여겨진다. 그들에게 강요된 성적 제한은 족외혼을 바탕으로 한 것이었다. 여기서는 진짜 형제자매들인가 아니면 단순히 토템이 같은 씨족의 구성원인가 하는 문제는 전혀 중요하지 않다.

미국 인류학자 모건(Lewis Henry Morgan)이 그때까지 알려진 모든 인간관계 체계들 중에서 가장 오래된 것이라고 주장한 그런 "집단 결혼"은 최근의 정의에 따르면 "씨족 사이의 어떤 계약"을 의미한다. "집단 결혼은 씨족들을 구분하는 것이며, 씨족의 모든 구성원은 적절한 나이가 되면 자격이 생겨 자동적으로 집단 결혼 관계로 들어가며, 이때는 본인의 동의나 다른 사람의 동의 같은 것은 전혀 필요하지 않다." 형제들의 집단이 공통의 아내들을 갖고 자매들의 집단이 공통의 남편들을 갖는 그런 원시적인 결합은 소위 말하는 "푸날루아 결혼"(Punalua marriage)을 바탕으로 유추해 볼 수 있다. 모건은 일부 원주민들에 의해 지켜지던 이 결혼 관계를 확장하여 집단 결혼의 개념에 포함시켰다. 이는 그가 형제들과 자매들을 분류적인 의미로만 파악했기 때문이다. 그러나 그는 훗날 푸날루아 집단에는 혈연관계인 형제와 자매들이 종종 결합한다고 보고하면서 다시 그 의미를 축소시켰다. 하와이에 관한 최초의 믿을 만한 전문가인 미국 선교사 로린 앤드류스(Lorrin Andrews)도 "2명 이상의 형제와 2명 이상의 자매가 공통의 짝을 두는 것이 흔했다"고 보고했다. 여기서도 형제와 자매는 혈연 관계인 형제들과 자매들을 의미한다. 훗날 미국의 탐험가이자 학자인 빙엄(Hiram Bingham)은 하와이에서 형제와 자매들 사이의 혼인은 "상류층 사람들 사이에 매우 훌륭한 것으로 여겨진다"는 사실을 발견했다.

이런 불명확하고 단편적인 전통을 바탕으로 현대의 일부 성과학자들이 정신분석 이론에 고무되어 "최초의 형태의 성관계는 근친상간이었다"는 식으로 결론을 내리는 것은 내가 볼 때 정당하지 않은 것 같다. 이 "형제자매들의 결혼"이 반드시 혈연관계는 아니었다는 점을 밝혀야 하는 상황이니 말이다. 정신분석 분야의 오해로 야기된 그런 혼동은 개인 심리학을 중요하게 여기다가 그만 집단 심리학을 무시했기 때문이다. 만약 우리가 원시적인 삶에 대한 연구에서 무엇인가를 배운다면, 그것은 성행위에 대한 초기의 규제는 원래 개인적인 것이 아니라 사회적인 것이었다는 가르침일 것이다. 다시 말해, 성행위에 대한 규제는 자기 영속성을 추구하려는 인간의 개인주의적 경향에 맞서 집단을 유지할 목적으로 나온 것이라는 뜻이다. 원시 사회의 터부의 목적은 친척들 간의 결혼을 막는 것이 아니었다. 이는 역사적으로 형제자매들 간의 결혼 전통에서도 쉽게 확인된다. 따라서 이 결혼 전통은 인간의 내면에서 근친상간의 욕망이 원래 강력하게 작용한다는 점을 뒷받침하는 증거로 채택될 수 없다. 왜냐하면 그 전통이 일부 탁월한 개인과 가문에 전통적 의례로 강요된 것이기 때문이다.

씨족 구성원들끼리의 이런 개별적인 결혼은 더욱이 모건이 논한 집단 결혼과는 아무런 관련이 없으며, 또 집단 결혼은 개인의 근친상간 소망이나 근친상간을 금지하는 터부에 대해서는 아무런 이야기를 들려주지 않는다. 이를 뒷받침하는 증거는 인도 사람들, 특히 말라바 해안에 사는 귀족 전사 계급인 "나이르" 사이의 집단 결혼의 형식에서 나온다. 그들은 커다란 클럽 하우스에서 살며, 이 하우스의 구성원들은 서로 친척 관계인 다수의 가족들로 이뤄진다. 그 관계는 오직 모계를 기준으로 하며, 아버지는 전혀 고려의 대상이 되지 않는다. 클럽 하우스의 구성원들은 모든 것을 공통으로 소유한다. 공통 재산의 관리는 나이가 가장 많은 남자의 몫이고, 나이가 가장 많은 여자는 집안일을 책임진다. 남자들은 결혼을 하지 않고 자신의 계급의 여자들과 자유로운 연애 관계를 맺으며 살며 다른 집에서 연인으로 대접을 받는다. 가계를 꾸리는 사람은 아내나 연인이 아니고 그들의 어머니나 자매들이다. 따라서 나이르 계급들 사이에는 사랑과 가정이 철저히 구분되고 있다. 모계 중심의 가족 조직이 자유연애가 대단히 부드럽게 돌아가도록 만들기 때문에 스코틀랜드 생물학자 뷰캐넌

(Francis Buchanan)은 이런 식으로 만족스럽게 말할 수 있었다. "나이르 계급의 사람 중에는 자기 아버지를 아는 사람이 하나도 없다. 엄격히 말하면, 나이르 계급의 집단 결혼은 일부다처제와 일처다부제의 결합이다." 여자 한 사람이 여러 명의 남자와 결혼하는 일처다부제는 특히 티베트와 인도의 일부 지역에 많은데, 이 경우에 남자들은 대체로 형제들이다. 이에 대해 프랑스 작가 루셀레(Louise Rousselet)는 이렇게 설명한다. "인도와 히말라야 서쪽에 사는 토착민들 사이에선 여러 명의 남자들이 한 여자와 결혼하는 것이 가장 오래된 사회 조직의 한 유형이다." 뮈엘러-라이어(Mueller-Lyer)에 따르면, 일처다부제는 예전에 존재했던 모권(母權)과 연결된다.

이 자료들을 근거로 하면, 집단 결혼이라는 제도는 여자들의 지위를 강화했다고 말할 수 있다. 엄마들이 씨족의 아이들뿐만 아니라 최종적으로 남자들에 대한 지배권까지 확보해가는 과정은 "모권 조직"에서 확인되듯이 여전히 자신의 초자연적 기원과 존속을 옹호하던 남자의 저항을 받았기 때문에 점진적일 수밖에 없었다. 남자들은 자신이 죽은 자의 영혼에서 생겨나고 자신의 '더블'을 바탕으로 살고 있다고 생각했기 때문에 자신이 어머니라는 죽을 운명의 여자에게서 태어난다는 사실을 부정해야 했다.

따라서 이상하게 들릴지 모르지만 모성은 처음부터 당연한 것으로 받아들여지지 않았다. 엄마가 생명의 잉태자라는 인식은 비교적 늦게 나타났다. 그래도 앞에서 본 바와 같이 부성이라는 개념이 사회화된 자아에서 나온 시기보다는 앞섰다. "원래 엄마는 그녀의 몸을 통해 태어나기로 결정한 아이의 호스트에 지나지 않는다. 엄마는 어떠한 의미에서도 아이의 생명을 만들지 않는다. 호주에서는 모성과 부성은 기본적으로 사회적인 것이다. 모성과 부성은 기본적인 사회적 필요에 바탕을 두고 있으며 또 그 필요를 수행한다. … 이 관계와 연결되어 있는 생물학적 혹은 생리학적 본성 같은 것은 전혀 없으며 또 혈족의 개념도 전혀 없다."(Ashley-Montagu, M. F. *Coming into Being among Australian Aborigines*, N.Y. 1938) 남자 쪽에서 이런 식으로 모성을 부정한 것에서부터 현대인의 그 유명한 "어머니 콤플렉스"에 이르는 멀고 험한 길이 시작된다. 이 정서적 연결은 자연적인 연결과는 거리가 멀며 남자가 자기 자신의 자기 영속성 대신에 생물학적 부성을 처음 받아들였을 때 시작된 무엇인가가 발달한 최종적 결과이다. 이 때서야 남자는 아이들이 실제로 자기 아내에게서 태어난 자신의 아이인지를 확인할 필요성이 생겨났다. 이상하게 들릴 수도 있겠지만 우리의 관점에서 보면 충분히 이해가 되는데, 남자는 자신이 여자, 즉 어머니로부터 죽을 운명을 갖고 태어났다는 사실을 인정하기 오래 전부터 어머니를 자기 자식들의 생명의 원천이라는 점을 받아들였다.

이는 모계사회에서 여성이 맡는 역할에 의해 확인되고 있으며, 특히 어머니 여신이라는 종교적 개념들에 반영되고 있다. 가장 두드러진 예의 하나가 영국 고고학자 머레이(Margaret Alice Murray)가 최근 성경을 바탕으로 에돔 왕국의 암벽 도시 페트라의 역사를 쓴 『페트라, 에돔의 암벽 도시』(Petra, the Rock City of Edom)에 잘 소개되고 있다. 왕들이 왕실 아버지의 아들로서가 아니라 어머니의(혹은 아내의) 권리로 통치하던, 권좌를 모계 중심으로 잇던 초기에, 페트라의 신은 여신이었다. 그러던 것이 이 여신은 세월이 흐르면서 성(性)이 남자로 바뀌게 되었다. 이 변화는 세 단계를 거쳤다. 먼저 이 여신에게 신성한 아들이 하나 주어졌는데, 이 아들은 처음에는 그녀의 배우자, 그 다음에는 그녀의 아버지, 마지막에는 그녀 자신이 되었다. 페트라의 역사에서 확인되는 이 같은 종교적 전개에서, 나는 여자의 초기 역할을 본다. 여자는 처음에 아들을 얻으면서 자식의 어머니로 받아들여졌고, 이 아들은 나중에 자기 엄마의 남편이 되고 그렇게 함으로써 그녀의 아이들의 아버지 역할을 맡았다. 그 여자를 다시 한 사람의 어머니로 만들고 있는 이 역할은 부족 자손들의 어머니에서 시작하여 아버지의 아이들의 어머니로 끝나는 순환의 고리를 완성한다. 남자의 어머니에게는 어떠한 여지도 남기지 않는, 그래서 그 남자에게 무서운 자신의 죽음을 상기시킬 여자에겐 전혀 아무런 여지를 남기지 않는 그런 순환이다.

따라서 아들이 자기 엄마에게 감정적 애착을 느끼는 것, 즉 우리 시대의 합리적인 심리학이 말하는 그 악명 높은 "어머니 콤플렉스"는 무력한 아이의 생물학적 의존성의 결과로 설명되지 않고 아들에게 자신과 똑같은 계승자가 되라고 강요하는 아버지의 지배에 맞서는 부차적인 반응으로 이해되고 있다. 유사성을 추구하라는 강요에 맞서, 아들은 말하자면 어머니에게서 피난처를 찾고, 그렇게 함으로써 여자에 대한 두려움만을 키우게 될 정서적 의존성을 일으킨다. 자기 자신의 형상으로 존속하고 싶어 하는 남자의 욕구에서 비롯된, 이성(異性)에 대한 이 같은 두려움은 그 사람이 다름을 싫어하고 유사성을 갈망한다는 점을 한 번 더 드러내고 있다. 여자의 다름은 누이(혹은 다른 친척)에게서 가장 약하게 나타난다. 따라서 부활의 관념 속에서 자기중심적인 영속성과 생식을 통한 영속성 사이의 타협안으로 근친상간의 욕망이 일어난다.

계승 문제에 대한 이런 식의 해결은 남자가 자신이 자기 자신의 후손이라는 생각을 여전히 품을 수 있었던, 남매 사이의 신성한 결혼에 잘 드러나고 있다. 거기에는 아직 어머니가 없었으며, 앞에서 본 바와 같이 "남편"은 자기 누이와의 결혼을 통해서 "오빠"가 되었다. 결혼이 보편화됨에 따라, 남자는 자기 아내를 "누이"로 받아들임으로써 씨족의 생식에 참여하지 않아도 괜찮게 되었다. 다수의 고대 풍습이 이 단계의 발달을 잘 보여주고 있다. 예를 들면, 고대 유대인들 사이에 아내는 결혼에 의해서 누이가 되었는가 하면, 바간다 족 사이에는 누이가 아내로 여겨졌다. 호주의 많은 부족들 사이에는 신부가 신랑의 친척(대체로 여형제)과 맞바뀌지고 있다. 이 같은 고대의 결혼 풍습에서 아내가 남자의 "혈연"이 되듯이, 아이도 이런 "형제자매들 사이의 결혼"에 의해 남자의 혈족이 된다. 초기 단계의 족외혼의 집단 결혼에서 아이들은 오직 어머니의 혈족으로만 여겨졌다. 우리 시대의 사회화된 결혼에서도 파트너가 "근친상간적" 성적 대상으로 여겨지는 정서적 관계가 형성되기도 한다. 이 같은 징시적 혼동은 우리 문명에 나타나는 결혼생활의 어려움과 실패를 어느 정도 설명해준다. 결혼한 커플 사이의 동화(同化)는 종종 습관과 취향을 닮는 수준보다 훨씬 더 멀리 나아가면서 정서적으로 쌍둥이처럼 되어 성적으로 억제하는 효과를 낳는다.

그렇다면 성적 자아의 발달에 있어서 누이가 이상적인 결혼의 상징으로서 뿐만 아니라 성적 금기의 일차적 대상으로서 그렇게 중요한 이유는 무엇인가? 이상적인 결혼의 상징과 성적 금기의 대상이라는 이 모순은 분명 우리 시대의 남자와 여자 사이의 정서적 관계에도 나타나고 있지 않는가? 신성한 왕을 위한 "대관식"의 주술적 의례에서, 오빠와 여동생의 성스러운 결혼식이 주술적 영속성에서 성적 영속성으로 넘어가는 과도적인 단계라는 것이 확인되었다. 여동생은 감정과 외모뿐만 아니라 전통에 의해서도 쌍둥이 형제로 상징되는 더블의 여자 대체물이 되기에 아주 적절했다. 그녀에게서 태어난 아이는 남자의 모든 바람직한 자질들을 두루 물려받을 것이며, 정말로 정서적으로도 다시 태어난 영웅과 동일했다. 따라서 우리는 누이와의 결혼에서 성적 특성이 부여된 더블 혹은 쌍둥이 형제의 상징화를 확인한다. 이를 통해서 사람이 내면적으로 스스로를 영속화하려던 노력은 뒤로 밀려나고 그 대신에 가능한 한 자신을 닮은 진정한 계승자를 통해서 영속화하려는 노력이 전면으로 부상하게 되었다.

불멸에 대한 인식에 나타난 이런 중요한 변화는 나르키소스에 관한 고대 그리스 신화에 잘 요약되고 있다. 어느 버전을 보면, 나르키소스의 자기애는 자신의 쌍둥이 누이에 대한 사랑의 결과로 설명되고 있다. 누이의 죽음이 그로 하여금 자기 자신의 이미지에서 위안을 얻도록 했다는 설명이다. 그렇다면 나르키소스 전설은 불멸에 대한 갈망에서 비롯되는 남자의 자기애가 타자, 즉 자신과 닮은 사람에 대한 사랑으로 바뀌는 방식을 보여주고 있다. 우리의 가부장적인 가족 조직의 차원에서 보면, 가족 구성원들의 육체적, 기질적 혹은 정서적 유사성이 이 같은 자기 관련성(self-relatedness)을 대체할 수 있다. 왜냐하면 아버지가 자신의 아들에서 자기 자신을 다시 발견하고, 어머니가 자신의 딸에서 자기 자신을 다시 발견하고, 오빠가 자신의 누이에서 자기 자신을 다시 발견하기 때문이다. 그렇다면 근친상간의 사랑은 개별적인 가족 단위의 무대에서만 나타나며, 자신의 에고에 대한 초기의 사랑을 성적 자아의 언어로 표현하는 것이 된다. 이 대목에서 우리는 그 성격상 반(反)개인주의적인 생물학적 충동이 최종적으로 여러 모로 자신을 닮은 어떤 "동일한" 사람에 대한 사랑을 통해서 개인화되고 있는 것을 확인한다.

이 같은 전개는 원시인들의 성적 규제는 족외혼의 규칙을 통해서 근친상간을 막으려는 것이 아니라 구성원들이 다름이 두드러진 이방인 여자들과 성교를 하도록 강제하기 위한 것이라는 우리의 관점을 한 번 더 뒷받침하고 있다. 원시인은 생물학적 생식에 대한 내면의 저항 때문에 실질적으로 섹스를 금기시했거나 아니면 적어도 결혼을 하고 아이들을 낳게 하기 위해 "법"으로 강제되어야 했다. 자연스런 생물학적 섹스의 상대로서 여자가 너무나 강하게 터부시된 탓에 여자와 관계를 맺을 가능성이 거의 없었기 때문에, 원시인 남자가 여자에 대해 품고 있던 이 같은 직관적 두려움을, 즉 다름에 대한 두려움을 극복하도록 하기 위해선 성교가 이뤄질 수 있는 조건을 조성해줄 필요가 있었다. 남자는 아득한 옛날부터 자신의 에고의 요구를 채울 생물학적 충동을 다른 방향으로 돌림으로써 생식을 통해 생명을 이어가는 역할을 피하려고 노력했다. 이런 자연적인 상황을 거꾸로 돌려놓으면서, 남자는 고등 동물의 행동을 통해 자연의 전쟁터로 확인되는 성교를 쾌락의 원천으로 바꿔놓았다.

어쨌든, 생식에 대한 남자의 고유한 저항은 여자를 남자의 불멸을 위협하는 존재로 받아들이는 이데올로기에 의해 생겨났는데, 이 저항은 남자의 성생활과 여자의 성생활을 대상으로 한 수많은 터부로 나타났다. 까마득한 옛날부터 시작된 터부들, 특히 월경을 하는 여자에 대한 터부들은 그런 제한이 남자가 섹스에 대한 공포에서 벗어나기 위해 스스로 강제한 것이라는 점을 분명히 보여주고 있다. 개인의 내면에 있는 섹스에 대한 이 같은 순수한 두려움의 기원을 찾기 위해, 나는 『출생의 외상』(Trauma of Birth)에서 아이가 분만 과정에 경험하는 충격으로까지 거슬러 올라갔으며, 그 결과 여자의 질(프로이트는 이것을 "거세된" 남자의 음경이라는 식으로 설명했다)을 피하는 것을 죽음의 상징을 피하는 것이라고 결론을 내렸다.

자궁은 출생의 장소로서 동시에 죽음을 상징하고, 어머니(대지)에게로 돌아가는 것은 부활의 가능성을 암시하는 것만큼이나 죽음을 암시한다. 고대 그리스의 오이디푸스 전설이 전하는 이런 깊은 의미에서 본다면, 어머니와의 근친상간 욕구는 나르키소스가 누이와 하려는 근친상간과 달리, 성적 특질을 부여한 가족 자아의 언어로 불멸에 대한 근본적인 욕망을 표현하고 있다. 어머니와의 근친상간 욕구는 다시 태어남으로써 영원히 생존하려는 개인의 욕망을 잘 보여주고 있다. 이 욕망을 남자는 생물학적으로 자식들을 통해서, 말하자면 생식을 통해서만 충족시킬 수 있다. 따라서 근친상간 터부는 성적 생식에 관한 집단 이데올로기를 표현하고 있다. 남자의 불멸화한 성욕과 반대되는, 죽을 운명을 낳는 인간의 섹스라는 자연의 법칙을 옹호하고 있는 것이다. 그런데도 개인은 이 근친상간 터부를 위반하면서, 자신의 어머니를 통해 다시 태어남으로써 죽음의 공포를 극복하고 영웅의 지위를 다시 얻으려 노력한다.

근친상간의 의미

근친상간에 의한 출생이 초자연적인 자질들 중에서 최고의 조건으로 여겨지기 때문에, 불멸의 영웅에게는 누이와의 의례적 근친상간이 하나의 의무가 된다는 것을 우리는 앞에서 이미 보았다. 이런 의미에서, 니체는 민간 신앙들(특히 페르시아인들 사이의 신앙)에 대해 언급하는 대목에서 오이디푸스의 근친상간과 부친살해에서 단지 자연의 길에서 벗어나고 있는 초인의 징후만을 보았다. 어머니와의 결혼이 나라 전체의 불모를 부를 저주와 연결되어 있는 오이디푸스 전설에서 그런 초자연적인 영향들이 발견된다. 오이디푸스는 스핑크스를 이김으로써 그 저주에서 풀려나지만 자기 어머니와 성교를 하여 자연스런 생식의 순환을 간섭함으로써 자기 나라에 불임이라는 비슷한 저주를 불러온다. 이 영웅의 성적 위반이 전반적인 불임을 부를 뿐만 아니라 위협적인 기근으로도 처벌을 받기 때문에, 고대 그리스 도시 국가의 봉건적 구조가 보다 "민주적인" 가족 공동체에 밀려난 시기에 오이디푸스가 근친상간의 터부를 깨뜨린 것은 섹스와 굶주림 사이의 토테미즘적인 상관관계를 새로운 차원에서 보여주고 있다.

굶주림과 섹스라는 두 가지 중요한 자연의 힘들 사이에 일어나는 이 같은 상호 작용은 번영의 시대에는 무시할 수 있지만 위기의 시대를 맞아 기근이 심해지거나 섹스가 넘쳐나게 되면 심각한 문제가 된다. 기후와 계절의 변화, 자연 재앙(예를 들면 성경 이야기에 나오는, 인간이 굶어죽지 않기 위해 동물의 보존을 요구했던 그 홍수), 전염병, 전쟁을 비롯한 재난은 섹스와 굶주림 사이에 유지되던 상호 의존의 미묘한 균형을 깨뜨릴 수 있다. 현재 우리는 인구와 식량 공급 사이의 심각한 불균형에 한 번 더 직면하고 있다. 이것은 섹스를 단순히 밀실의 대화의 소재나 상담실에서 논의될 개인적인 문제 그 너머로까지 끌어내고 있는 문제이다. 이번에 인간은 이 문제를 지금까지 한 번도 경험해보지 않은 규모로 직면하고 있다. 게다가 인간이 이 문제에 대한 책임을 전적으로 다 져야 하는 상황이다.

인구와 식량에 나타나는 불균형을 탓할 토템도 없을 뿐만 아니라 인간과 이 책임을 공유할 만한 신들도 모두 팽개쳐진 상태이다. 따라서 인간은 자연을 정복하면서 뻔뻔스럽게 굴었던 데 대한 대가를 직접 치러야 한다. 경제학자들은 현재의 세계 인구를 먹여 살릴 만큼 충분한 양식을 확보할 수 있다는 데 동의하는 한편, 소수의 우생학자들은 세계가 "회복"을 위해 필요로 하는 것은 더 많은 아기들이라고 주장한다. 영국 동물학자인 호그벤(Lancelot Hogben) 교수의 인구 연구서들은 산업 사회의 출생률이 급속도로 떨어지고 있다는 점을 보여주고 있다.

우리에게 이보다 더 큰 관심을 끄는 것은 원시인의 성적 규제들에 대한 우리의 관점, 즉 인간의 생식은 방해하지 않고 가만 놓아둘 경우에 자체의 힘으로 나아가게 된다는 일반적인 의견은 착각에 지나지 않는다는 견해를 확인시켜주는 그의 전반적인 결론이다. 호그벤은 현대의 삶에서 암묵적으로 받아들여지고 있는 이 가정에서 모순되는 요소들을 몇 가지 지적하고 있다. 한 가지 예를 든다면, 도시의 인구 밀집이 주민들로 하여금 자식을 낳는 데 다소 의식적으로 저항하도록 만든다는 점이다. 이는 주거지가 좁고 또 가족의 중심으로서의 가정의 역할이 상업화된 오락 때문에 약화되었기 때문이다. 그는 "높은 인구 밀도가 출생률을 떨어뜨리고, 낮은 출생률이 민족의 자살로 이어질 것임은 논쟁의 여지가 없다."고 결론을 내린다.

이와 똑같은 관찰은 국가 내의 어떤 계급뿐만 아니라 전체 국가에도 그대로 통하는 것 같다. 특히 유럽의 관찰자들은 가난한 국가들이 가난한 가족과 마찬가지로 아이들을 가장 많이 낳는다는 역설적인 발견에 크게 놀라고 있다. 어느 누구도 이 같은 사실을 제대로 설명할 수 있을 것 같지 않기에, 우리는 미국 생물학자 펄(Raymond Pearl) 교수가 『인구의 자연사』(The Natural History of Population)에서 솔직하면서도 완곡하게 인정한 내용을 받아들인다. "정의할 수 없거나 모호한 요소들이 작용하고 있다. 그런데 이 요소들의 정확한 성격에 대해서는 알려진 것이 아직 하나도 없다." 인간의 본성에 일부 비이성적인 요소들이 작용하고 있다는 그의 고백은 그가 피임에 아주 단호하게 반대하는 인물이라는 점을 고려한다면 더욱 무게를 얻게 된다. 펄은 특히 미국의 경우에 출생률 하락은 피임약에 대한 접근이 용이하기 때문이라고 주장했다. 그렇다면 경제적 및 사회적 계급에 따라 출생률이 다른 것은 주로 "자기 자신을 갖고 싶어 하는 의지의 강도가 서로 다르기 때문"이라는 뜻이다. 이 같은 사실들은 출생률의 차이가 대부분의 사람들이 믿는 것과 달리 전적으로 경제적 요인에만 좌우되는 것이 아니라는 점을 결정적으로 뒷받침한다. 사실 섹스는 특정한 공동체의 삶에 의해 결정되는 온갖 종류의 사회적 요소들과 마찬가지로, 언제나 인간의 의지를 넘어서는 비이성적인 요소들이 작동하고 있는 영역이다.

개인적 및 사회적 문제들의 다양한 양상들을 두루 보이고 있는 현재의 세계적 위기도 최종적 분석에선 인구와 식량 공급 사이의 불균형, 말하자면 인간들이 야기한 불균형으로 압축될 수 있다. 왜냐하면 인간이 원래 토템에게로 돌려졌던 책임을 전적으로 져야 하게 되었을 뿐만 아니라 이제 더 이상 자연에 맡겨둘 수 없게 된 식량 공급에 대한 관리까지 떠맡아야 하기 때문이나. 원시인의 최초의 성적 터부에서부터 우리 현대인의 직접적이거나 간접적인 형태의 피임에 이르기까지, 인간은 자연에 맞서 이 같은 성적 자아를 창조했으며, 이 성적 자아 앞에서 남녀 개인은 기본적으로 하나의 섹스 세포에 지나지 않는다. 자기 자신을 하나의 개인으로서, 혹은 가능하다면 하나의 성격으로서 순수하게 생물학적인 기능과 구별하려는 인간의 욕구는 인간과 자연 사이에 균열을 일으켰다. 인간은 그 균열로 인해 고통을 받고 있지만, 그 균열은 인간이 문화를 성취하도록 한 요소이기도 하다.

원시인이 자신의 자연적인 성 생활에 도입했고 또 그 뒤엔 가축들의 번식에 적용했던 제한과 터부는 앞에서 본 바와 같이 영원한 존속, 즉 개인적 불멸을 추구하려는 욕망에서 비롯되었다. 순전히 자기중심적인 이 같은 태도는 그런 "자살적" 경향을 중화시킬, 똑같이 강력한 다른 요소들이 없었더라면 인간에겐 재앙의 결과를 안겨주었을 것이다. 그 다른 요소는 인간이 자신의 의지와 반대로 아이를 낳게 하는 성적 충동의 힘만이 아니었다. 다른 요소도 있었다. 죽음이 이 삶에서 다른 삶으로 옮겨가는 것이 아닌 최종적인 것이라는 깨달음이 그것이었다. 원시인은 자신이 영원히 살려는 바람에서 생식에 저항한 한편, 문명인은 그런 소망이 헛되다는 것을 깨달으면서 불멸을 집단적으로, 즉 종족이나 공동체 혹은 국가 안에서 자기 자식들을 통해서 이루는 것으로 받아들였다.

인구 과잉과 인구 부족 사이의 풀 수 없는 이 딜레마는 단지 개인의 내면에서 일어나는 개인의 존속과 종족의 존속 사이의 영원한 갈등을 반영하고 있다. 독특한 개인들로서 우리는 생식을 원하는 것이 아니라 영원히 존속하길 원한다. 또 남녀 세포로서 우리는 아이를 낳아야 할 뿐만 아니라 적어도 집단적으로 존속하기 위해 아이를 낳길 원한다. 한마디로 말하면, 낮은 출생률은 개인적 존속에 대한 욕구의 결과인 반면, 인구 과잉은 민족적 존속을 위한 노력이 지배적이라는 점을 암시한다.

그렇다면 여기서 한편으로는 개인을 민족에 종속시키는 전체주의 국가들의 이데올로기가 나오고, 다른 한편으로는 개인에게 스스로를 영속화시키고 또 가족의 좁은 영역 안에서 소유물을 지킬 권리를 어느 정도 부여하는 다양한 형태의 민주주의가 나온다. 그럼에도 실제로 보면 부모가 맡거나 국가가 맡는 두 종류의 계획 사이엔 그리 큰 차이가 없다. 왜냐하면 국가는 정부 형태를 불문하고 언제나 시민들에게 아이를 낳을 것을 요구하기 때문이다. 직접적으로 요구하지 않을 경우에는 경제적 및 사회적 조치를 통해서 아이를 요구한다. 따라서 섹스는 원시 공동체에서 터부를 통해 통제되었던 것 못지않게 지금은 국가의 통제를 받고 있다고 할 수 있다. 통제의 방법만 달라졌을 뿐이다.

성적 자유에 대한 개인의 욕망과 종족 보존의 본능에 따른 성적 충동 사이의 이런 해묵은 갈등은 온갖 종류의 사회적 규제로 표현되었다. 개인이 자신의 성적 기능에 대한 통제권을 개인적으로 지키려 하는 그 은밀성에서도 이 같은 갈등이 엿보인다. 개인이 자신의 성적 기능에 대한 통제권을 지키려 하는 태도는 자위와 다른 성도착 등 다양한 "부자연스런" 행위에 몰입하는 개인들에 의해서도 뒷받침되고, 섹스를 대하는 전반적인 태도에 의해서도 뒷받침된다. 섹스는 대단히 비밀스런 것으로서 어린이뿐만 아니라 공동체로부터도 보호되고 있다. 그래서 전체주의의 산물인 "총알받이" 군인들은 섹스에 관한 노골적인 농담을 만들어냈다. 개인은 그런 농담에서 억눌린 개인적 쾌감의 배출구를 찾았다.

인구의 계획적 대량 생산은 새로 정복한 영토로 제국주의를 확장해야 할 필요성에 의해 정당화되고, 또 잉여 인구는 영토를 획득하는 과정에 죽는다. 이런 측면에서 보면, 섹스는 언제나 전사 계급이나 군인 유형을 낳는 수단으로서만 아니라 다른 민족을 정복하는 종국적 목표를 위한 수단으로 휘둘러진 막강한 정치적 무기였으며 지금도 그런 무기의 역할을 하고 있다. 여기서 우리는 개인에게서만 아니라 다른 민족에게 피해를 입히기 위해 자기 민족의 인구를 늘리려는 충동에서도 "가학적인" 요소를 발견한다. 그러나 우리 시대에는 민족적 생존을 추구하려는 이 충동은 오히려 민족 멸종에 대한 두려움처럼 보인다. 전 세계에 흩어져 있는 유대인이나 세계대전 후의 독일인처럼 정복당한 민족 사이에 그런 두려움이 쉽게 나타난다. 이 같은 자연적인 반응들은 잘 알려진 어떤 사실, 즉 정복자와 승리자들은 사라지기 쉬운 반면에 정복당한 자, 즉 굴종적인 자는 "세상을 물려받게 된다"는 사실을 설명해준다. 이집트인들의 유대인 정복에서부터 로마인들의 기독교인 정복에 이르기까지, 이는 역사를 내려오는 동안 내내 진리였다. 중세에도 그대로 진리였고 지금도 마찬가지로 진리로 통하고 있다.

이 대목에서 기억해야 할 또 다른 진리도 똑같이 중요하다. 권력을 잡고 있어 우수한 것으로 여겨지는 국가와 계급들의 출생률이 보통 사람들보다 떨어질 뿐만 아니라, 행동가와 위대한 예술가와 학자 같은 우수한 개인들도 아이를 낳지 않거나 자기보다 열등한 아이를 낳는다는 점이다. 이런 중요한 사실을 고려한다면, 인구 문제를 논의할 때에는 양만 아니라 질적인 문제도 거론되어야 한다. 지도자와 대중의 상호 관계가 나타나는 사회생활에서, 이 두 가지 역동적인 요소들은 이상한 방식으로 상호 작용한다. 제대로 된 지도자라면 더 많은 국민들을 위해 영토를 확장할 수 있는 능력이 있어야 하는 한편, 잉여 인구는 자신의 행동을 끌어줄 지도자를 필요로 한다. 그럼에도 우리는 지금 당장 인구의 대량 생산을 추구하고 있는 전체주의 국가에서 한 사람의 강력한 지도자만을 보고 있다. 계승자는 어디에도 보이지 않는다. 일단의 지도자들이 한 사람의 최고 행정관을 선택하고 그 사람의 권력을 견제하는 민주주의에 비해 강력한 실력자의 필요성이 훨씬 더 강한 상황인데도 말이다.

원시인이 "주술적으로" 해결했던 리더십 문제를 현대인이 생물학적으로 어떻게 풀려고 노력했는지를 보여주기 위해, 나는 여기서 20세기에 시도되었던 어떤 실험에 대해 언급할 것이다. 20세기 초에 일본이 서구화되고 또 점점 증가하던 인구가 확장과 리더십을 요구했을 때, 일본 정부는 상금을 걸고 전 세계의 학자들을 대상으로 천재를 기를 수 있는 최선의 방법을 찾는 콘테스트를 벌였다. 거기서는 아무런 결실이 나오지 않은 것 같지만, 이 같은 문제 제기가 독일 과학자 빌헬름 오스트발트(Wilhelm Ostwald)로 하여금 『위대한 사람들』(Great Men)이라는 책을 쓰도록 고무했다. 이 책에는 과학 분야에서 천재성을 보인 10여 명의 전기가 담겨 있다.

이 책을 보면, 대부분의 인물들은 어린 시절부터 줄곧 온갖 종류의, 즉 육체적, 정신적, 환경적 결함뿐만 아니라, 그들의 미래 성취와 관련해서도 불리한 처지로 고통을 겪었다. 오스트발트는 그들의 인생 이야기를 객관적으로 전하면서 어떠한 결론도 내리지 않았으며 자료들이 스스로 말을 하도록 했다. 분명히 이 책에 실린 사람들은 적대적인 환경에도 불구하고, 또 육체적 장애를 고려한다면 그들 자신에도 불구하고 놀라운 것들을 성취했다. 과학 분야든 예술 분야든 천재를 길러내는 것과 정치 지도자를 배출하는 훈련의 차이점을 감안한다면, 지도자들의 부족으로 붕괴한 로마 제국에 의해 뒷받침되듯이, 자연 발생적인 발달이라는 똑같은 원칙이 두 영역 모두에 똑같이 적용된다. 오늘날 우리는 전체주의 국가들, 특히 독일이 미래 지도자의 문제에 큰 관심을 기울이는 것을 지켜보고 있다. 젊은 세대를 일찍부터 당의 이데올로기에 맞춰 훈련시키는 청년 운동이 강조되고 있는 것도 바로 그런 관심에서다.

따라서 작거나 크거나를 불문하고 모든 공동체는 3가지 중요한 문제에 관심을 둬야 한다. 첫 번째이자 가장 중요한 문제는 현재 살고 있는 세대들을 위한 식량 공급이다. 둘째는 공급 가능한 식량에 비춰 출생률과 사망률의 균형을 잘 맞추는 것이다. 마지막은 주어진 환경 안에서 이 문제들을 제대로 처리할 지도자들을 적절히 공급하는 것이다. 이 3가지 문제, 특히 마지막 문제의 해결은 기후 조건과 민족적 유산과 관계없이 공동체의 규모에 좌우되는 것 같다. 이는 작은 부족 공동체들이 단순한 토템 조직으로도 대를 이을 수 있었고 또 지금도 이을 수 있는 이유를 설명해준다. 단순한 토템 조직의 경우에 그 균형을 맞추는 책임은 하나의 허구적인 지도자로서 토템이 강요하는 터부를 고수하는 전체 공동체에게 떨어진다.

공동체가 커짐에 따라, 이 허구적인 리더는 추장, 왕으로 구체화되었으며, 이 추장과 왕은 앞에서 본 대로 토템 동물이 식량 공급뿐만 아니라 출생률을 통제한 것과 똑같은 방법으로 공동체의 안녕에 대해 책임을 지게 되었다. 토템의 허구적 리더십에서 문명화된 민족들의 이상적인 지도자, 즉 민족들의 신의 전조가 보이며 이 신이 최종적으로 국가라는 절대적인 개념으로 구체화된다. 이어서 신들이 황혼기를 맞음에 따라, 인간은 자신의 영혼과 공동체의 안녕에 대한 책임을 점점 더 많이 떠안게 되었으며 그러다가 고대부터 현대까지 모든 문명의 특징인 그런 리더십의 형태가 등장하기에 이르렀다. 이 땅 위의 신의 대표자로, 그리고 이 땅 위의 신의 왕국을 대체하는 국가의 대표자로 왕이 등장한 것이다. 기독교의 등장으로, 보다 오래된 형태의 리더십, 즉 왕과 그의 국가로 대표되는 세속의 통치자와 교회로 대표되는 '천국의 지배자' 사이에 책임을 공유하는 리더십이 되살아났다. 그 후 2,000년 동안 인류는 그 책임 중 어느 정도가 "카이사르"에 속하고 어느 정도가 신에 속하는가 하는 문제를 놓고 끊임없이 고민해 왔다. 우리 시대에 와서 이 인간적인 문제가 새로운 위기를 일으켰다. 전체주의 국가들은 이 위기를 자신들의 세속적 종교를 통해서, 말하자면 통치의 두 가지 측면을 하나로 결합함으로써 해결하려고 노력하고 있다. 전체주의 국가들의 지도자들은 자신들이 더 이상 이 땅 위에서 신을 대표하는 존재가 아니고 자신들의 배경인 대중의 힘을 대표하는 존재라고 고백한다. 그러나 실제로 보면, 그들은 신과 같은 독재를 행사하면서 국민을 경멸하고 있다. 당연히 국민은 그런 지도자들을 두려워하고 있다.

이처럼 대중을 강조하는 것은 기독교 시대 때와 마찬가지로 우리 시대의 진정한 특징이기도 한데, 이는 삶에 대해 보다 현실적인 태도를 취하고 있다는 점을 암시한다. 대중에 대한 강조는 당연히 리더의 중요성을 최소화하게 되어 있다는 점에서, 아니 리더를 제자리에 앉히게 된다는 점에서 보면 그런 해석이 가능하다. 정말로, 문화적 성취를 이루도록 끊임없이 자극하는 데에는, 문화를 창조하는 전설적인 영웅에서부터 문화를 풍성하게 가꾸는 예술가와 과학자들에 이르기까지 온갖 부류의 리더십이 반드시 필요하다. 그러나 문명은 정치 분야나 다른 분야에서 앞서 나아가는 비교적 작은 수의 인물에 의해서가 아니라 대중에 의해서 성취되거나 적어도 유지된다. 현재와 같은 위기의 시대에는 문명을 진정으로 구하는 사람들은 문명을 구해야 한다고 목청을 높이는 소수의 지식인이 아니다. 문명을 구하는 사람들은 바로 리더 유형이 꺼리는 단순한 생존과 생식을 통해서 생명의 지속성을 보장하고 또 그것을 통해서 특별한 문명을 보장하는 대중들이다. 창조적인 천재와 그의 성취가 아무리 뛰어나다 하더라도, 천재에겐 자신의 작품을 평가해줄 관중이 반드시 필요하다. 그래야만 천재의 작품이 비생산적인 쪽으로 타락하지 않을 것이다. 신을 놓고 흔히 말하듯, 천재를 숭배하고 천재의 작품을 찬양할 사람들이 없다면 정말로 천재는 존재조차 하지 못할 것이다.

대중과 그들이 구체적인 어떤 문명의 영속을 위해 하는 역할의 중요성에 대해 논하면서, 우리는 그들의 경제적 투쟁을 간과해서는 안 된다. 경제적인 문제가 생식의 문제와 밀접히 연결되어 있기 때문이다. 그럼에도 개인이 대중의 수준 그 이상으로 우뚝 서고 부(富)나 권력 혹은 창의성을 통해서 두드러지게 만드는 것은 경제적 필요나 사회적 야망 그 이상이다. 그런 성공에는 자신의 불멸을 위해 자아실현과 성취를 이루려는 개인적 욕구가 표현되고 있다. 따라서 섹스를 통한 생식에 대한 저항이 생겨나게 되었다. 이 저항을 통해 인간은 자신의 성격을 삼켜버리겠다고 위협하는 강력한 종족 본능으로부터 스스로를 보호하려 노력한다. 그렇기 때문에 개인의 의지는 섹스에 드러나는 자연의 의지에 맞서게 되어 있다. 개인은 자신의 성격 안에서 생식 본능을 누르게 될 것이다. 이런 측면에서 보면,

현대인이 자신의 성생활을 제한하고 있다고 여기는 모든 터부와 제약은 원래 성적 본능을 지배하려는 에고의 강력한 표현이었다. 현대인이 자신의 환경적 유산의 탓으로 돌리고 있는 모든 성적 금지는 원래 인간이 섹스의 종국적 숙명인 죽음으로부터 자신의 에고를 구하기 위해 만들어낸 어떤 비이성적인 이데올로기를 표현한 것이었다. 이런 식으로 인간은 성적 자아를 구축했으며, 이 성적 자아는 그것이 제대로 기능을 하게 되어 있던 문화적 풍토, 즉 주술적 세계관이 이성적인 생의 철학으로 대체되었을 때 최종적으로 긍정적인 기능을 상실하게 되었다.

따라서 우리는 인간의 성적 충동이 서로 다른 두 방향으로 발달하고 있는 것을 확인하고 있다. 그 방향은 섹스가 개인을 지배하는 힘을 받아들이고 거기에 따르는가 아니면 그 지배력에 의지력으로 저항하는가에 따라 달라진다. 섹스가 개인을 지배하는 것에 저항하는 태도가 문명인과 문명인의 원시인 조상을 나누는 기준이다. 왜냐하면 그런 태도가 인간 문화의 성취로 이어졌기 때문이다. 그렇다고 온순한 사랑의 감정을 통해서 섹스의 강압적 힘에 굴복하려는 욕구가 더 커지지 않은 것은 아니다. 개인이 섹스의 강압적 힘을 받아들일 수 있는 유일한 길은 한 사람에게, 사랑하는 사람에게만 의지로 섹스를 양보하는 것이다. 그렇게 할 때에만 섹스가 개인에게 생의 의미를 지니는 것 같다. 그렇지 않을 경우에는 섹스와 죽음의 자연스런 연상이 금지의 한 요소로 작용하게 된다. 이 연결은 최종적으로 개인의 내면에 있는 섹스에 대한 저항을 설명해준다. 왜냐하면 섹스를 자신의 본성을 지배하는 힘으로 받아들일 경우에 그 사람은 자동적으로 죽음을 섹스의 쌍둥이 형제로 받아들이게 되기 때문이다(그리스 전설에서 에로스와 죽음의 신 타나토스는 언제나 분리 불가능한 것으로 묘사된다). 이것은 또한 섹스의 발견이 이 세상에 죽음을 끌어들였음을 보여주는 성경의 에덴동산 이야기가 의미하는 바이기도 하다. 왜냐하면 성격은 그 사람이 섹스를 받아들이든 부정하든 상관없이 섹스에 의해서, 그리고 섹스를 통해서 최종적으로 파괴되기 때문이다. 그러나 섹스를 부정하는 경우엔 성격의 파괴는 그 사람 본인의 뜻에 따른 것으로서, 자연이 덧없는 에고를 위해 준비해 두고 있는 파괴에 맞서 일어나게 된다.

7장

여성의 심리학과
남성의 이데올로기

남자는 아득한 옛날부터 여자들에게 개인적으로나 집단적으로나 남자의 생활 방식을 강요했다는 말은 이제 아주 진부하게 들린다. 전통들은 마찬가지로 여자들이 남자가 만든 지배적인 이데올로기에 기꺼이 복종했을 뿐만 아니라 그것을 자신의 것으로 흡수하여 자신에게 유리한 쪽으로 이용할 만큼 현명했다는 데도 동의하는 것 같다.

이보다 더 중요함에도 불구하고 아직 분명하지 않은 것은 상호 보완의 과정이다. 즉, 남자가 자신의 사고방식을 여자에게 강요하면서 여자의 중요한 기능들 일부를 빼앗고 따라서 뜻하지 않게 남자의 심리와 근본적으로 다른 여자의 심리 일부를 흉내 내게 된 과정이 아직 명쾌하게 밝혀지지 않고 있는 것이다. 바로 여기에 심리학적 역설 중에서 가장 역설적인 것이 들어 있다. 자신의 성적 의지에 따라 여자를 다듬던 남자가 여자의 본질에 매우 깊이 박혀 있는 사랑의 원칙을 남자의 이데올로기적인 철학으로 받아들여야 했던 그 역설 말이다.

어머니 여신

앞에서 본 바와 같이, 아가페 개념은 고대에, 특히 어머니 여신이 최종적으로 영웅이라는 남자다운 이상으로 교체된 그리스 문명에서 실종되었던 여자의 사랑의 중요한 원칙을 되살려냈다.

원래의 어머니 문화가 남자 중심의 계급 조직에 의해 이런 식으로 점진적으로 대체된 과정은 특히 근동, 즉 소아시아에서 고대 종교의 발달에 반영되고 있는 것 같다. 우리의 관심을 특별히 끄는 것은 그런 발달에 관한 최근의 한 연구서이다. 이미 언급한 바 있는 이 연구서는 성경 속의 이야기를 추적한 것으로, 사회 조직이 이 형태에서 다른 형태로 옮겨가는 단계들을 보여준다. 문제의 연구서는 성경을 통해 "에돔 왕국의 암벽 도시"로 알려진 페트라의 이야기를 다루고 있다. 페트라는 모세의 시대 아니면 그 전부터 여러 세기 동안 교통로를 지배했다. 모계를 중심으로 계승이 이뤄지던 페트라의 초기 시대에 그곳의 신은 여신이었는데 이 여신은 처음에는 배우자의 역할을, 그 다음에는 아버지의 역할을 할 아들을 하나 얻음으로써 마지막에는 여신 본인이 남신의 형태로 남성화되었다.

문명화된 민족들의 모든 초기 종교들에 특징적으로 나타나는 이런 식의 발달은 생물학적 사실들과 초자연적인 이데올로기들이 결합되면서 가족 유형이라는 개념이 점진적으로 나타나는 과정을 보여주는 것 같다. 그럼에도 어떤 의미에서 보면, 원래 양성이었던 어머니 여신의 이 같은 상징은 훗날 성경에 그려진 "최초"의 인간이라는 신화적 개념의 뒤에 숨겨진 진정한 이야기를 우리에게 보여주고 있다. 남자에 의해 임신이 되려면, 여자는 먼저 남자를 자신의 아들로 낳아야 했다. 이 아들은 성장한 뒤 그녀의 짝이 되어 아버지가 될 것이다. 성경의 이야기는 남자는 인간 여자에게서 태어난다는 점을 남성 중심으로 다시 바꾼 버전을 통해서, 이 전개의 최종 단계를 제시하고 있다. 이에 반해 원시적인 종교는 자부심 강하거나 남녀 한 몸인 여신의 예를 많이 갖고 있다. 이 여신은 원래 남자의 도움 없이 생명을 창조한 다음에 남자를 창조하고, 그러면 이 남자는 여자를 자신의 형상에 따라 창조한다. 남자의 기원에 대한 이런 식의 고찰은 필히 근친상간이 얽힌 기원으로 이어진다. 그러나 이 근친상간적 기원은 생물학적 사실들을 반영하는 것이 아니라 남자가 자신의 인간적인 본성을 부정하기 위해 자신이 어머니에게서 기원했다는 것을 지우려는 이데올로기적 필요성을 표현하고 있다. 바로 여기서 종교적, 사회적, 예술적 창의성에 대한 남자의 역동적인 동인이 발견된다. 남자는 이런 창의성을 통해서 자신의 초자연적인 기원(종교)과 능력(예술)을 입증할 뿐만 아니라 그 능력을 사회 조직(국가, 정부)이라는 실용적인 측면으로 바꿔놓으려 노력한다.

훗날 결국엔 아버지로서 그녀의 자리를 빼앗을 자신의 아들이자 연인과 결합한 원시 시대의 어머니 여신은 근동 지역 종교들의 특징인 "천상의 여왕"의 원형인 것 같다. 이 종교들에서는 예외 없이 어머니 여신은 성적으로 아들과 관련 있는 것 같다. 바빌로니아와 이집트에서부터 페르시아와 그리스 전통에 이르기까지, 우리는 이스타르-타무즈, 이시스-호루스, 마자-아그니, 타니트-미트라, 키벨레-아티스, 아스타르테-아도니스, 아프로디테-헤르메스 등의 관계에서 이와 똑같은 패턴이 상징화되고 있는 것을 발견한다. 영국 저널리스트 로버트슨(John Mackinnon Robertson)이 신화적인 마리아와 연인과 아들의 관계를 맺은 것 같은 팔레스타인의 어느 신(아마 여호수아일 것이다)에 관한 초기 신화를 근거로 주장하듯이, 기독교 전통 안에서도 예수 그리스도와 마리아의 관계에 이와 비슷한 흔적이 확인된다. 그러나 기독교는 그런 고대의 개념들과 단순히 비슷한 것이 아니고 동양 문명의 남성화에 굴복했던 원래의 어머니

266

개념을 부활시키며 재해석한 것이라는 점을 기억하는 것이 중요하다. 왜냐하면 기독교에서 이 근친상간의 관계는 영적 부활의 상징으로 해석되고 있기 때문이다. 이 개념은 사람이 나이들어서 어떻게 태어날 수 있는가 하는 니코데모의 물음에 대해 예수가 내놓은 대답에서 잘 설명되고 있다. 사람이 다시 자기 어머니의 자궁으로 들어가 두 번째로 태어나는 것이 가능한가? 이 교활한 질문에 대한 그리스도의 잘 알려진 대답은 고대 전설에 대한 그의 영적 해석을 보여주고 있다.

문명의 남성화

나의 의견에는 역사를 설명하는 데 가장 중요한 단서가 되는 인간 문명의 점진적 남성화는 사회적 개념들의 발달과 예술적 창조뿐만 아니라 신화적 및 종교적 전통에 의해서도 뒷받침되고 있다. 신화적으로 본다면, 문명의 남성화는 초기의 모든 종교들의 특징인 달의 여신이 달을 지워버리는 남자다운 태양의 신으로 넘어가는 과정에 잘 요약되어 있다. 이 변화는 넓은 지역에서 원래 여자다웠던 달의 여신의 전설에서 발견된다. 달의 여신은 처음에 남성 상대물인 달의 신으로 보완되었는데, 이 달의 신은 아들 혹은 오빠의 역할을 맡다가 다음에는 남편과 아버지의 역할을 맡았다. 나의 책『예술과 예술가』에 이런 내용이 담겨 있다. "개화된 민족과 원시적인 민족들 사이에서 공통적으로 나타나는 이런 신화적 전통들은 달의 숭배를 보여주는 유물들이 원시적 개념의 사회가 존재했음을 말해 준다는 사실에서 보면 사회학적으로도 그와 비슷한 것을 갖고 있다. 달을 숭배하던 사회에서 여자는 태양 숭배 의식이 있던 문화들의 계급적 조직 안에서보다 훨씬 더 큰 역할을 맡았다."

여자의 중요성에 대한 부정을 암시하는 남성화를 가장 잘 보여주는 예는 투탕카멘(Tutankamon) 왕이 태양신 '라'를 강압적으로 숭배하도록 함에 따라 고대 이시스 종교에서 행해지던 달 숭배가 가려지게 된 이집트의 전통에서 발견된다. 고대 이집트에서 행해졌던 원래의 달 숭배에 따르면, 아이는 엄마의 이름을 따랐으며, 아버지 없는 아이인 모세의 전설에도 모계가 그대로 반영되었다. 여기서도 영웅 탄생의 신화를 보여주는 다른 모든 전통에서와 마찬가지로, 프로이트가 자신의 가부장적 철학에 비춰 본 것과 달리, 아버지는 제거되거나 완전히 무시당하지는 않아도 중요하지 않은 존재였다.

억압된 어머니 숭배가 초기 문명에 단편적으로 나타나고 있기 때문에, 우리는 한때 보편적으로 행해지나가 자신의 불멸성을 키우려는 남자의 필요에 의해 부정당했던 여자의 창조성에 대한 숭배의 증거를 추가로 찾기 위해서 고대 전통의 다른 유물들을 뒤져야 할 것이다. 그런 탐구가 얼마나 멀리까지, 또 예상하지 않은 방향으로 진행될 수 있는지는 페트라의 초기 종교에서 이 같은 성(性)의 변화를 연구하는 머레이 박사의 주장에 잘 드러나고 있다. 머레이 박사는 단순히 타원형의 돌에 지나지 않는 그 신들의 형상들 중에 "무지의 시대"에 메카에서 숭배되었던 신도 있다고 주장한다. 이 같은 추측이라면 카바(사우디아라비아 메카에 있는 이슬람 최고 사원의 중앙에 자리 잡은 사각형 건물을 말한다. 이슬람 최고의 성지로, 신의 집으로 여겨진다/옮긴이)를 덮는 "신성한 카펫"이 한때 어떤 여신의 이미지였기 때문에 그것을 점잖게 가려야 했을 것이라는 짐작도 가능하다. 이런 해석은 성지 순례 행사 동안에 카바를 도는 의식을 옛날에 행해진 의식적인 춤의 잔재로 설명한다. 그 시절에 이교도 아랍 사람들은 벌거벗은 몸으로 카바를 돌며 춤을 추었고, 바알의 성직자들은 인간의 제물을 필요로 했던 어느 신의 제단들 앞에서 풀쩍풀쩍 뛰었다. 유대인들은 인종적으로 아랍인들과 가깝고 또 종교적으로 바빌로니아의 영향을 받는 상태에서 이와 같은 문화적 전개를 경험한 것 같다.

오랜 역사를 내려오면서 주인이 자주 바뀌었던 페트라는 그 풍요에 끌린 사막의 아랍 부족들에게 끊임없이 점령당했다. 성경에는 페트라가 에돔으로 알려져 있다. 초기에 에서의 후예들로 유대인의 일족인 에돔 사람들이 차지했기 때문에 그런 이름으로 불렸다. 페트라를 에돔 사람들은 호리 사람들로부터, 호리 사람들은 겐 사람들로부터 빼앗았다. 페트라는 겐 사람들의 지배를 받던 때 처음으로 알려졌다. 페트라의 역사 대부분의 출처인 성경은 권력을 행사하던 때의 유대인들이 대단히 원시적이고 조잡했다는 점을 보여주는 예들을 많이 제시하고 있다.

종교적 의식이라고 하기엔 너무나 어울리지 않고 또 유대인 사이에 행해졌던 어머니 숭배의 잔재를 간직하고 있는 것 같은, 훗날에 기록된 어떤 사건이 있다. 바로 다윗 왕이 토라(유대교에서 가장 중요한 문서로, 히브리어로 "법"을 뜻한다/옮긴이) 앞에서 춤을 춘 에피소드를 말한다. 최초의 신전이 건축되기 전의 시대뿐만 아니라 또 다른 어머니의 상징인 '황금 송아지'의 시대 초기에조차도 들리지 않았던 불경스런 짓이었다. 카바의 원래 "성"(性)에 관한 머레이 박사의 주장에 비춰보면, 유목민인 유대인들을 사막으로 이끈 토라는 원래 여성적인 상징을 표현했을 가능성도 있다. 말하자면 아시아적인 위대한 어머니 여신의 유물일 수 있다는 것이다. 이 여신은 남자 모세를 통해 여호와로 대체되었고, 여기서 고대 이집트의 어머니 숭배가 일신교의 아버지 숭배로 옮겨간 것으로 보인다. 새로운 남성 위주의 모세 법을 담고 있는 토라는 카바와 비슷하게 밖에서 보이지 않게 제의로 조심스럽게 덮였다. 유대교가 일신교인 것은 초기의 어머니 여신의 특징을 드러내었던 외국의 신들에 맞서 오랫동안 투쟁을 벌인 결과이다.

기독교는 어머니 숭배가 초기에 지녔던 중요성을 공개적으로 회복했을 뿐만 아니라 유대교와 로마의 치국술에서 고도로 남성화된 부분을 제거했다. 동양의 어머니 숭배를 영성화함으로써, 기독교 종교는 지극히 생물학적인 어머니의 숭배의 개념을 남자와 여자에게 보편적으로 적용할 수 있는 사랑 이데올로기로 확장시켰다. 우리는 이런 영적인 사랑의 개념인 아가페가 점진적으로 세속적인, 말하자면 성적인 사랑의 욕망으로 인해 변질되는 과정을 보여주었다. 이 두 가지 원칙의 혼동은 낭만적인 사랑의 감정에서 절정을 이뤘다. 이 같은 반(半)종교적인 전개는 서구 세계의 여성화라 불릴 만한 것을 촉진시켰으며, 그 결과 지금과 같은 남자의 심리 유형이 나타나게 되있다. 고집이 있는 에로스와 양보적인 아가페는 가가 "원함"(의지)과 "원함을 받는 것"(사랑받는 것)이라는 심리학적인 용어로 바뀌었다. 이것은 성격 유형들의 변화를 초래했을 뿐만 아니라 현대의 전반적인 사회적 관습의 변화까지 부른 그런 도덕적 재평가였다.

현대인의 내면에서 일어난 이런 심리의 변화는 남성적인 것과 여성적인 것을 도덕적으로 분류하는 그 이상의 새로운 평가를 요구하고 있으며, 이 새로운 평가는 남녀의 성격에서 의지의 기능과 관련해 나타나는 근본적인 차이를 고려할 것이다. 남자의 의지는 자유롭게 표현될 때 단순히 "원하게" 되는 한편, 여자의 심리에서는 우리는 원함을 받기를 원하는 모순적인 의지의 현상을 발견할 것이다. 의지의 표현에 나타나는 이 같은 반전은 우리에게 거기서 인간 본성의 또 다른 괴팍함을 볼 것인가 아니면 여자의 타고난 자아가 순수하게 표현되는 것을 볼 것인가 하는 문제를 제기할 것이다. 후자의 가설은 여자의 심리가 언제나 따로 있었고 지금도 존재하고 있다는 것을 전제로 할 것이다. 여자의 심리가 인류 역사 내내 알려지지 않은 채 남아 있었을 뿐만 아니라 남자의 이데올로기 때문에 종교적으로나 사회적으로나 심리학적으로 잘못 이해되어 왔다는 것을 전제하고 있는 것이다.

먼저 여자다운 아가페와 남자다운 에로티시즘의 혼동을 통해서, 선과 악의 종교적 개념들이 "남자다운"(masculine)과 "여자다운"(feminine)이라는 성적 용어로 해석되었다. 말하자면 남자다운 특질과 여자다운 특질에 관한 우리 사회의 기준과 가치들이 선과 악에 대한 도덕적 인식과 밀접하게 얽히게 되었다는 뜻이다. 서구인이 본성을 도덕적 차원에서 해석하면서 세운 이 도덕규범에 따르면, 남성성은 힘과 권력과 동일시되었다. 한마디로 말해, 창의성은 아니더라도 선과 동일시된 것이다. 반면에 여성성은 어리석음과 약함을 의미하게 되었다. 한마디로 말해, 사악함은 아니더라도 좋지 않은 것과 동일시된 것이다.

앞에서 논의한 내용에 비춰 보면, 우리가 그런 도덕적 자질에 대한 판단에서 만나는 것은 이성적인 자아가 자아의 비이성적 본질에 맞서 오랫동안 싸우고 있는 투쟁이라는 것이 분명해진다. 남자의 이성적인 심리학의 관점에서 보면, 주정주의의 "여성스런" 특징들은 "비이성적"인 것으로 보인다. 반면에 현실적으로 보면, "여성스런" 특징들은 긍정적인 성격을 가진 인간의 자질들을 대표한다.

현대 심리학

현대 심리학은 남성 위주일 뿐만 아니라, 신경증적인 현대 남성에게서 시작되었다. 그렇기 때문에 심리학의 용어들 중 아주 많은 것들이 여성을 남성의 성적 이데올로기를 바탕으로 잘못 해석한 데서 나왔다. 마조히즘이라는 정신분석적 개념의 예에서 확인되듯, 그런 오해는 현대에 들어 와서 이뤄진 것이 아니라 인간의 언어에 깊이 뿌리를 내리고 있다. 왜냐하면 자연스런 자아의 자유로운 표현으로 시작된 언어가 점진적으로 지배적인 목소리를 대변하는 커뮤니케이션의 합리적인 수단으로 발달해갔기 때문이다.

따라서 남자의 이데올로기와 여자의 심리학을 대비시킬 때, 우리는 인간의 말에 고유한 혼동에 넘어가지 않도록 조심해야 한다. 달리 말하면, 우리는 "심리학을 넘어서기" 위해서 먼저 언어를 넘어서야 한다. 심리학이 이미 남녀 구별이 이뤄진 언어에서 생겨났기 때문이다. 일반적인 믿음과 달리, 인간의 언어는 새들이나 다른 동물들의 구애처럼 암컷을 향한 수컷의 성적 충동의 표현에서 시작된 것이 아니다. 정말로, 언어는 남자가 남자의 성(性)과학을 바탕으로 기존의 세계를 해석함으로써 자신의 세계를 만드는 데 이용하는 가장 막강한 도구로 창조되었다는 점에서 남성 중심적이다.

구약 성경에 표현되고 있듯이, 여호와의 말씀을 통한 우주의 창조는 남자가 무례하게도 자신만의 언어로 자연의 세계를 다시 창조하려 했음을 보여주는 증거가 되고 있다. "바벨탑"이라 불리는 성경의 이야기는 자기 표현의 수단을 보편적인 커뮤니케이션을 위한 도구로 바꾸려는 인간의 야망을 보여주었다. 이 우화의 교훈은 모든 것을 단어로 바꿔 이해하려 하는 인간의 뻔뻔스런 시도에 대한 경고인 것 같다. 그런 시도의 오류는 모든 사물을 똑같은 언어로 설명하기 위해 그 사물에 자신의 언어로 이름을 붙이려던 인간에 의해 시작된 악순환에 잘 나타나고 있다. 인간이 만든 이 우주가 옳았다는 것을 종교적, 사회학적 혹은 심리학적인 언어로 입증하는 것이 쉬울 것처럼 보였다. 그러나 실제로 보면 인간의 창조적인 야망은 바벨탑의 시대 이후로 점점 커지기만 하던 혼돈을 낳았다. 그러다 우리 시대에 이르러 세계는 실제로 말의 의미를 놓고 전쟁을 벌이기에 이르렀다. 코뮤니즘과 파시즘, 데모크라시 같은 용어들은 명확한 정의를 허용하지 않는 것 같다. 왜냐하면 그 용어들의 의미론적인 의미가 중요한 것이 아니고 그것이 이용되는 방식과 쓰이는 목적이 중요하기 때문이다.

이 이데올로기적인 말의 전쟁에서 일시적으로나마 벗어나기 위해, 우리는 남녀 사이의 경계에서, 말하자면 남자의 이데올로기와 여자의 이데올로기 사이에 벌어지고 있는 선전포고 없는 전쟁으로 돌아간다. 여기선 심리학이 여자를 설명할 용어로 제시하는 것이 남자의 용어이기 때문에, 우리는 인간의 언어와 관련한 것과 똑같은 어려움에 직면한다. 바벨탑의 이야기가 인간과 자연 사이의 언어적 혼돈을 민족적 차이를 빌려 설명하면서 강한 인상을 남기고 있지만, 남자와 여자의 교류에 사용되는 언어에선 그보다 더 근본적인 차이가 드러난다. 실제로 보면 남자의 언어와 여자의 언어는 따로 있다. 여자의 "언어"는 지금까지 알려지지 않았거나 적어도 들리지 않았다. 여자는 말이 많은 것으로 알려져 있음에도 불구하고 태생적으로 조용하다. 말하자면 여자는 자신의 진정한 자아를 표현하는 데 서툴다. 남자는 주제넘게도 창조적인 활동을 맡고 나서면서 여자의 심리를, 당연히 남자의 이데올로기를 바탕으로 대변하는 임무를 떠안았다. 남녀 사이에 이 같은 근본적인 오해는 성경의 전통을 보면 이미 태초에 나타난다. 아담이 원래 말이 없는 뱀의 목소리에 귀를 기울이며 뱀의 뜻을 자기 방식으로 이해하던 때이다. 언어의 마술사인 마크 트웨인이 쓴 '아담의 일기'를 보면 사물의 이름을 짓는 일에 빠져 있던 최초의 인간 아담이 다른 이름을 제안하는 이브의 간섭에 대해 끊임없이 불평한다. 이 대목에서 트웨인은 인간의 말에 나타나는 이런 이중성을 지적하고 있다.

남녀의 언어 표현에 나타나는 이 원생적인 이중성이 다양한 언어들의 성(性)에 반영되고 있는지 여부가 오랫동안 언어학자들 사이에 뜨거운 논쟁의 대상이 되었다. 이 문제에 대해 새로운 각도에서, 말하자면 남자의 창조적 충동이라는 관점에서 접근하면서, 나는 우리가 다뤄야 할 것은 언어가 성행위 혹은 성적 활동에서 발달했는가 하는 문제가 아니라, 인간의 창조적 충동의 구현으로 언어에 비교적 늦게 성적 특징이 부여되게 된 점이라고 생각한다. 이 책이 채택하고 있는 관점과도 어울리는 접근이다. 언어에 성적 특징이 부여되고 따라서 모든 것들의 명칭이 남녀 성별의 암시를 담음으로써 점진적으로 모든 것들이 어버이의 성격을 잃게 되었다. 그렇다면 언어에 성적 특성을 부여한 것 자체가 인간이 창조하는 모든 것에 이름과 형식을 부여하는 한 방법이라고 할 수 있다. 마치 그것들이 아이처럼 인간에 의해 창조되었다는 듯이 말이다.

거의 모든 현대 언어에 성(性)이 존재한다는 사실을 언어의 성적 기원의 증거로 보기 쉽다. 그러나 그런 식의 결론이 너무나 피상적이기 때문에 대부분의 학자들은 언어의 성적 기원을 입증하려 할 때조차도 그것을 비과학적이라고 비난한다. 미국 탐험가이자 지리학자인 파웰(John Wesley Powell)이 인디언의 언어들을 연구할 때 동원한 과학적인 한 접근법은 우리가 현재 쓰고 있는 언어에도 그대로 통하는 것으로 증명되고 있다. 포웰은 이렇게 말한다. "언어학을 배우는 학생이라면 젠더(gender)는 단지 성의 구분에 지나지 않는다는 생각을 머리에서 완전히 지워야 한다. 북미 인디언의 언어들과 특히 반투어와 인도 유럽어를 보면, 성은 언제나 분류의 한 방법이다." 우리는 아주 일찍부터 동양의 도덕적 관점을 경험한 셈족의 언어에서 "보다 높은" 존재와 "보다 낮은" 존재들의 구분을 발견한다. 이것이 지금은 "남자"와 "여자"가 되었다. 여기서도 원시인들은 우리에게 보다 깊은 원천을 드러내고 있다. 왜냐하면 (파웰에 따르면) 원시인들이 사물을 분류하는 중요한 원칙이 대상을 생물과 무생물로 나누는 것이기 때문이다.

따라서 원시인의 언어들을 우리의 연구 범위에 포함시킨다면, 문법상의 성이 그보다 훨씬 더 광범위하고 복잡한 분류 체계의 일부라는 것이 확인된다. 또 그렇게 할 경우에 그 변화의 현상을 추적하는 일이 훨씬 더 재미있어진다.

인도 유럽어의 두 가지 성과 반대로, 방금 논의한 인디언의 분류 체계는 주로 "영혼"과 "비(非)영혼"(살아 있는 것과 살아 있지 않은 것)의 구분에 바탕을 두고 있다. 그럼에도 이 구분에 틀림없이 "인간적"이거나 "비인간적"이라는 가치 평가가 더해졌을 것이다. 이 평가가 "남자다운" 것과 "여자다운" 것의 구분으로 다시 나타난다.

가장 흥미로운 것은 옛날식 분류의 바탕과 함께 성적 특성을 부여하기 시작했음을 보여주는 과도기의 언어들이다. 독일 언어학자 마인호프(Carl Meinhof)에 따르면, 반투족의 언어는 특별한 접두사로 표현하는 계급을 20개 이상 갖고 있다. 이 언어와 우리의 양성 체계 사이에 예를 들면 함족의 언어가 있는데, 이 언어는 옛날식 명사들의 분류 그 위에 4가지 기준으로 분류되는 새로운 체계를 하나 더 갖고 있다. 그 기준은 사람과 사물, 그리고 크고 작은 것이다. 거기서 다시 큰 것은 사람의 부류로 분류되고 작은 것은 사물의 부류로 여겨짐에 따라, 이중적인 체계가 개발된다. 우리가 남성과 여성을 구분하는 것과 비슷하다. 이는 최종적으로 살아 있는 사람과 크고 중요한 것들을 남자와 동일시하고 살아 있지 않은 것과 작고 쓸모없는 것을 여자와 동일시하는 그런 가치 평가의 원칙을 엿보게 한다. 이는 남자 또는 여자의 불멸의 상징들(즉 그림자)에 관한 원시인의 믿음과 놀랄 정도로 비슷하다. 남자의 영혼의 불멸성을 여자의 죽을 운명과 반대되는 것으로서 강조하고, 따라서 세상을 생명이 있는 것과 생명이 없는 것으로, 즉 선과 악으로 구분함으로써 모든 것들에 가치를 부여한 것이 그렇다.

남자의 이데올로기

여기서 유일한 문제는 이것이다. 왜 여자는 언제나 사악하고, 위험하고, 가치가 덜한 계급에 속하는가? 앞에서 설명한 바와 같이, 이는 자기 자신을 개인적으로 영속화하려는 남자의 충동에서, 다시 말해 여자로 대표되는 성적 생식에 위협을 받는 남자의 충동에서 비롯된다. 그래서 여자는 내가 '비(非)나'(Not-I)라고 부르는 것으로 분류되는데, 이 부류에는 중요하지 않고 중성적인 것뿐만 아니라 위험한 것까지 포함된다.

인간의 언어의 기원에 대해 이런 식으로 요약하다 보면 남자의 자기 본위적인 성향이 두드러지게 나타난다. 이 같은 시각은 남자가 이름을 붙인 최초의 것들이 바로 자기 자신의 신체 부위라는 사실로도 뒷받침된다. 그리스인들이 자신의 문명을 대표하는, "인간은 만물의 척도"라는 슬로건을 제시하기 몇 세기 전에, 그린 구호가 원시인의 내면에서 순진하게 작동하고 있었다. "에고의 문제를 해결하고 또 에고와 주변 세계의 관계를 발견하려고 노력하는 가운데 실험을 할 수 있는 첫 번째 영역"으로 자신의 육체를 이용하기 시작하면서, 인간은 눈에 보이는 우주를 두 개의 범주로, "나"와 "비(非)나"로 나눴다. 인간이 받아들이거나 좋아하거나 필요한 것들은 '나'의 부류로 분류되었으며, 그 나머지는 모두 '비(非)나'로 전락했다. 성적 생식의 죽을 운명을 타고난 존재로서 여자는 개입하지 못한다는 개인적 불멸에 대한 남자의 믿음 때문에, 여자는 자동적으로 '비(非)나'(wo-men—no man)와 동일시되었다. 훗날 유럽 언어에서 중성을 형성한 모든 '비(非)나'는 처음에 여성으로 여겨졌다. 따라서 언어는 다른 모든 기본적인 인간의 발명품과 마찬가지로 초자연적인 세계관에서 비롯되었지 실용적인 동기나 이성적인 고려에서 비롯된 것이 아니라고 할 수 있다. 그러한 기원은 단어들이 주술적인 의례에서 하는 막강한 역할을 잘 설명해준다. 주술적 의례를 통해서, 성직자의 전통 속에 비밀로 지켜져 오는 말들에 대한 정확한 지식은 사람이나 대상을 존재하게 할 수도 있고 파괴할 수도 있다.

이 같은 단어들의 순수한 마법이 지금도 우리의 정치적 및 과학적 슬로건에서 되풀이되고 있지만, 애초에 종교적이었던 언어는 점진적으로 세속화되었다. 이는 언어에 대한 어떠한 오용도 금지되었고, 또 언어 자체가 일상적 사용에서 상스러운 것이 되지 않는 한 지금도 여전히 오용이 금지되고 있는 이유를 설명해준다. 언어학자들에게 "단어들의 의미 변화"로 알려진 이런 비속화(卑俗化)의 과정은 최종적으로 세상 전체를 남성 위주로 해석하려는 노력의 일부로서 언어의 성 구별로 이어졌다.

언어적 특징들을 이런 식으로 간단히 요약하면서, 우리는 문법상의 두 가지 성은 원래 선과 악을 분류하는 의미를 지녔다는 것을 알 수 있다. 이 선과 악은 그것을 뜻하는 히브리어 단어의 언외의 의미가 암시하는 바와 같이 각각 유익하거나 해로운 것으로 옮겨질 수도 있다. 그렇다면 문법상의 두 성은 처음에는 상당히 합리적이었지만 어떤 "세계관"으로 확장되면서 비이성적인 것으로 변한 것 같다. 사실 "세계관"이라는 단어 자체는 이성적인 것의 부재나 부정을 뜻한다. 현대의 심리학의 무의식이 의식의 결여를 의미하듯이 말이다.

이런 의미에서 본다면, 단어들의 의미 변화는 이성적인 요소들이 언어로 표현된 비이성적인 요소들을 비난하면서 그것들을 점진적으로 대체해 가는 과정이었다. 인간 본성의 비이성적인 요소들을 표현할 긍정적인 명칭들이 부족하기 때문에, 지금도 그런 비이성적인 요소들을 간직하고 있는 여성의 심리는 묘사가 불가능한 탓에 존재하지 못하고 있다. 따라서 문명은 합리화의 증대를 의미하고, 이를 통해서 남자의 중요성과 권력은 여자의 권리를 희생시키며 더욱 커진다. 특히 남자는 기독교의 아가페에 담긴 여자의 사랑 이데올로기를 넘겨받았으며, 동시에 여자를 부정하면서 여자의 심리를 남자의 이데올로기를 바탕으로 해석했다.

남자가 여자의 세계를 부정하려는 움직임은 자주 성공을 거두었다. 따라서 남자는 처음에는 창조적으로 활동하면서 종교와 예술과 철학의 초자연적인 상징에서뿐만 아니라, 이보다 조금 덜하긴 하지만 자신의 초자연적인 관점에 따라 사회를 변화시키게 될 사회 조직의 이론에서도 남자의 세계를 구축할 수 있었다. 그 목표를 추구하기 위해, 남자는 세상을 남성 중심으로 바꿔놓은 다음에 자신의 이데올로기에 따라 여자를 변화시켜야 했다. 말하자면 남자 자신의 이미지를 바탕으로 여자에게 성적 특성을 부여해야 했다는 뜻이다.

이 같은 노력이 여자를 남자의 성적 욕구의 도구로 만드는 결과를 낳았을지라도, 그것은 의도적으로 그런 목표를 잡은 결과가 아니고 어디까지나 여자의 심리와 반대인 남자의 근본적인 심리에서 비롯된 것이었다. 인간 본성과 인간의 운명을 이해하는 데 대단히 중요한 남녀 심리의 근본적인 차이는 간단히 이렇게 요약될 수 있다. 여자에게서 태어난 남자는 죽을 운명이라는 이 기본적인 사실을 절대로 받아들이지 않았다. 말하자면 자기 자신을 절대로 받아들이지 않았다는 뜻이다. 따라서 남자의 기본적인 심리는 죽을 운명인 자신의 기원을 부정하는 것이며, 따라서 남자는 자신을 여자와 무관한 존재로 합리화할 자아를 발견하기 위해 스스로를 변화시킬 필요가 있었다.

이와 반대로, 여자는 근본적으로 자신의 기본적인 자아를, 모성의 자아를 받아들인다. 또 동시에 남자의 이데올로기를 모방하면서, 여자는 남자로부터 자신이 받아들여질 만한 존재라는 점을 끊임없이 확인 받을 필요성을 느낀다. 이 같은 확인은 여자가 남자의 이상과 요구에 맞춰 살 때에만 가능했다. 게다가, 여자는 자신의 심리를 좀처럼 드러내지 않는 것 같다. 그 이유는 우선 여자에게는 자신의 심리가 남자에게 휘두를 수 있는 마지막 무기, 즉 복종적이고 걸핏하면 짓밟히는 자아가 마지막으로 의지할 피난처이기 때문이다. 둘째는 흔히 얘기하듯이 여자의 심리가 남자뿐만 아니라 여자 자신에게도 미스터리이기 때문이다. 이 미스터리는 여자가 자신의 본성 때문에 들여다보거나 버리고 싶은 유혹을 절대로 느끼지 않을 그런 비밀이다. 말하자면 심리학적 지식에는 절대로 파악되지 않고 인간적인 이해력에 의해서만 파악되는 그런 비밀인 것이다. 이 '진정한 여자'는 심리학적으로는 오직 부정적인 용어로만 묘사될 수 있다. 왜냐하면 여자의 실체가 비이성적이기 때문이다.

한편 여자에겐 본래의 모습 그대로 있는 것이 허용되지 않는다. 끊임없이 남자가 자신의 이데올로기에 따라 여자를 규정하기 때문이다. 남자가 이런 식으로 여자의 자연스런 존재를 간섭하는 데 대해 여자는 두 가지 극단적인 방식으로 반응한다. 여자는 남자처럼 되어 남자만큼 심리학적인 존재가 되거나 아니면 남자에게 완전히 복종하며 남자가 원하는 존재가 됨으로써 바로 남자의 무기를 갖고 남자와 싸우게 되는 것이다. 어떠한 경우든, 여자의 심리를 발견하려는 남자의 시도는 여자를 더욱 남자답게 만들게 되어 있다. 따라서 심리학의 시대에, 우리는 남자 같은 여자들을 과거 어느 때보다 더 많이 본다. 남자의 심리를 모방하는 유형이 특히 더 많다. 그런 한편 다른 전투적 유형의 여자는 더욱 원시적일 것이며 또 아마 언제나 존재해 왔을 것이다.

이처럼 근본적으로 다른 남녀의 심리는 여자는 남자에게 받아들여질 수 있도록 남자에 의해 만들어져야 했다는 점을 보여주는, 최초의 여자에 관한 고대의 전설에 반영되고 있다.

최초의 여자의 창조와 관련해서 조금 덜 알려진 성경의 전설이 있다. 아담의 갈비로 여자를 만들었다는, 널리 알려진 이야기보다 앞서는 전설이다. 에덴동산 이야기와 반대인 이 버전에 따르면, 아담을 만든 것과 똑같은 진흙으로 만든 최초의 여자 릴리트는 완전한 실패작이었으며, 그래서 인간이 만든 여자 이브로 대체되었다. 그러나 유순하기 그지없는 이브는 반항적이고 불운한 악마였던 릴리트로부터 악의 저주를 물려받았으며, 따라서 남자는 기억이 시작된 이래로 여자를 길들여야 했다. 이 두 가지 버전에서 우리는 남자가 남자 자신에 의해 창조된 여자, 즉 남자 자신이 받아들일 수 있는 여자의 필요성을 강하게 느꼈다는 점을 확인하고 있다. 또한 남자의 창조 대상이 되는 역할을 자신의 생물학적 운명으로 받아들이려 하는 여자의 의지도 확인된다. 동시에 여자를 성적인 존재로, 말하자면 진정한 자아로 창조하기 위해, 남자는 먼저 자신이 여자에게서 태어남으로써 창조적 영속성의 영원한 순환을 마무리함과 동시에 그 순환을 깨뜨려야 했다.

더욱 인기 있는 경쟁자인 이브 때문에 무시당했던 최초의 여자 릴리트에 대한 이 이상한 이야기는 또한 두 가지 유형의 여자의 존재를 암시한다. 말하자면 평생 딸로 지내는, 약하고 의존적이고 어린애 같은 여자가 있는가 하면, 모성에서 자신의 힘과 자립심을 끌어내는, 가족이 형성되기 이전의 모계 조직의 독립심 강한 여자가 있다. 후자와 같은 여자를, 아니면 여성의 내면에 있는 그런 힘을 남자는 언제나 두려워했으며 지금도 두려워하고 있다. 왜냐하면 그것이 비합리성의 축도(縮圖)를, 창조 자체의 경의를 상징하기 때문이다. 이 같은 기본적인 비합리성은 미지의 것과 결합하고, 마지막으로는 보이지 않는 것과, 말하자면 여자의 내면에서 벌어지고 있는 것과 동일시된다. 이런 측면에서 보면, 여자의 심리는 대체로 원심성인 남자의 외면성과 반대되는 것으로 내면성으로 해석될 수 있다. 여자는 받아들이고 간직하며, 강압적으로 압박을 받을 때에만 내놓는 반면, 남자는 뿌리고 낭비하고 창조적으로 생산한다. 전혀 겉으로 보이지 않은 채 안에 있는 것이 여자의 심리의 일부이다. 여자의 진정한 자아는 숨겨져 있고, 여자는 자아를 꼭꼭 숨기고 있다. 남자는 여자의 단호한 의지임에도 (어린애처럼) 여자의 안에 있다. 여자는 남자를 안으로 받아들이면서도 남자에게 의존한다. 이 같은 동일시는 타자를 통해 대신 삶을 사는 것도 가능하게 만든다. 여자는 남자에 의해 여자로 만들어지지만, 여자의 내면에 있는 모성을 통해서 그녀 스스로의 힘으로 여자가 되며 그 과정은 모성과 연결되어 있다.

우리는 앞의 여러 장에서 남자와 여자의 심리에는 인종과 계급과 개인의 유형에 따라 나타나는 차이 외에 그보다 훨씬 더 깊고 더 보편적인 차이가 있다고 주장했다. 심리학 학파들이 다양하게 존재한다는 사실은 사람이 모든 인간들을 비슷한 존재로 설명하는 데 성공하지 못했다는 점을 보여주는 증거이다. 그럼에도 다양한 학파들은 적어도 한 가지에서만은, 말하자면 여자는 단순히 남자의 특징을 결여하고 있다거나 남자와 다른 자질을 갖고 있다는 식으로 설명하려고 노력한다는 점에서만은 서로 똑같은 모습을 보이고 있다. 정말로, 여자에게 붙여진 명칭 'wo-man'은 그 부정적인 암시(no-man)에서 여자의 다름을 부정하려는 태도를 담고 있다. 여자와 남자는 서로 다르다는 인식 대신에, 이처럼 남성화된 여성의 심리학의 바탕 위에 형성된 현대 여성의 한 유형과 맞아떨어지는 남자의 이데올로기를 중심으로 여자를 해석하려는 경향이 발견된다. 이런 상황에서 우리는 자기 영속성의 자기중심적인 충동에서 비롯되는 유사성을 추구하려는 남자의 영원한 노력이 급격히 약화되는 것을 쉽게 확인할 수 있다. 그러면 결과적으로 남녀 사이에 서로 다른 특징들의 동화가 점증하는, 생물학적으로 변태적인 현상이 나타난다. 이 같은 불행한 혼동은 현대의 여성이 문학 혹은 심리학에 기여하는 것으로 인해 해소되지 않는다. 왜냐하면 여자는 자신의 남자 동료들만큼이나 남성 심리학의 주문(呪文)

에 걸려 있기 때문이다.

여자의 이 같은 태도는 그녀의 가족 관계 안에서도 확인된다. 여자는 딸로서 자기 아버지에게서 창조적인 어떤 신이 인격화된 모습을 보기 쉬우며, 그녀에게 일어나는 모든 것은 이 신의 의지를 통하는 것으로 여겨진다. 많은 여자들은 갈등을 겪지 않거나 반항을 하지 않는 것은 아니지만 어쨌든 그 단계에서 모성의 단계로 넘어간다. 모성의 단계에 이르면, 그녀에게 모든 것이 훨씬 더 명확하게 일어나게 된다. 그러나 여자는 주어진 것(예를 들면 아버지 없는 아이)을 지킬 수 있는 반면, 남자는 주어진 것을 가져야만 한다. 천성적으로 보다 활동적인 남자는 끊임없이 무엇인가를 하고 또 변화시키려는 충동에 휘둘린다. 그것들을 언제나 통제할 수 있다는 느낌을 받기 위해서이다. 이는 남자의 경우에는 인간이 만든 것일지라도 그것을 그대로 받아들이지 못하기 때문이다. 사실 섹스 자체도, 말하자면 남자가 자신의 의지에 따라 왜곡한 바로 그 생명의 원칙조차도 여자에 의해서 그에게 주어져야 한다. 우리는 여기서 소녀가 남자에 의해서 여자로 만들어져야 한다는 사실에 대해 언급하고 있다. 이것은 그녀의 최초의 성교에서 순전히 육체적인 차원에서 일어나며, 대부분의 경우를 보면 그후에도 정서적 및 지적 차원에서 지속적으로 일어나게 된다.

여자의 성격이 이런 타고난 생물학적 곤경 때문에 훼손되는 것은 말할 필요도 없다. 이 생물학적 곤경은 대체로 그녀의 개인적인 자아의 발달과 갈등을 일으킨다. 최초의 성교나 출산을 통해 여자가 되는 것은 물론 아니지만, 여자는 한 사람의 여자가 된 뒤에는 남자와 비슷하게 성격을 발달시키지 않을 수 없는 상황에 처할 수 있다. 이런 상황에서 그녀의 내면에 있는 여자가 일깨워지지 않는다면, 그녀는 남자와 비슷해질 가능성이 크다.

남자 콤플렉스?

우리 문명에서, 이같은 인공의 영향은 주로 아버지가 행사하는데, 아버지는 프로이트의 생물학적 개념과 달리 어린 소녀의 내면에 여자의 자질을 일깨우지도 않고 촉진하지도 않는다. 프로이트의 개념과는 반대로, 여자는 남자에게 받아들여지기 위해서, 말하자면 호감을 사고 사랑을 받기 위해서 남자의 심리를 모방하고, 남자처럼 되고, 남자의 "친구"처럼 된다. 이런 점에서 본다면, 딸이 훗날 발달시킬지도 모르는 남자 같은 성향들은 모두 딸과 아버지의 초기 관계 때문이라고 할 수 있다. 특히 그녀가 아버지와의 관계에서 여자가 될 수 없기 때문에, 그녀가 처음으로 여자가 되는 것은, 말하자면 한 남자의 사랑을 받는 것은 오직 남자 같은 유형으로서만 가능하다. 이거야말로 여자에게 훗날 신경증의 바탕이 될 수 있는 역설이다. 여성으로서의 진정한 자아에 대한 근본적인 침범에 맞서, 그녀는 훗날 그녀의 아버지의 유형과 정반대 유형의 여자가 되어 자신이 "나쁜" 존재(성적 관심이 강한 여자)라고 느끼거나 아니면 자신을 여자다운 여자와 동일시함으로써 아버지와 맞서 싸우는 것을 그만두고 동성애를 하면서, 즉 아버지처럼 "착하게" 됨으로써 반항하는 모습을 보이게 된다.

남자가 여자는 남자와 다르다는 점을 처음 받아들인 뒤로, 여자를 대하는 남자의 태도와 인식에 큰 변화가 일어났다. 남자가 자신의 전체 삶을 여자로부터 분리시키기에 이른 것이다. 여자의 다름을 이처럼 원시적으로 받아들임에 따라, 남자는 지금까지와는 정반대편 쪽으로 극단적으로 변했다. 여자를 오직 유사성만을 기준으로, 말하자면 누이나 딸 아니면 어머니로서만 받아들임으로써 여자의 다름을 철저히 부정하게 된 것이다. 기독교의 아가페로 여자의 사랑 심리학을 접수한 지금, 남자는 다시 여자가 남자처럼 되기를 원하고 여자의 내면에 그런 성향을 고무함으로써 또 다른 유사성을 성취하려고 노력한다.

그런 한편 여자 자신은 세월이 흘러도 태도에 거의 변화를 보이지 않았다. 겉으로 보면 여자가 언제나 남자의 기대를 맞추며 살아 온 것처럼 보일지라도 말이다. 그러나 그 같은 적응은 오히려 피상적이다. 그것은 여자가 남자를 사로잡는 데에, 따라서 남자가 내면에 있는 섹스에 대한 저항과 여자에 대한 터부를 극복하도록 하는 데에 성공하도록 한 그런 패션과 비슷하다.

이런 의미에서 본다면, 소위 말하는 현대 심리학의 "남자 콤플렉스"는 여자가 유사성을 요구하는 남자를 즐겁게 해주기 위해 걸치는 또 다른 "패션"에 지나지 않는 것 같다. 최근 일부 심리학자들은 바로 이것이 오랫동안 찾아왔던 "여자의 심리"라고 선언했다. 그러나 이 심리학자들은 이런 일이 여자가 심리학자의 이론에 맞춰서 행동하는 상담실 안에서만 일어나고 있다는 사실을 깨닫지 못했다. 다른 심리학자들은 현대 여자의 이 같은 "동화"(同化)를 양성애라는 생물학적 사실을 바탕으로 설명하면서 "더 깊이" 들어갔다. 그러나 여자의 내면에 있는 남자다운 요소와 거꾸로 남자 안에 있는 여자다운 요소는 남자와 여자 사이의 근본적인 차이를 혼돈스럽게 만들지 않는 가운데 언제나 존재해 왔다. 이 두 개의 반쪽이 성적 결합에서 지어 보이는 플라톤의 미소는 자연에 있는 양성애 원칙의 실현이라고 보기 어렵다. 생물학적 사실에 대한 관찰을 기록하는 것이 아니라 자신들의 불멸의 종교에 대한 이데올로기적 필요를 표현하는 원시인들의 무수한 양성애 상징들이 자연의 양성애 원칙의 실현이 아닌 것과 꼭 마찬가지이다.

자주 인용되는 풍습인 원시 사회의 여자 할례도 마찬가지로 프로이트가 과도하게 제기하는 "남자 콤플렉스", 즉 여자가 남자이거나 남자이고 싶은 욕망을 뒷받침하는 증거가 절대로 아니다. 여자는 언제나 여자이기를 원했고 지금도 여전히 여자이기를 원하고 있다. 왜냐하면 그녀가 어떤 일을 성취할지라도 여자인 것만이 그녀의 근본적인 자아이고 그녀의 성격을 표현하기 때문이다. 그런 이상한 관습은 남자와 닮은 것을 제거함으로써 여자를 더 여자답게 보이도록 하려는 시도인 것 같다. 그것은 그녀를 여자로 만드는 잔인한 의식의 형태이다. 이런 의식은 정상적으로(생물학적으로) 첫 성교에 의해, 무엇보다도 사랑에 의해서 성취되고 있다. 나의 의견에는, 바로 여기서 남녀의 성격적 구성에서 가장 근본적인 차이가 나타나는 것 같다. 남자는 부성을 통해서 사회적 자아를 발달시키고 또 일을 통해서 자신의 성격을 발달시키는 한편, 여자는 먼저 남자에 의해서 여자로 만들어져야 한다. 첫 성교를 통해서 육체적으로만 그렇게 되는 것이 아니고 사랑을 받음으로써 정서적으로도 여자가 되어야 한다. 한편, 남자를 받아들이는 데 대한 여자의 저항은 육체적인 저항이고, 고통에 대한 두려움이다. 남자들의 경우와 달리, 자신의 불멸에 대한 욕구와 관련한 이데올로기적 저항이 아니다. 여자는 자신의 생식적인 기능을 통해서 불멸에 대한 욕구를 만족시킨다. 여자의 성격을 남자에게 종속시키는 데 대한 저항이 있는 것은 당연하다. 그러나 이 장애는 그녀가 존경하고 또 그녀를 사랑하는 남자에게 복종하려는 그녀의 의지에 의해 정상적으로 극복된다.

프로이트가 가부장적인 관점에서 인간의 행동과 인류의 역사를 설명한 것은 전혀 놀라운 일이 아니다. 이 세상이 남자의 해석에 의해 남자 중심으로 해석되었기 때문이다. 그러나 진짜 심리학은 한편으로는 남자가 이 세상을 자신의 기준으로 해석해야 하는 필요성 그 자체를 파고드는 것이고 다른 한편으로는 이런 남자 중심의 해석으로부터 자유로운 여자의 본질을 찾아내는 것이다. 따라서 프로이트가 남자가 되고 싶은 좌절된 욕망으로 설명한, 여자의 남자 콤플렉스는 단지 이 남성화, 말하자면 남자의 관점에서 여자에게 성적 특성을 부여한 결과에 지나지 않는다. 여자가 정액을 받아들이는 것은 남자가 정액을 사정하면서 느끼는 오르가슴과는 완전히 다르다. 이때 남자가 여자도 자신과 비슷한 경험을 할 것이라고 고집한다면, 그는 단지 자신의 성(性)을 그녀에게 강요하는 것에 지나지 않는다. 성숙한 소녀의 클리토리스를 제거하는 원시인의 관습은 남자의 것과 비슷한 성행위의 원천을 제거함으로써 그녀를 더욱 여자답게 만든다는 의미를 갖는 것 같다.

이런 측면에서 본다면, 여자에겐 자신의 언어가 전혀 없는 것처럼 심리학도 전혀 없다고 말해도 무방할 것이다. 지금 우리가 아는 한, 남자가 공급한 것이 아닌 여자의 진정한 심리학은 자신의 진정한 자아를 가리는 외투로 남자의 이데올로기를 모방하는 능력뿐이다. 이는 개인적 관계에도 통할 뿐만 아니라 어느 시대에나 통하는 이야기이다. 왜냐하면 여자의 유형이 시대와 장소를 불문하고 여자의 심리를 '비이성적인' 것으로 만들기 때문이다. 여자의 심리가 비이성적인 것처럼 보이는 이유는, 여자에게서 남자를 통해 형성된 부분만을 보려 하고 또 자신의 이데올로기를 바탕으로 설명하려 드는 남자에겐 여자의 본질이 절대로 이해될 수 없기 때문이다. 그러나 여자의 본질에 대한 설명은 남자가 만든 심리학의 이성적인 용어를 통해서만 가능하다. 그런데 이 심리학의 목표가 기본적으로 비이성적인 인간의 본성을 이성적으로 설명하는 것이지 않는가.

그러나 남자의 내면에서 작용하고 있는 합리성에 대한 열망을 단순한 지적 괴팍함으로 이해해서는 곤란하다. 그 열망은 남자의 계획적인 지배욕에 그 뿌리를 내리고 있다. 이 지배야말로 계획적이고 목적 지향적인 어떤 신을 기준으로 자연을 재창조하는 형태가 아닌가. (신은 두려움에서 창조된 것이 아니고 의지에서 창조된 것이다. 그것은 남자가 세상을 창조했다는 뜻이다. 그것도 남자 자신의 형상에 따라서.) 사건들이 자연스레 진행된다면, 출생에서 죽음까지, 말하자면 수태에서부터 출산을 거쳐 자신의 영속화까지, 개인의 삶은 해프닝의 연속이다. 삶을 합리주의적으로 해석하면서, 남자는 수동적인 삶의 원칙에서 벗어나 창조적인, 정말로 자기창조적인 계획과 목표를 갖는다. 그러나 여자의 삶을 보면 이야기는 크게 달라진다. 여자의 삶이 이성적인 자아가 아니라 생물학적 자아의 지배를 받기 때문에, 지금도 그녀에게는 모든 것이 여전히 일어나고 있다. 월경과 임신이 요구하는 피할 수 없는 과정에서부터 시작하여 임신 기간과 출생을 거쳐, 아이와 남자와의 관계, 심지어 문명을 대하는 태도까지, 모든 것은 그녀가 자신에게 닥치는 일들을 수동적으로 수용해야 하는 운명의 영향을 받게 되어 있다. 여자는 인과관계적이고, 남자는 동적이고 비이성적이다. 그래서 남자는 자신을 창조적이고, 종교적이고, 사회적인 존재로 만들어야 했듯이 이성적인 존재로도 만들어야 한다.

바로 여기에 남자의 창조력과 대비되는 것으로서 여자의 성적 파워가 잘 요약되고 있다. 말하자면 여자의 힘은 그녀의 섹스에 있고, 남자의 힘은 그의 창조적인 의지에 있는 것이다. 남자는 자기 자신만 아니라 여자의 내면에 있는 섹스의 이런 힘을 두려워한다. 이 두려움은 남자가 사회적이고 이성적인 남자를 두려워하는 것과는 크게 다르다. 섹스에 대한 남자의 두려움은 그가 이성적으로 카오스와 파괴, 죽음으로 받아들이는 비이성적인 것들에 대한 두려움이다. 그래서 남자는 자신이 통제해야 하는 섹스의 파워를 두려워한다. 마치 섹스의 파워가 당연히 "카오스"의 자연적 힘인 것처럼 말이다. 삶 자체는 "카오스"가 아니고 그냥 비합리적일 뿐이다. 그런데도 우리의 두려움이 이성적인 관점에서 삶을 카오스로 해석하고 있다. 이는 남자의 내면에서 그런 비이성적인 힘들을 의도적으로 어느 한쪽 방향으로 쏟는 창조적 충동이 신에 대한 두려움을 창의성으로 승화시키는 그런 파괴적 성향을 수반하는 이유를 설명한다. 대단히 무서운 "카오스"를 피하기 위해, 남자는 먼저 스스로 카오스를 일으켜야 한다. 그런데 이 카오스를 남자는 파괴를 통해서만 일으킬 수 있다.

여자는 인간 본성의 비이성적인 요소를 영원히 갖고 있으며 그런 이유 때문에 언제나 "터부"시 되었고 또 지금도 터부시되고 있다. 터부라는 단어의 원래 뜻은 저주 받으면서도 숭배 받고, 피하면서도 추구되고, 두려워하면서도 사랑 받는다는 것을 의미했다. 여자의 두려움은 남자의 두려움과 다르다. 여자의 두려움은 여자의 삶의 한 요소인 비이성적인 카오스에 대한 두려움이 아니고, 출산과 아이의 양육과 밀접한 관계가 있는 상실이나 분리에 대한 두려움이다. 이는 아마 여자가 자기 자신을 지키는 데 필요한 남자에게 그처럼 철저하게 의존하게 되는 가장 깊은 이유일 것이다.

게다가 여자는 남자가 만든 이 세상을, 그녀에게는 완전히 낯선 세상을 헤쳐 나갈 이성적인 길잡이로 남자를 필요로 한다. 어떤 형식의 문명이든 남성 중심의 문명인 한, 여자에겐 길잡이가 되어줄 남자가 필요하다. 그녀는 그 세상 안에서 이상한 나라의 앨리스처럼 낯설고 당황스런 느낌을 받지 않을 수 없다. 왜냐하면 그녀가 그 세상의 창조에 참여하지 않았기에 남자의 보호 없이는 세상을 이해하지도 못하고 살아가지도 못할 것이기 때문이다.

남자와 여자

남자와 여자는 서로 다른 언어로 말을 하는 것처럼 서로 다른 세계에 살고 있다. 이 두 개의 세계는 마치 식민지들과 모국의 관계와 비슷하다. 두 세계는 아직 항로가 개발되지 않은 바다에 의해 서로 분리되어 있는 두 개의 독립적인 실체이며, 둘은 협력 관계를 겨우 유지할 정도의 끈으로 서로 연결되어 있을 뿐이다. 그러나 여자가 남자가 만든 문명 안에서 남자의 보호를 받을 필요를 느끼는 것과 똑같이, 남자는 여자에 의해서 자신의 창조물인 여자로부터 보호를 받을 필요성을 느낀다. 이런 점에서 보면, 남자는 자신이 만든 질서의 변화에 끊임없이 적응해나가는 어떤 도구처럼 움직여야 하는 한편 여자는 피상적이고 부자연스런 모든 움직임의 아래를 흐르고 있는 지속성을 대표하면서 남성화되든가 아니면 자신의 비이성적인 자아를 고집하다가 실패작이 되든가 할 것이다.

말하자면 남자의 심리는 자신이 만든 문명의 변화에 끊임없이 적응하고 있으며, 남성 중심의 문명을 그저 따라가기만 하는 여자에 비해서 환경적 현실을 훨씬 더 잘 헤쳐 나간다. 남자의 심리는 이성적인 반면 여자의 심리는 비이성적이다. 그리고 아이의 심리는 훨씬 더 비이성적이고 신비하기까지 하다.

남자는 통제(의지)를 통해서 자기 자신을 보호하기 위해 심리학을 발달시키는 한편, 여자는 이와 정반대의 동기로, 즉 남자에게 자기 자신을 맡기기 위해 남자의 심리학을 모방한다. 바로 여기서 남자의 심리학이 갖고 있는 남성 이데올로기가 여자를 방해하고 있다. 그 방법은 다르지만, 남성 이데올로기는 실제 삶에서 남자를 방해하기도 한다. 바로 여기서 신경증이 일어난다. 여자의 경우에는 비이성적인 자아가 봉쇄당해서 그렇고, 남자의 경우에는 의도적인 통제의 확장 때문에 자연스런 생명력이 차단당해서 그렇다. 따라서 여자는 여자로서 자기 자신을 전적으로 받아들이든가 아니면 남자의 심리학에서 채택한 괴팍스런 충동으로 자기 자신에 철저히 저항하든가 해야 하기 때문에 태도와 반응에서 훨씬 더 극단적인 모습을 보이게 된다. 반면에 남자는 정서적으로 더욱 개인주의로 흐르면서 반응에서 훨씬 더 편파적인 모습을 보이게 된다. 그렇게 되는 이유는 여자가 남자에 비해 더 비이성적일 뿐만 아니라 똑같은 이유로 천성적으로 보다 집단적이기 때문이다. 여자가 이런 반면에 남자는 언제나 외로운 늑대로 지내며 법을 통해서 스스로를 사회적인 존재로 만들어야 한다. 그렇기 때문에 남자의 두려움은 사회적인 것이고, 여자의 두려움은 생물학적인 것이라 할 수 있다. 남자가 유일하게 갖는 생물학적 두려움은 섹스에 대한 두려움이다. 이것이 남자의 내면에서 여자에 대한 두려움으로 나타나고, 그러면 여자는 섹스가 아니라 남자를 두려워하게 된다.

여기서 다시 우리는 성 심리학에 내해 논하는 이 장도 인간 삶의 다른 영역 못지않게 많은 역설들이 넘친다는 사실을 발견하고 있다. 우연적이고 일시적인 남자의 생물학적 기능은 남자로 하여금 자신의 성격을 절대적이고 영원한 불멸의 상징으로 만들게 하고, 반대로 여자는 자신의 불멸성을 성적 생식에서 발견한다. 이런 점에서 보면, 남자의 전체 성격은 이데올로기적으로, 다시 말해 보다 추상적인 방향으로 형성된다. 반면 여자의 성격은 건전한 생물학적 바탕에서 형성되기 때문에 꽤 구체적이다. 그래서 남자가 생각하는 권력은 꽤 현실적인 것처럼 보이지만 하나의 추상 개념에 지나지 않는다.

여자가 보존을 중요시 여기고 남자가 낭비성을 보이는 근본적인 생물학적 차이는 삶과 남자 위주의 문명을 대하는 남자들의 태도에 광범위하게 나타난다. 여자가 기본적으로 남자에 비해 많이 베푸는 존재인가 하는 문제는 개인뿐만 아니라 유형과 집단의 관계에서 삭동하고 있는 억동적인 원칙까지 고려할 때에만 만족스런 대답을 얻을 수 있다. 여자는 천성적으로 보호하려 들기 때문에 두드러지게 베푸는 것처럼 보인다. 여자의 생물학적 보수주의는 기존의 질서를 쉽게 받아들이려는 의지를 설명해주는 것 같다. 왜냐하면 생식 본능이 자극 받는 여자는 무엇이든 보존하려 들 것이기 때문이다.

한편 남자의 행동은 자신의 에고의 보호라는 보다 이기적인 욕구의 영향을 강하게 받는다. 남자의 에고는 여자가 갖고 있는 생물학적 자아의 연속성을 결여하고 있다. 따라서 남자는 자신의 창조물인 기존의 질서에도 절대로 만족하지 못하며, 질서를 끊임없이 변화시켜야 한다. 정말로, "틀림없이 여자 문제야"라는 표현이 증명하듯이 남자가 역사를 만드는 일에는 언제나 여자가 동기로 작용했으며 지금도 여전히 그렇다. 그러나 나는 역사를 만들거나 쓰는 일에 있어서 남자가 부정하는 비이성적인 요소를 여자가 아주 쉽게 제공하기 때문에 여자에게 어떤 역할이 주어지는 것이 아닌가 하고 의심한다. 그러나 여자는 현대의 혁명 운동에 능동적으로 참여함으로써 남자의 지도와 보호 아래에서긴 하지만 자신의 비이성적인 천성을 무기로 남자가 만든 이 문명에 대해 반란을 일으킬 기회를 잡고 있다. 그러나 남자는 비이성의 혁명적 카오스를 다시 역설적인 이성의 여신으로 대체하게 될 것이다.

여기서 다시 우리는 인간 본성에 고유한 수많은 모순 중 하나가 작동하면서 심리에 대한 모든 이성적 설명을 거부하고 있는 것을 확인하게 된다. 여자는 기본적으로 보호하고 간직하려 하는 한편, 남자의 생물학적 자아는 자연의 낭비를 표현하고 있다. 그래서 남자는 경제적일 수 있는 방법을 배워야 했으며 따라서 자신의 타고난 낭비를 저지할 목적으로 경제적 원칙들을 스스로 만들어야 했다. 자연의 기본적인 경제적 원칙은 생식과 연결되어 있으며, 후손의 보존을 위해서 양식을 공급하고 필요하다면 저장하는 것을 목표로 잡고 있다. 나는 이 자연의 법칙이 인간의 타락을 전하는 성경 이야기의 후속편에서 요약되고 있는 것을 확인하고 있다. 인간은 섹스를, 그리고 그것으로 인해 생식과 죽음을 받아들인 이후로는 어쩔 수 없이 식량을 공급할 계획을 짜야 했다. 여자의 모성애적인 본능에 뿌리를 내리고 있는 그런 준비는 훗날 남자가 농경 기술을 개발함에 따라 남자에게로 넘어갔다. 이 농경의 발달은 앞에서 본 바와 같이 원래 창조적 주술에 대한 남자의 믿음에 바탕을 둔 것이었다. 실제로 인류학 분야의 연구는 선사시대에는 (쟁기가 발명되기 전에 곡괭이 같은 것으로) 여자가 들판의 일을 맡았고 남자는 고기를 얻기 위해 사냥을 하거나 전리품을 쉽게 얻기 위해 싸웠다는 점을 보여주는 정보를 내놓았다. 그래서 이날까지도 남자는 생계를 꾸릴 돈을 벌기 위해 밖으로 나가고, 여자는 남자를 위해 음식을 준비한다. 여자는 선사시대에나 지금이나 똑같이 어린 남자를 젖으로 키운다.

이렇듯 식량을 대하는 태도는 남자와 여자에 따라 다르다. 남자는 먹는 사람이고, 여자는 요리하는 사람이다. 이 같은 태도의 차이는 여자의 내면에 있는, 베풀려는 천성과 남자의 내면에 있는, 더 많은 것을 얻으려는 천성을 잘 보여주고 있다. 굶주림은 개인의 존속을 위한 기본적인 본능으로 남녀 할 것 없이 똑같이 채워져야 하는 것이지만, 그것을 성취하는 길은 삶을 대하는 태도의 근본적인 차이에 따라 달라진다. 다시 말하지만, 보다 탐욕적인, 말하자면 보다 개인주의적인 남자는 자신의 가족에게 양식을 공급하는 임무를 개인의 책임으로 떠안으며, 그렇게 함으로써 자신의 경제적 이기심을 상쇄시켰다. 그런 한편 저장 본능을 가진 여자는 남자들이 경제적이라는 난어에 대해 생각하는 그런 의미로는 경제적이지 않다. 남자가 여자를 향해 바보처럼 지출한다고 비난하는 것에 의해서 남녀 시각 차이가 확인된다. 남자가 실천하는 합리적인 계획이라는 측면에서 본다면 여자는 경제적이지 않은 것이다.

여기서 우리는 기본적으로 여자의 자질을 남자 중심으로 해석함에 따라 일어나는, 언어에 대한 근본적인 오해의 예를 보고 있다. 여자는 천성적으로 경제적인 반면, 남자는 낭비를 일삼는 천성을 보완하기 위해 "경제적 유형"으로 발달했다. 그렇다면 현재의 사회적 위기에서 "경제"는 낭비적인 것이 되고 낭비가 경제적인 것이 된다 해도 놀라울 게 하나도 없다. 그런 혼동은 자연의 경제학과 인간이 만든 화폐 경제학을 서로 섞은 데 따른 것이다.

또 다시 인류 역사에서, 아주 많은 사람들이 풍요 속에서 기아의 공포에 직면하고 있다. 즉 자연의 낭비에도 불구하고 인류가 멸종의 공포에 직면하고 있는 것이다. 삶의 기본적인 한 부분인 "낭비"를 두려워하면서, 우리는 낭비를 비이성적인 것으로 부정하다가 결국엔 자연의 산물을 내다버림으로써 스스로 낭비를 하게 된다. 이는 아마 가격을 높이기 위한 조치일 것이다. 그러나 실제로 보면 계획을 통해 삶을 통제하는 것은 불가능한 일로 확인된다. 위협적인 파괴의 시대에 대비하여 양식을 비축하는 데 대한 구실로 전쟁의 상처가 제시되기도 한다. 이 같은 맥락에서, 큰 전쟁이 끝나고 나면 인구만 아니라 농작물이나 가축을 마치 보상이라도 하듯 늘리는 현상이 나타난다는 옛 믿음을 떠올리는 것도 흥미롭다.

인간은 절멸의 공포에 휘둘리면서 민족주의 슬로건을 내세우고 동료 인간을 상대로 전쟁을 벌인다. 인간들 사이에 오직 한 민족만이 생존할 권리와 공간을 갖는다는 인식이 팽배한 것이다. 이런 의미에서 본다면, 현대의 전쟁은 이데올로기적인 슬로건을 내세우고 있음에도 불구하고 제국주의적 팽창에 대한 욕구보다는 절멸에 대한 퇴폐적인 공포 때문에 일어난다. 이 공포를 퇴폐적이라고 표현하는 이유는 원시인의 내면에 공포에 관한 온갖 이론이 있었음에도 불구하고, 그 공포는 자기 자신의 권력 이데올로기를 두려워하게 된 인간이 스스로 만들어낸 것이기 때문이다. 그런데 이 권력 이데올로기는 인간이 자신의 내면에 있는 자연의 힘들에 맞서 내세운 것이다. 따라서 남자가 무엇보다 무서워하는 섹스의 힘은 인구 정책을 통해서 의도적으로 인간의 힘으로 바뀌었고, 이 인간의 힘은 상업과 노동 이데올로기를 통해서 최종적으로 돈의 힘이 된다. 산업이 경제적 이론을 통해서 이 돈의 힘의 표현이 되듯이, 현대의 전쟁들, 적어도 최초의 현대적 독재자인 나폴레옹의 시대 이후에 일어난 전쟁들은 인간 개인의 존엄을 회복한다는 희망을 품은 가운데 인간의 힘을 통해서 돈의 힘을 깨뜨리기 위해 벌어진 것이었다. 마찬가지로, 계급과 개인들은 자신들이 가진 인간의 힘을 갖고 이 돈의 힘에 맞서 반란을 일으키고 있다. 노동자의 파업도 그런 예이다.

그런 한편 작업장에서 이뤄지는 인간 노동력의 자연스런 표현은 이익을 목표로 잡지 않고 생계를 꾸리는 것을 목표로 잡는다. 말하자면 생존 능력이 중요하다는 뜻이다. 반면 자본주의로 알려진 이익의 축적은 지속적 생존에 대한 욕망이 사후에도 "의지"로 통제할 수 있는 영구적인 재물로 표현된 것이다. 이쪽 방향으로 성공한 개인들은 "죽을 때 재물을 짊어지고 가지 못한다"는 진리를 배워야 할 뿐만 아니라 모든 국가와 제국은 돈의 축적이라는 이데올로기 때문에 사라진다는 것도 동시에 배워야 한다. 인류 역사에 처음으로 일어난 그런 종류의 금융 붕괴는 로마 제국의 자본주의적 성향으로 인해 야기되었다. 여기서 말하는 자본주의는 식량의 저장에서 식량을 구입할 돈의 저장으로 옮겨간 것을 뜻한다. 영국도 비록 산업을 중심으로 한 생산적인 자본주의라는 다른 바탕을 가졌지만 식량 공급을 수입에 의존하고 있기 때문에 그와 비슷한 재앙을 향해 나아가고 있는 것 같다.

자본주의 체제에 고유한 위험들을 예고한 마르크스 이후로, 세계는 자본만 아니라 노동에도 바탕을 둔 또 다른 경제체제를 도입했다. 세계대전을 거친 지금 우리의 경제학은 다시 실업 문제를 경제 계획에서 가장 중요한 요소로 고려하는 쪽으로 바뀌고 있다. 실업 문제는 세계 무역을 바탕으로 한 세계적인 경제 체제의 붕괴를 위협하면서 우리로 하여금 노동과 일이 개인에게 지니는 경제적 가치뿐만 아니라 도덕적 가치에도 주의를 기울이도록 만들었다. 아득한 옛날부터 사회적 기능을 놓고 사람들 사이에 자연스런 구분이 이뤄졌으며, 이 기능은 그 사람의 성격의 형성에도 기여했다. 원시인들 사이에서는 왕과 성직자, 마법사가 그런 유형들의 두드러진 예이다. 이들은 말하자면 자신의 전체 인격으로 자신의 사회적 기능을 나타내고 있다. 문명 사회가 형성되면서 전문화가 더욱 세분화됨에 따라, 직업에 따라 명확히 구분되는 유형들, 즉 전사와 농부, 공무원 등이 나타났다.

　중세로 들어서면서 다양한 숙련공과 장인들이 길드를 조직했다. 목적은 이익의 추구보다는 공동체에 받아들여진 집단으로서 자신들의 성격 유형에 대한 인정을 추구하는 것이었다. 목수와 대장장이, 빵 굽는 사람 혹은 푸주한은 공동체의 구성원으로서 하는 시민의 기능 그 이상으로 명확한 어떤 유형의 성격을 대표했으며, 이 공동체는 그 자체로 다른 공동체들과 이런저런 식으로 명확히 구분되었다. 따라서 일은 그 사람의 성격을 형성하고 유지하는 데 있어서 종교적, 정치적 혹은 개인적 이데올로기 못지않게 결정적인 요소가 되었다. 이 점에서 본다면, 사람은 주로 자신의 자존감을 위해서 일을 하지 다른 사람이나 이익을 위해 일을 하지 않는다. 자신이 일을 해내지 못한다고 느끼거나 일을 하면서도 돈을 받을 만큼 가치 있는 일이 아니라고 느끼는 신경증 환자들의 예에서 보듯, 일을 싫어한다는 것은 곧 그 사람의 성격에 어떤 근본적인 결여가 있다는 점을 암시한다. 일에 저항하는 것은 열등감 때문이 아니고 대체로 보면 자아를 받아들이는 것에 대한 깊은 저항을 숨기고 있다. 자기 자신의 만족을 위해 일을 하는 사람에겐, 그 대가로 받는 돈은 단순히 연료의 역할을 할 뿐이다. 말하자면 보상과 인정의 상징이고, 최종적으로 동료에게 받아들여지고 있음을 보여주는 상징이라는 뜻이다.

이런 식으로 무엇인가를 대가로 내놓기 위해 받아들이는 행위 안에 정서적 동화가 생물학적으로 이뤄지는 과정이 잘 요약되고 있다. 정서적 동화는 그 만족스런 결과 때문에 남자의 한 유형에 두드러진 이기적인 축적과 또 다른 유형에 두드러진 파괴적인 지출과 뚜렷이 대비된다. 이처럼 주고받는 동화의 과정은 문명의 생산적인 기능에도 필요할 뿐만 아니라 개인적 및 사회적 관계 속에서 개인의 행복과 기능에도 필요하다. 남녀 사이의 관계에서 동화는 다시 역설적인 모습으로 나타난다. 생물학적으로 받아들이는 쪽인 여자는 정서적으로 베푸는 한편, 기본적으로 지출하는 성향이 강한 남자가 받아들인다는 점에서 보면 그렇다. 여자가 지나치게 받아들이는 유형일 경우에 죄의식을 느끼고 남자가 지나치게 지출할 경우에 죄의식을 느낄 것이기 때문에, 둘의 문제는 오직 협력과 보완적인 지원에 의해서만 풀릴 수 있다.

그럼에도 이 정서적 동화의 과정은 지속적인 과정이다. 남녀 어느 쪽이든 자아의 완성은 어느 한 순간에 이뤄지는 것이 아니고 꾸준히 이뤄져야 하는 경험이기 때문이다. 그 같은 경험이 이뤄지는 동안에 자신의 사아를 통제하려는 의지는 상대방을 저지하려는 욕망만큼 강하다. 자신의 내면에서 그런 보완적인 기능들 중 하나를 봉쇄하면서 상대방에게 피해를 안기는 개인은 그것으로 절대로 이득을 얻지 못하고 언제나 실패자가 된다.

296

교환의 과정이 자연스레 일어나도록 내버려두지 않고 자신이 가진 것을 꼭 쥐고 있는 것은 그 사람의 성격을 강하게 만들지 못하고 오히려 그것을 잃지 않을까 두려워하도록 만든다. 또 자신이 가진 것을 무모하게 지출하는 사람은 파괴에 대한 두려움 때문에 전전긍긍하게 된다. 그러기에 대체로 보면 타고난 힘이 자신의 섹스에 있는 여자는 성격에 힘을 싣게 되고, 타고난 힘이 자신의 성격에 있는 남자는 섹스에서 그 힘을 확인해야 한다.

따라서 현대 여성의 근본적인 갈등은 타고난 여성적인 자아와 남자 중심의 이데올로기의 영향을 받게 되어 있는 직업적 자아로 표현되는 성격 사이에 빚어지고 있다. 실질적으로 세계대전으로 인해 촉진된 측면이 있음에도 불구하고, 우리 시대의 직장 여성이 현재의 경제적 위기로 겪는 고통은 그녀의 진짜 심리와 그녀에게 강요되고 그녀가 모방한 남성 이데올로기 사이의 해묵은 충돌로 겪던 고통에 비하면 훨씬 약하다. 이는 수많은 신경증 환자들을 대상으로 한 연구로 뒷받침되고 있으며, 버지니아 울프(Virginia Woolf) 같은 탁월한 작가도 현대 여성에 대한 전반적인 설명으로 이 같은 의견을 제시하고 있다. 울프는 최근에 발표한 『3기니』(Three Guineas)에서 "교육 받은 남자의 딸"이 전시(戰時)의 필요에 의해 여자에게 열린 직업의 세계로 나가도록 한 것은 무엇보다도 먼저 남성 지배로부터 도피하고 싶은 소망이었다는 점을 솔직히 인정하고 있다.

그러나 버지니아 울프가 보여주지 않거나 몰랐거나 말을 하지 않은 것은 그 그림의 이면이다. 즉 여자도 남성 지배를 기꺼이 모방하고, 남성 이데올로기에 맞추거나 아니면 최근의 움직임처럼 남성 이데올로기를 접수하기 위해 남성 지배의 바탕 위에 자신의 심리를 형성했다는 점이 간과되고 있는 것이다. 그러나 이 같은 사실이 반란을 꿈꾸는 여자와 관련한 울프의 주장을 무효화시키지는 않는다. 왜냐하면 반란은 외적 지배뿐만 아니라 그 지배에 복종하는 본인의 내면적 취약점까지 공격 대상으로 삼을수록 더욱 격해지기 때문이다. 여자가 남자의 지배에 복종하려는 의지로부터 점진적으로 해방되는 것은 의지라는 남자의 이데올로기를 선택할 때에만 가능해진다. 이 해방은 1세기 전에 메리 월스턴크래프트(Mary Wollstonecraft)의 『여성의 권리 옹호』(Vindication of the Rights of Woman)로 시작되었다. 흥미로운 것은 그녀의 독립 선언이 수입이 없는 미혼 여자를 사실상 추방하다시피 한 청교도 정신의 산물이 아니고 새로운 남성 이데올로기, 즉 루소의 이데올로기에 대한 개인적 반응으로 나왔다는 사실이다. 여자는 한 순간도 독립적인 존재로 느껴서는 안 된다고 선언한 "사상가" 루소는 평생 동안 여성에 의존하는 삶을 살았는데, 이 의존 관계는 명백한 "모성 고착"이었으며 훗날에는 피학적인 관계로 변하였다. 프랑스 혁명을 고무한 독립이라는 정치 철학을 제공한 루소 본인의 이데올로기적 반란이 남자의 힘에서 나온 것이 아니고 자신의 여성스런 의존에 대한 반발로 나온 것이라는 사실은 인간 본성에 있는 모순을 보여주는 또 다른 예이다.

어쨌든, 청교도적인 영국에서 교역이 급증하면서 정숙한 여자는 "선한" 존재로 여겨진 반면 노처녀는 사회적 악으로 여겨지게 되었다. 여자에 대한 그런 경제적 평가와는 대조적으로, 월스턴크래프트는 미혼 여자와 미혼 남자 유형을 같은 계급에 놓으면서 놀고 있는 여자와 놀고 있는 부자를 함께 취급한 분류에서 꽤 현대적으로 보이는 "유한 계급" 이론을 제기한다. 그리고 100년이 조금 더 지난 시점에, 그러니까 세계대전 후에, "여성의 권리"가 거꾸로 가기 시작했다. 여성들이 "남자들에 의존하기" 시작한 것이다. 메리 월스턴크래프트의 시대 이후로 여자들이 요구한 권리들을 거의 전부 획득한 뒤, 여자들은 '특권'의 시대를 향수 어린 눈으로 뒤돌아보기 시작했다. 그리고 실제로 보면 현재에도 그런 추세가 지속되고 있음을 보여주는 증거가 많다.

그렇다면 사람들은 그 같은 모순적인 전개를 보면서 개인에게는 자신의 본래 모습을 지킬 수 있는 그런 권리 외에는 어떠한 평등도 있을 수 없다는 것을 배울 수 있을까? 자신의 다름을 받아들이고 또 다른 사람들로부터도 그런 다름을 인정받는 것이 대단히 중요하다는 뜻이다. 그러나 오늘날의 여자는 자신이 매우 힘든 입장에 처해 있다는 사실을 깨닫는다. 남자가 자기를 닮은 여자를 좋아하고, 정말로 자신의 에고를 고양시키기 위해 남성화된 유형의 여자가 지닌 유사점을 필요로 하는 한편으로, 그의 남자다운 자아는 여자가 육체적으로만 아니라 정서적 복종과 경제적 의존에서도 천생 여자이기를 원하고 있는 것이다.

여자 자신에 대해 말하자면, 여자는 어느 한 남자로부터 경제적으로 독립하려는 욕구뿐만 아니라 일과 일의 결과로 나타나는 사회적 성공을 통해 자신을 표현하려는 욕구 때문에 다양한 직업에 끌리고 있다. 그러나 여자의 천성 자체가 자신의 여성다움에 대한 침범에 맞서 분명한 어조로 종종 반란을 일으킨다. 이는 틀림없이 우리 문명 안에서 여자의 직업적 발달이 오직 남성 이데올로기를 따라서만 가능하다는 사실에서 기인한다. 직업적 발달은 좌절에 맞서 반란을 일으키고 있는 여성다움의 육체적인 측면 그 이상이라는 점을, 말하자면 여자에게 어떠한 공간이나 쓰임새도 인정하지 않는 남성의 세계에서 진정한 여성다움을 표현하려고 갈망하는 정서적 및 정신적 측면이라는 점을 확신하기 위해서, 우리는 군이 자유연애와 섹스에도 불구하고 만족하지 못하고 불행해 하는 현대 여성의 잘 알려진 유형에 대해 언급할 필요까지는 없을 것이다. 이런 비통한 상황은 결혼하지 않은 직장 여성만 아니라 불행한 결혼생활을 하는 여자에게도 적용되고 있다. 달리 말하면 여자들의 보편적인 문제가 되고 있는 것이다.

남성 이데올로기를 기준으로 잘못 해석되고 있는 가운데 그런 곤경에 처한 여자는 신경증적 증후들로 자신의 성격을 표현할 수 있을 뿐이다. 이 증후들은 설명은 쉽지만 남자의 심리학에 바탕을 둔 해석으로는 "치료될" 수 없다. 이런 현대적 유형의 여자에게 남겨진 것은 이 역할 혹은 저 역할을 최대한 잘 해내는 것밖에 없다. 여자는 남자가 원하는 그런 완벽한 여자의 역할을 수행하든가 아니면 그녀 자신을 위해서 어쩔 수 없이 독립심 강한 남자 유형으로 행동해야 한다. 어떠한 경우에도 여자는 자신의 자아가 아니다. 이처럼 여자가 연기하는 역할이 그녀의 두 번째 본성이 되고 상당한 성공을 거두는 경우도 자주 있다. 그러다 어느 정도 시간이 지나면 "신경쇠약"이 불가피하게 나타난다. 다른 예들을 보면, 여자다운 자아는 거짓말과 기만에서 피난처를 찾지만, 이 거짓말과 기만이 실제로 그녀의 진정한 자아를 드러낼 수도 있다. 이 거짓말은 남자가 원하는 존재가 되려는 시도일 뿐만 아니라 남자가 만든 세상에서 자신의 자리를 스스로 발견하려는 시도이기도 하다. 외국이나 다름없는 이 세상에서 여자는 남자의 심리학을 차용함으로써 이성적인 존재로 위장해야만 살아나갈 수 있다. 이런 식으로 위장을 하면서, 여자는 자신의 비이성적인 진실을 빌려서 남자의 "이성적인" 진실을 들려준다.

여하튼, 자신이 복종하고자 하는 남자로부터 원함의 대상이 되고 싶은 여자의 소망은 여성의 성격 형성에 가장 강력하게 작용하는 요소이며, 이런 점에서 보면 그녀는 자신의 짝에 의해서 육체적으로만 아니라 성격적으로도 여자가 된다. 그럼에도 여자의 사랑이 남자와의 관계에서 이런 식으로 발달하는 것은 우선 기독교의 사랑 이데올로기에 의해 가능해졌다. 기독교의 사랑 이데올로기가 원함의 대상이 되고 싶어 하는 여자의 감정을 실제로 공식화하고 또 보편적으로 받아들여지도록 만든 것이다.

여자의 성격 형성에 결정적 영향을 미친 관념이나 이상, 신학은 시대에 따라 다 달랐다. 그럼에도 그 관념이나 이상, 신학은 한 가지 공통점을 갖고 있다. 모두가 남자가 만든 것이고, 따라서 남자가 좋아하는 쪽으로의 동화를 목표로 잡고 있다는 점이다. 그런 한편 여성의 내면에서는 관념과 이상, 신학이 한 가지 똑같은 원천에서, 말하자면 원하는 대상이 되겠다는, 즉 사랑을 받겠다는 욕망과 필요에서 나온다. 두말 할 필요도 없이, 이런 종류의 사랑은 원래 도덕적 개념이며 서양 문명에서 점진적으로 섹스와 결합하게 되었다. 이 같은 사랑은 당연히 모든 교육적 및 권위적 관계, 말하자면 부모와 자식, 선생과 학생, 친구들 사이, 마지막으로 남녀 사이에서 작동하고 있다.

개인적인 이상이나 지배적인 이데올로기가 어떻든, 최종적으로 보면 어떤 성격을 형성하려는 노력은 언제나 타인들 혹은 공동체의 의견에 선하게 비치고 싶은 욕망에서 비롯된다. 여기서 자아의 완벽을 꾀하려는 충동은 타자의 안에서 완성을 성취할 필요와 조화를 이룬다. 완벽한 여성다움의 이상은 원함의 대상이 되는 것(사랑을 받는 것)인 반면, 남자는 원하는 욕망(의지)을 바탕으로 자신의 성격을 형성한다. '자기'의 정당화나 지지를 위해서 원함의 대상이 되고 싶어 하는 남자의 욕구는 대체로 세속의 성공에서 만족을 얻는다. 반면에 여자의 단호한 의지는 자신이 사랑하는 남자가 원하는 대상이 되고 싶은 욕망으로 바뀐다. 특히 아가페의 양보적인 정서에 충실한 여자는 남자를 통한 보완적인 성취에 훨씬 더 많이 의존한다. 이 보완적인 성취가 결여되고 있는 한, 사랑 받고 싶어 하는 여자의 욕구는 심리학적으로 신경증의 용어를 빌려 묘사될 만큼 다양한 방식으로 왜곡되고 방해를 받게 될 것이다.

심리 치료 분야에서 광범위하고 깊은 경험을 쌓은 나는 여자들이 앓고 있는 신경증의 종국적 "원인"은 남자로서의 자질이 부족하고 또 여자를 괴팍스럽지 않게, 말하자면 부드럽게 다룰 줄 모르는 현대의 남자라는 확신을 품고 있다. 이런 남자와 지낼 경우에 여자는 나르시시스트가 되어 자신이 존경하고 공경할 수 있는 강력한 남자에게만 굴복하든가, 아니면 자신의 전체 자아를 사랑을 베푸는 자신의 본성에 종속시키지 않은 가운데 남자에게 성적으로 복종하는, 정반대 유형의 성격을 발달시키든가 할 것이다. 현대 심리학에서 "피학적"이라고 불리는 이 유형은 여자의 타고난 수동성을 과장되게 표현하고 있는 것이 아니라 좌절된 복종 욕구를 남자의 방식으로 자기 자신에게 표현하고 있다. 그녀에게 지배적인 남자의 역할을 어쩔 수 없이 하도록 만드는 이런 곤경은 그런 "피학적인" 유형들의 대부분이 역설적이게도 "남자"의 두드러진 특질들을 보여준다는 관찰에 의해서 확인되고 있다. 그런 여자들의 "피학적 경향"은 여자들 본인에 의해 가학적 경향이 있는 남자를 즐겁게 해주려는 욕망으로 설명되거나 남자에 의해 다듬어지고 바뀌고 있다는 점을 보여주는 수단 혹은 상징으로 설명되고 있다. 그녀 자신의 자아에 그런 식으로 기꺼이 복종하는 행위는 겉보기와 달리 희생적인 본성과는 아무런 관계가 없다. 만약에 바람의 대상, 즉 사랑의 대상이 된다면, 여자는 남자가 필요로 한다면 자신이 이용되거나 심지어 악용되기를 원한다. 그런 사이비 희생자의 태도는 그녀의 생물학적 자아를 도착(倒錯)적으로 표현한 것에 지나지 않는데, 이 생물학적 자아는 어쨌든 그녀의 생식적 기능을 통해서 자연에 의해 이용되게, 즉 파괴되게 되어 있다.

8장

자기를 넘어서는 심리학

니체와 프로이트

니체에서 시작하여 프로이트에서 막을 내린 우리의 심리학 시대가 지니는 문화적 의미는 두 사람의 관점과 방법을 서로 비교할 경우에 가장 쉽게 이해된다. 프로이센과 프랑스의 전쟁에서 비롯되어 분석적 통찰력에 의해 풍성하게 가꿔진 니체의 '문화 심리학'(Kulturpsycologe)을 심리학 학파들의 다양한 반목을 이해하는 데 적용하면, 그 이해가 특히 더 쉬워진다. 개인주의적인 경향이 아주 강한 정신분석 자체가 갑자기 세계대전으로 촉발된 사회적 및 문화적 문제들을 직면하고 있다는 사실은 정신분석의 배경을 조사하고 그것이 우리 시대에 지니는 정신적 의미를 파악하려는 노력을 정당화한다. 매우 추론적인 프로이트의 이론의 허약한 구조 위로 온갖 비이성적인 힘들이 홍수처럼 쏟아지고 있다는 점은 (거의 알려지지 않았고 또 프로이트 본인마저 무시하는 어떤 논문에서) 그가 처음으로 죽음의 문제를 인식하게 되었다는 사실에서 확인되고 있으며, '문명의 불만'에 대해 쓴 그의 비관적인 저서『문명과 그 불만』(Civilization and Its Discontents)에서 더욱 분명하게 확인되고 있다.『문명과 그 불만』은 아마 그의 필생의 연구의 논리적 결론을 의미할 것이다. 왜냐하면 이 책에서 프로이트가 공격성이 인간 행동에서 하는 역할이 대단히 중요하다는 점을 최종적으로 인정했기 때문이다. 이 결론은 알프레드 아들러가 20년 전에 공격적인 충동과 그 충동이 권력에의 의지로 나타나는 것을 바탕으로 개인 심리학을 제시할 때 내린 결론과 비슷하다. 니체는 이미 권력에의 의지가 인간 행동의 원동력이라고 선언했다. 그러나 니체의 철학은 인간 심리에 근본적인 이 요인을 긍정적으로 제시한 반면, 프로이트는 권력에의 의지를 비난하면서 사회 전체가 병들었다고, 아니 보다 일반적으로 표현하면 문명 전체가 신경증적 증후를 보이고 있다는 식으로 비관적인 결론을 끌어냈다.

인류 전체를 신경증 환자로 만든 이론이 지니는 의미에 대해 프로이트 본인이 어느 정도 알고 있었는지에 대해서 우리는 아는 바가 없다. 그러나 그 이론에서 몇 가지 암시가 읽힌다. 첫째, 그 이론은 프로이트가 개인적인 심리 치료의 무용성을 인정했다는 점을 암시한다. 실제로 프로이트의 후기 저작을 보면 개인적인 심리 치료가 별다른 역할을 하지 않고 있다. 여하튼 후기 저작에는 개인적인 심리 치료에 대한 확신이 거의 보이지 않는다(프로이트는 개인적 심리 치료에 대해 흑인의 피부를 희게 만드는 작업이라는 식으로 말한다).

둘째, 그의 이론은 적어도 분별력 있는 사람의 눈에는 메시아 콤플렉스를 드러내고 있었다. 왜냐하면 문명 전체의 병은 예전에 종교적 혹은 세속적 지도자들이 제시하는 다른 치료적인 이데올로기의 영역에 속하는 것으로서 상담실 안에서는 절대로 치료될 수 없기 때문이다. 과학적 경험주의의 결과물이어야 하는 프로이트의 심리학 체계는 실제로 보면 종교

전쟁에서나 보일 법한 열의로 지켜지는 하나의 이데올로기로 받아들여졌
다. 프로이트가 자신을 위해 어떤 개인적인 종교를 창조하는 동안에 자신
의 불가지론을 아주 쉽게 고백할 수 있었던 것과 똑같이, 그는 지적 및 이
성적 성취에서도 자신의 이성적인 사상을 지키려 싸움으로써 자신의 비
이성적인 욕구를 표현했던 것 같다.

셋째, 프로이트가 모든 문명을 비판하고 나선 근거가 인간의 불행이 아
니라 사람들이 그의 사상과 개혁을 따르지 않는다는 점이라는 것을 지적
해야 한다. 어쨌든, 프로이트는 심리 치료 경력을 끝내기 전까지는 인간
심리를 철학적으로 평가한 위대한 신임자들, 말하자면 쇼펜하우어와 현
대인의 병을 진단한 위대한 인물인 니체와 입센(Henrik Ibsen)의 대열에
합류하지 않았다. 니체가 창조적 활동에 따른 고통에서 초인이라는 자신
의 이상을 치료의 한 수단으로 표현했다면, 프로이트의 동시대인인 입센
은 분석적 치밀성을 바탕으로 현대인은 단언적인 의지에 반드시 수반되
는 죄의식 때문에 실패하게 되어 있다는 점을 보여주었다.

프로이트가 끼어드는 것은 죄의식을 "인과적으로" 그 사람의 어린 시
절의 경험까지 거슬러 올라가며 제거하려던 치료적 시도를 통해서이다.
인간의 죄의식을 인과적으로 "신경증"으로 설명하여 제거하겠다는 생각
이야말로 얼마나 건방지고 또 동시에 순진한가! 과도한 죄의식의 방해를
받고 있는 것 같은 개인에게 그런 식으로 접근하는 것은 "치료적"인 접근
일 뿐만 아니라 이데올로기적인 접근이기도 하다. 그는 고통 받는 개인을
돕는다는 목표를 갖고 활동했을 뿐만 아니라 동시에 개혁가라는 암묵적
바탕에서도 활동했다. 그가 자신의 환경 안에서 발견한 문명은 전반적으
로 건전한 반면, 잘못된 환경에 놓인 개인은 프로이트의 환경에 맞춰 적
응해야 한다고 전제하고 있기 때문이다.

19세기의 과학적인 이데올로기 속에서 성장한 프로이트는 인간 행동을 환원적으로, 말하자면 과학이 모든 생명을 바탕으로 제시한 가장 원시적인 생물학적 계획을 근거로 설명하는 그런 접근법을 택했다. 그러나 인류 역사를 보면 인간의 삶은 바로 그 바탕을 부정하는 것이 특징이라는 사실이 확인된다. 그런 특징은 원시인이 생식에 따른, 죽음을 면할 수 없는 운명에 반대되는 것으로서 영적 불멸성을 믿는 신앙에 잘 드러나고 있다. 니체는 인간의 문제에 문화적으로 접근함으로써 인간 행동을 문제 중의 문제로 보다 명확하게 보았다. 왜냐하면 니체는 개인들 사이에서만 아니라 집단과 국가들 사이에서도 도덕적 갈등이 일어난다는 점을 분명히 인식했기 때문이다. 이런 점에서 본다면, 니체는 이 같은 문제를 깨닫고는 최초로 인간 심리를 도덕적 이슈로부터 해방시키려 노력한 유일한 사상가인 것 같다. 도덕적 이슈는 인간의 심리에 낯설고 오직 그림을 흐리게 만들 뿐이라는 인식이 작용했던 것이다.

니체는 "유대교-기독교 도덕"을 비판하면서 이 도덕과 자신의 사상적 스승으로 반유대주의자인 쇼펜하우어를 함께 같은 단지 속으로 던진다. 그러면서 그는 인간 존재의 내면에 있는 그런 종류의 도덕에 대한 깊은 욕구를 무시했다. 그리하여 도덕과 무관한 초인이라는 기묘한 그림이 나온다. 니체가 말하는 초인은 자신을 선지자라고 생각하는 과대망상증 환자로, 그리스도의 적이다.

그럼에도 개인과 사회의 개혁을 명확한 목표로 잡은 두 가지 이론 체계, 즉 마르크스와 프로이트의 이론 체계가 유대인에 의해 제시되었다는 사실은 결코 우연은 아닐 것이다. 마르크스는 자신의 유대인 유산을 부정함으로써 그 유산을 혜택을 누리지 못하고 있던 프롤레타리아 계급에게로 투사할 수 있었다. 한편 프로이트는 유대교를 확신함으로써 고통 받던 자기 민족과 제지당하며 좌절하고 있던 신경증 집단을 동일시했던 것 같다. 불행히도, 프로이트가 보았던 대부분의 환자들은 그가 그들의 적응에 필요하다며 제시한 도덕과의 갈등으로 고통을 받는 것처럼 보였다. 게다가 그가 심리학적 이론으로 바꿔놓은 도덕규범은 기독교 윤리보다 십계명을 강조하고 있다. 그러면서 프로이트는『어느 환상의 미래』(The Future of an Illusion)에서 순진하게도 기독교 윤리를 조롱하는 태도를 보였다. 내가 보기엔, 이 책은 특권을 누리지 못한 신경증 환자들이 일시적으로 택한 현대적 종교인 정신분석의 미래에 대한 회의를 무의식적으로 드러내고 있는 것 같다.

십계명의 원시적인 도덕규범에 따라, 프로이트는 개인의 행동에 대한 지침으로 외적 제한과 박탈을 강조한다. 말하자면 기독교 종교에서 가르치고 칸트의 프로테스탄트 윤리에서 정교하게 다듬어진 바와 같이 개인의 양심이라는 내면의 목소리를 강조하지 않고 처벌과 보상을 강조한 것이다. 프로이트의 입장과 반대되는 것으로서, 인간 행동에 대한 그런 내면의 규제를 나는 첫 책인『예술가』(Der Kunstler)에서 강조했다. 이 책에서 나는 개인의 내면에 스스로를 억제하려는 충동이 원래부터 있으며, 이 충동이 비이성적인 자아에 맞서 보호하는 차원에서 제한을 만들어낸다고 주장했다. 계율과 협박을 담고 있는 십계명 자체는 신에게로 돌려지는, 말하자면 인간의 본성에 고유한 것으로 보이는 그런 인식을 뒷받침하는 증거들 중 하나에 지나지 않는다. 이 같은 도덕관은 훗날 목사의 아들이던 취리히의 칼 융에 의해 강조되었다. 칼 융은 끊임없는 지원 활동을 통해 정신분석 운동을 세계적으로 알리고 인정을 받게 한 중요한 인물이다. 융 본인은 비이성적인 무의식에서 주로 신화적 상징으로 표현된 악마적인 요소를 보았지만, 프로이트는 비이성적인 것을 합리화하려고 노력한 뒤에 스스로 만족하면서 이어 초자아라는 개념을 통해서 비이성적인 것의 내면화를 시도했다. 그러나 당초 물질주의적이었던 개념들을 정교하게 다듬으려던 모든 노력과 마찬가지로, 이 내면화도 해결책이기보다는 일종의 타협안이었다. 개인의 양심이 다시 외적 금지에서, 특히 프로이트가 신과 같은 권력을 가진 인물로 떠받들던 아버지의 금지에서 끌어내어지고 있다는 점에서 보면 그렇게 볼 수 있다.

마찬가지로 유대인의 전통과 사고방식의 한 특징인 아버지의 과도한 중요성은 프로이트 심리학에서 이성적인 측면을 대표하는 한편, 어머니와의 생명력 넘치는 관계는 단순히 "유아적" 고착으로 여겨지고 있다. 따라서 프로이트는 그리스의 오이디푸스 신화에서 십계명의 네 번째 계율의 예를 보면서 그 신화의 진정한 의미, 즉 인간이 자신의 인간적인 운명에 맞서 벌이는 영웅적 투쟁이라는 점을 철저히 무시하고 있다. 프로이트가 분석한 것처럼 네 번째 계율을 구체화하려는 것과 달리, 고대 그리스의 오이디푸스 왕의 비극은 최초의 서구 사상가들이 인간의 존재에 얽힌 수수께끼를 철학적 사색으로 풀려고 한 그 건방진 주지주의에 어떤 교훈을 던지게 되어 있었다. 수수께끼를 잘 푸는 똑똑한 오이디푸스는 비이성적인 것을 합리화하려는 쓸데없는 노력을 펴던 그리스 후기의 닳아빠진 지식인을 대표한다. 여기서 말하는 비이성적인 것은 맹목적이지만 의미있는 운명의 힘들을 뜻하며, 이 운명이 결국 인간을 자신의 운명만큼이나 맹목적인 존재로 남겨놓는다.

니체는 오이디푸스의 근친상관과 부친 살해를 초인이 자연의 법을 침범함으로써 자연의 코스에서 이탈하는 것으로 해석하면서 보다 깊은 어떤 경험적 진리를 표현하고 있다. "지혜로 자연을 절멸의 혼동으로 몰아넣은 자는 또한 자신의 내면에서 자연의 해체를 경험하게 된다"는 진리말이다. 이것은 또한 진리를 보는 자는 죽어야 한다는 옛날의 지혜가 의미하는 바이기도 하다. 진리는 삶의 이성적인 해석일 뿐만 아니라 삶의 비이성적인 힘들까지 포함하기 때문이다. 바로 이 비이성적인 힘들이 진리를 추구하는 사람의 도구를 파괴하게 된다.

보다 깊은 의미에서, 전체 정신분석 운동이 과대 평가된 인간의 지적 자아가 비이성적인 것들을 직접적으로 공격하는 것처럼 보이는 것은 바로 이 지점이다. 그런데 그런 시도가 그만 비이성적인 것들에 대한 인간의 두려움 때문에 비이성적인 것에 대한 합리적 설명과 기계적인 인식으로 바뀌어 버렸다. 이런 식으로 비이성적인 것이 한쪽 극단에서 다른 쪽 극단으로 자율적으로 전환된다는 점을 받아들일 때에만, 한편에서는 정신분석을 낭만적인 운동이라고 주장하는 반면(예를 들면 토마스 만(Thomas Mann))에, 독일 안에서 철학 쪽으로 경도된 활력론자들이 정신분석의 과도한 기계화를 비판하고 있는 현실이 이해된다. 이처럼 이성적인 요소와 비이성적인 요소를 동시에 대표하는 것은 정신분석에 고유한 모순이며 프로이트 학파 안에 두 가지 반응, 즉 융의 이론과 아들러의 이론이 나타나고 있는 것을 설명해준다. 정신분석의 두 가지 측면, 즉 이성적인 측면과 비이성적인 측면 중 어느 하나를 확장한 것이 융과 아들러의 이론이다. 이성적인 측면과 비이성적인 측면을 동시에 강조하는 것 때문에 프로이트는 일찌감치 자신의 스승이었던 브로이어(Josef Breuer)와 결별한 바 있다.

빈에서 활동하던 내과의사인 브로이어 박사는 프로이트보다 몇 살 위이며, 히스테리 환자들을 대상으로 최면 수면에 근거한 심리 치료 방법으로 실험을 했다. 프로이트가 그런 실험을 추구하며 프랑스 낭시에 있던 베른하임의 진료소에서 최면 암시의 현상을 조사하는 동안에, 브로이어는 여성 환자 한 사람을 치료하다가 특이한 경험을 하고 있었다. 이때의 경험이 워낙 무서웠기 때문에 브로이어는 치료적인 상황에서 나타나는 비이성적인 자아의 위협적인 힘들을 멀리하게 되었다. 당시 이 환자는 브로이어와 짝사랑에 빠진 것 같았으며 그의 아이를 갖는 것을 상상하기도 했다. 브로이어는 이 공상을 병적 환각으로 다뤘다. 프로이트는 자신의 환자들을 대상으로 조사한 결과 그와 비슷한 "비이성적인" 증후를 과거 공상의 반복으로, 특히 어린 시절에 경험한 공상의 반복으로 설명할 수 있었다. 그렇게 함으로써 그 증후를 이해했을 뿐만 아니라 환자가 받아들이도록 했다. "전이"라는 용어를 빌린 이 설명이 실제로 효과적이었는지 여부는 이 맥락에서 프로이트가 자신의 해석에서 끌어낸 심리학적 및 이데올로기적 결론들에 비하면 별로 중요하지 않다.

그 결론들 중 첫 번째는 무의식을 의식으로 끌어올리는 것이 치료의 힘이라는 논리적 추론이다. 이는 두 가지 전제에 바탕을 둔 가정이다. 그 전제 중 하나는 그가 실제로 무의식을 의식으로 끌어올렸지 환자와 아무런 관계가 없을 수도 있는 무의식을 해석한 것은 아니라는 점이다. 다른 한 전제는 그가 "전이"라고 무시한 그 감정적 요소는 그 자체로 치료의 힘이 아니거나 적어도 변화를 이룰 힘은 아니라는 것이다. 어쨌든 우리 모두가 피하려 하는 것 같은 무의식적인 것, 즉 생명력 자체에 대한 두려움이 어떤 식으로 이성적인 마음의 과대 평가로, 즉 두려움을 달래줄 어떤 종류의 이해로 이어지는지를 확인하기는 쉽다. 치료의 효과를 발휘하는 것은 비이성적인 힘들에 대한 지적 통제가 암시하는 약속과 희망이다. 그러나 지적 해석 자체를 치료의 요소로 평가하는 것이 심리학 이론을 낳고 있으며, 이 이론은 기껏해야 치유적일 수는 있지만, 말하자면 위안을 줄 수는 있지만 과학적이지 않은 것은 틀림없으며 절대로 건설적이지도 않다.

프로이트의 이성적인 이데올로기를 치료적으로 이용하는 것은 그것이 환자를 돕는 한에서만 정당화된다. 그러나 프로이트의 이데올로기는 일반적인 삶의 철학으로서는 파괴적이다. 프로이트가 개인이 충동을 무제한적으로 표현하도록 이끈다는 비난 앞에서 자신의 치료법을 옹호해야 했던 것은 또 다른 역설이다. 비록 그의 심리학이 그런 행동을 "치료를 위한 것"으로 정당화하는 데 이용되었을지라도, 프로이트는 오히려 그런 목표를 부정할 때 자신이 아는 그 이상으로 정당하다. 왜냐하면 그의 심리학이 삶을 부정하는 정신에서 태어났고 그러한 것으로서 삶으로 안내하지 않기 때문이다.

프로이트의 오해

그럼에도 프로이트의 심리학이 그런 식으로 해석될 수 있는 데 대한 설명은 프로이트 본인의 오해에서 발견될 것이다. 상담실의 분석적 상황에서 언어로 표현되는 환자의 삶의 충동은 프로이트에게 액면 가치 그대로 받아들여진다. 말하자면 환자가 느끼는 삶의 진정한 욕망으로 받아들여진다는 뜻이다. 그것이 치료사와의 제한적인 관계에서 나오는 하나의 몸짓에 지나지 않을 수 있는 상황인데도 말이다. 프로이트의 이론 체계의 바탕과 심리학 전반의 바탕을 뒤흔들어 놓을 문장 하나로 대략적으로 말한다면 이렇게 된다. 프로이트는 자신도 모르는 가운데 분석적인 상황을 자신의 세계관을 바탕으로 해석했으며, 자신이 생각한 것과는 달리 환자의 무의식을 객관적으로 분석하지 않았다. 그가 첫 번째 사항을 알지 못했고 두 번째 사항을 성취하지 못했기 때문에, 그는 둘 중 어느 것도 성취하지 못했다. 그의 진정한 성취는 분석적 상황을, 다시 말해 어떤 인위적인 관계를 확립한 데 있다. 이 인위적 관계 안에서 우리는 인간의 본성에 있는 모든 비이성적인 힘들이 모순을 일으키며 작동하는 것을 볼 수 있다. 여기에도 조건이 있다. 미리 정해진 어떤 심리학의 용어를 바탕으로 그 상황을 순수하게 이성적으로 해석하고 있다는 식으로 주장해서는 안 된다는 것이다. 말하자면, 프로이트가 분석적 상황을 현재의 새로운 경험으로 강조하지 않고 그 대신에 인과적으로 과거의 반복이라고 해석하는 것은 결정론을 위해 개인의 모든 자율성을 부정하는 것에 해당한다. 다시 말하면 삶 자체를 부정하는 것이나 다름없다는 뜻이다. 그런 초연한 태도는 순수 과학, 즉 이론 심리학의 영역에서는 정당화될 수 있지만 생명 자체를 목표로 잡아야 하는 모든 치료적 노력에는 적절하지 않다.

바로 여기에 가장 근본적이고 동시에 재앙적인 정신분석의 역설이 있다. 이것을 나는 1922년에 이론과 치료 사이의 방법론적 혼동이라고 지적한 바 있으며, 이어 1930년에 『진리와 현실』(Truth and Reality)이라는 책에서 진리와 현실의 구분을 빌려서 그 문제를 철학적으로 다듬었다. 덕목은 가르쳐질 수 있고 자기지식은 치료의 효과를 발휘한다는 소크라테스의 이성적인 슬로건이 진리는 그 자체로 치유적이라는 프로이트의 확신에서 다시 살아나고 있다. 프로이트의 원칙들 중 하나는, 그 반대가 진실인데, 입센이 개인의 '거짓 삶'(life-lie: 많은 사람들이 불쾌한 현실을 덮기위해 이상주의 등 가면을 쓰는데, 이처럼 기본적으로 거짓인 비현실적인 '삶'을 일컫는다/옮긴이)이라고 부른 것에 대한 평가에 의해 뒷받침되고 있다. 프로이트가 자신의 진리 치료를 정당화하는 근거로 고대 그리스의 오이디푸스 전설에 대한 해석을 제시했는데, 이 전설이 이 영웅의 비극적 실패를 진리에 대한 똑같은 호기심을 바탕으로 설명하고 있는 것은 아이러니의 극치가 아닐 수 없다. 입센의 주인공들과 다르지 않게, 오이디푸스도 프로이트의 방법과 마찬가지로 자신의 과거를 역사적으로 분석하다가 자기 자신에 대한 진실을 알게 되자마자 사라지고 만다.

그러나 적어도 오이디푸스의 경우에는 이 같은 이해가 현실의 삶을 따르고 있다. 왜냐하면 고대 그리스인들은 신들이 오이디푸스의 삶의 끝에 진실을 통해서 '거짓 삶'에 따른 행복을 파괴하기 전까지는 그가 행복을 누리도록 할 만큼 현명했기 때문이다. 그러나 우리 시대의 좌절한 신경증 환자도 그 영웅만큼 간절히 살기를 원한다. 말하자면 자신의 비이성적인 자아를 이해하기를 원한 뿐만 아니라 표현하기를 원하는 것이다. 그런데 이성적인 유형의 심리 치료사는 생명을 두려워하기 때문에 오직 이해만 할 수 있다. 따라서 기본적으로 의료적인 문제가 아니라 하나의 인간적인 문제를 상징하는 분석적 상황이 프로이트에 의해서 신경증 환자가 자신의 에고와 에고 중심적인 성향에서 해방되는 그런 경험에서 그만 내성(內省)을 통해 에고를 심리학적으로 이해하는 경험으로 바뀌어 버렸다. 우리는 이성적인 에고의 요구에 따라 비이성적인 자아가 왜곡되어온 과정을 역사적으로 거슬러 밟을 수 있다. 처음부터, 프로이트의 이성적인 분석 치료는 20세기가 시작할 무렵에 있었던 프랑스 정신과의사들의 최면 실험에 그 기원을 두고 있다. 또 그 내용물만 아니라 배경에는 프로이트가 설명도 제대로 하지 않은 가운데 자신의 "무의식적 사고"로 합리화하려고 노력한 주정주의라는 신비의 영역이 깔려 있다.

보다 깊은 의미에서 본다면, 정상적인 심리에 반하는 것으로서 신경증 심리 같은 것은 절대로 없다. 다만 심리의 차이만 있을 뿐이다. 말하자면, 신경증 환자의 심리는 어떤 문명에 팽배한 이성적 관점에서만 볼 때 병적일 뿐이다. 심리학에 나타나는 차이는 기본적으로 경험과 이해 사이, 즉 행동 유형과 사고 유형, 혹은 무의식적인 삶과 의지를 동해 지적으로 통제하는 삶 사이의 차이일 뿐이다.

이런 식의 유형들의 대조는 역사적으로 유대인의 심리에 잘 요약되고 있는 것 같다. 유대인의 심리가 역사 초기의 대단히 불행한 경험에서부터 발달했기 때문이다. 원래 다수의 유목 부족들이 생존을 위한 투쟁에서 서로 강력하게 뭉쳤고, 우리가 아는 바와 같이, 유대인 유형은 바빌론 유수(幽囚) 동안에 전형적인 특징을 발달시켰다.

유대인들은 바빌론에서 고통을 견뎌내고 살아남기 위해서 고통 자체를 정당화할 필요가 있었다. 그 고통을 정당화할 수 있는 유일한 길은 노예 같은 처지를 당분간 신이 자신들의 신앙의 강도를, 말하자면 자기 자신에 대한 믿음의 강도를 시험하기 위해 내린 운명으로 받아들이는 길뿐이었다. 그리하여 유대인에게 독특한 집단 죄의식이라는 개념이 생겨났고, 아울러 같은 이유로 먼 미래에 특별한 운명을 구체화하기 위해 신에게 선택받은 민족이라는 이데올로기가 생겨나게 되었다. 따라서 유대인들은 철학적 의미에서 말하는 최초의 역사학자들이 되었다. 사건들을 단순히 기록하는 단계를 넘어 자신들의 경험을 초자연적인 관점에서 해석한 것이다. 말하자면 그들에게 일어난 모든 일은 섭리에 의해 미리 예정된 어떤 깊은 의미를 지녀야 한다는 뜻이다. 유대인들은 운명이 강요한 불행한 경험을 바탕으로 역사를 계획적으로 다듬어냈으며, 이는 개혁에 대한 그들의 열망을 설명해준다. 공개적으로 그리스도에 반대하고 또 암묵적으로 반(反)유대인의 태도를 보인 니체가 역사를 의식적으로나 고의적으로, 한마디로 이성적으로 만들어내는 것이 가능한지 여부를 묻는 질문으로 이 같은 태도에 도전한 것은 우리 시대 들어서의 일이다.

망명 중인 유대인들은 니체가 "노예의 도덕"이라고 부른 것을 기꺼이 채택했을 뿐만 아니라 같은 이유로 이집트인들의 문화적 노예도 되었다. 유명한 미국 고고학자 제임스 헨리 브레스테드(James Henry Breasted)는 유대인들이 이집트 문화에 기생했다는 점을 의심의 여지가 없을 만큼 확실히 증명했다. 이처럼 차용한 문화를 바탕으로 한 삶은 문명의 역사에서 보편적인 현상이다. 대체로 보면 승자는 희생자, 그러니까 피정복자들의 문명을 취한다. 그 이상한 과정의 수많은 예들 중에서 여기서는 다만 이오니아 족이 이주하던 선사시대에 그리스 반도를 북쪽에서 침공한 정복자들과 우리 시대에 모든 이들의 눈에 선민이라는 유대인의 이데올로기를 제시하고 있는 독일인만을 언급한다. 이상하게도, 외국 문명의 이 같은 동화와 영적 활용은 평균적인 유형이 외국 이데올로기를 흡수하는 것과 정확히 일치하며 개인적인 관계에서 대리적 삶이라고 부르는 것에서 그 속편을 보이고 있다.

대리적인 삶의 의미는 본인의 에고를, 혹은 에고들의 총합으로서 민족을 직접적 삶과 그에 따른 자아의 낭비로부터 보호하는 데 있는 깃 같다. 당연히 이 수법은 실패하게 되어 있다. 자연이 속지 않아서뿐만 아니라 그런 시도 자체가 삶의 핵심을 부정하는 탓에 파괴적이기 때문이다. 그런데도 이 대리적 삶이 유대인의 경우에만은 성공했다. 유대인은 영원히 차용한 문화를 바탕으로 삶으로써 다른 민족과 문명을 버텨냈으면서도 승리한 민족들과 달리 결코 그 차용한 문화를 자신의 문화로 받아들이지 않았다. 승리한 민족들은 정복의 죄의식에다가 피정복자의 문화까지 차지한 데 대한 죄의식까지 겹치게 되면서 결국 사라진다. 따라서 유대인은 외적으로 자신이 살고 있는 외국 문명을 받아들이는 한편으로 내적으로 자신의 진정한 자아를 살 수 있었다. 반면에 다른 문명을 정복한 자들은 실제로 차용한 문화를 바탕으로 살고, 이 차용한 문화가 조만간 불가피하게 민족의 파산을 초래할 것이다.

자신의 성격적 구성과도 반대이고 또 자신의 사고방식과도 나른 문명들 안에서 사는 유대인의 이런 상징적인 삶으로부터, 우리는 반유대주의에서 확인되듯이 온갖 차이에 대한 강조에도 불구하고, 양 당사자에게, 특히 이런 상황에서 생겨나는 전반적인 심리에 결정적으로 중요한, 특성들의 상호 동화가 일어난다는 결론을 끌어낼 수 있을 것이다. 정도의 차이만 있을 뿐, 융합은 필요하고 또 불가피한 과정으로 여겨져야 한다. 내가 볼 때, 유대인이 피상적으로만 동화하지 않고 주인의 특징들을 진정으로 모방하려고 하는 한, 그 유대인은 주인의 특징들이 자신과 맞지 않기 때문에 "신경증" 환자가 되거나 신경증 환자처럼 보일 것이다. 그런 한편 그 주인도 마찬가지로 유대인의 특질들이 유익하다는 이유로 그것들을 취하려 하는 경우에 외국적인 경향의 동화를 통해서 신경증을 일으키게 된다. 두 개인 사이의 관계에도 이와 똑같은 과정이 일어난다. 상대방의 특질들을 지나치게 많이 받아들일 경우에 혼동을 일으키며 신경증적 행동을 하게 된다. 그러나 유대인의 예에서, 이것은 다수계 민족과 확연히 다른 소수계에게 전형적으로 나타나는 그런 인류의 보편적인 문제가 된다. 타고난 육체적 차이나 이데올로기의 차이가 열등한 것으로 느껴지는 한, 한쪽 당사자가 유대인이든 아니든 관계없이 그런 문제는 같은 민족 혹은 문명의 구성원들 사이에서나 다른 문명들의 구성원들 사이에서나 똑같이 일어날 수 있다.

그래서 도덕과 심리 같은 관념들의 세계에 끼친 유대인의 영향은 반유대주의를 설명하는 성격 유형에 나타나는 모순적인 모습에서 쉽게 확인된다. 창조에 따른 죄의식은 현대에 들어와서 니체와 입센에 의해 도덕적 질병으로 진단하는 형태로 나타나고 있는데, 이 같은 죄의식에서 비롯된 인간 양심의 억제적인 힘은 유대인에게 그들의 주인에 의해서 밖에서 강요되었고 유대인 본인에 의해 그들의 억제적인 도덕규범으로 받아들여졌다. 따라서 유대인의 부정적이고 집단적인 죄의식은 처벌에 대한 두려움으로 인해 삶을 박탈당한 결과이지, 문화의 진짜 창조자의 경우처럼 창조적 무례함의 결과가 아니다. 그렇다면 죄의식에 대한 프로이트의 설명은 억제적인 삶의 유형에는 맞을지 몰라도 그와 정반대인 창조적 삶의 유형에는 맞지 않다. 창조적 삶의 유형에겐 프로이트의 설명이 치료적인 측면에서는 통할지 몰라도 그 유형의 심리에는 통하지 않는다. 그런데도 프로이트의 이데올로기가 우리 시대에 문화적으로 창조적인 유형에게 받아들여졌다. 창조적인 유형에겐 정신분석 이데올로기가 자신의 창조적 양심에 위안으로 작용하기 때문이다. 그것이 위안이 될 수 있는 이유는 창조적 양심이 실제로 보면 내면적 무례함에서 비롯되는데도 정신분석에서는 외부의 위협을 바탕으로 설명하기 때문이다.

한마디로 말해, 서구 문명의 타락한 남자는 자신의 진짜 심리에 낯선 정신분석 이데올로기를 자신의 쇠의식에 의해 억세되고 지진 본능들을 쉽게 정당화하는 것으로 받아들였다. 한때 절망에 빠진 인류가 기독교 안의 유대교 도덕을 해방의 이데올로기로 받아들인 것처럼 말이다. 그럼에도 거기엔 중요한 차이가 있다. 기독교의 경우에는 새로운 해석을, 다시 말해 케케묵은 이데올로기를 현재의 요구에 맞게 다시 살려낸다는 것을 의미했던 반면, 정신분석은 단순히 기존의 남자 유형에 대한 정당화와 위안을 제시하고 있다. 여기서 우리는 문화적 공생의 가장 이상한 역설을 만난다. 시간과 공간을 초월하여, 어떤 한 유형의 사람이 다른 유형의 진짜 심리를 하나의 치료적인 이데올로기로 받아들일 경우에, 이 치료적인 이데올로기가 두 유형의, 인류의 전반적 심리로 선언된다는 점이다.

이런 관점에서 본다면, 내가 이미 말한 바와 같이, 프로이트의 신경증 이론은 유대인의 위치를 우리 시대의 문명 안에 투사하는 것으로 이해될 수 있다. 마르크스가 억압당한 유대인의 운명을 특권을 누리지 못하넌 프롤레타리아 계급, 즉 자본주의 국가의 "노예"로 투사한 것과 똑같다. 이같은 인식에 따르면, 프로이트는 문명에서 개인의 고통만을 볼 수 있었을 뿐 창조적인 성취에서 긍정적인 확신을 보지는 못했다. 그래서 그는 외부의 제한을 약화함으로써 "치료적으로" 누그러뜨려질 수도 있는 고통의 "원인"으로 좌절에 따른 죄의식만 알게 되었다. 그러나 유대인이 창조적인 삶에 참여할 기회를 박탈당한 것은 외부에서 강요된 것이고 또 그의 심리로 받아들여졌기 때문에, 그 박탈은 유대인에게 "신경증"으로 발전하지 않았다. 그러나 자신의 도덕적 양심에 내적 제한을 스스로 세우는 창조적인 유형의 인간(혹은 민족)이라면 그런 상황에서 "신경증"을 일으킬 수 있다. 그런 한편 유대인도 주변의 창조적 유형으로부터 이런 내면적 억제를 흡수하는 동안에 이 창조적 유형의 이데올로기가 자신에게 낯설 경우에는 마찬가지로 신경증을 일으킬 수 있다.

유대인의 심리

가장 오래된 문명, 즉 바빌로니아 문명의 영원한 매개자로서 유대인의 역사적 역할을 이런 식으로 논한다고 해서 현대의 불화의 세계에서 유대인의 현재나 미래의 운명에 대해 이런저런 식으로 평가한다는 뜻은 아니다. 하지만 이렇게 말할 수는 있을 것이다. 내가 볼 때 유대인이 "약속의 땅"에 그들만의 진짜 문명을 창조하기 위해 새로운 박해의 물결에 시달리는 것은 좋은 징조인 것 같다. 그런데 분명 "약속의 땅"은 약속만 하고 실현되지 않는 한에서만 이롭다. 유대인의 존속을 생각한다면 다행하게도, 다른 민족처럼 되고 싶어 했던, 말하자면 국가와 왕이 있는 자신만의 땅을 갖고자 했던 유대인의 원래 욕망은 번번이 좌절되었다. 나라를 갖고 싶어 하는 욕망의 좌절이 유대인의 존속에 다행이었다고 하는 이유는 나라가 실현될 경우에 유대인도 다른 모든 문명들과 마찬가지로 사라지게 되어 있기 때문이다.

유대인이 영원히 박해를 받는 한 가지 이유는 특권을 누리지 못하는 사람이 누리는 듯한 그 생존 기회의 특권에서 발견된다. 이는 생물학적으로도 빈곤한 계급 사이에 인구가 특히 많이 증가한다는 사실로 뒷받침되고 있다. 다윈과 그의 모호한 "적자생존"에도 불구하고, 자신의 환경에 가장 잘 적응한, 따라서 가장 강력한 개인이 언제나 생존의 기회를 가장 많이 누리는 것은 아니다. 심지어 동물의 왕국에서도 그런 현상이 나타난다. 왜냐하면 그 같은 개체는 지나칠 정도로 전문화되어 있고, 따라서 위기의 시대가 닥치면 적응력이 보다 뛰어난 생명체에 비해 불리한 입장에 놓이기 때문이다. 만약에 적자생존의 "법칙"이 거꾸로 해석된다면, 말하자면 생존한 개체가 적자라는 식으로 해석된다면, 적자생존의 법칙은 무의미할 뿐만 아니라 오도하고 있기도 하다. 따라서 반유대주의는 인종에 따른 증오이기보다는 어떤 유형에 대한, 다시 말해 불리한 점이 어느 정도 유리하게 작용하면서 영원히 생존할 수 있는 현실적인 바탕을 제공받는 그런 유형에 대한 분개일 가능성이 더 크다.

유대인이 인간 문명에서 한 역할이 세계 역사를 무대로 인간의 본성과 행동의 심리학적 역설들을 보여주고 있을지라도, 공생을 통한 동화를 들려주는 이야기는 하나 더 있다. 앞의 이야기에 비해 그 바탕을 보면 훨씬 더 심오하고 인간의 본성에 미친 영향을 보면 훨씬 더 중요하다. 왜냐하면 이 이야기는 세대를 이어가는 문화의 영속화에 관한 것이 아니고 생명의 핵심에 관한 것이기 때문이다. 인간 종의 영속성이 바로 그 이야기이다. 지금 우리는 이미 길게 논의한 그 문제에 대해 언급하고 있다. 말하자면 여자가 남자가 만든 세상에서 차지하는 위치, 남자가 여자에게 부여하고 또 여자가 외부로부터 강요된 것으로 받아들인 여자의 지위에 대해 언급하고 있다. 이런 의미에서, 여자가 삶에서 차지하는 위치와 여자의 심리는 유대인의 그것과 종종 비교되어 왔다. 여자가 역사 내내 노예나 다름없는 대우에 복종하고, 인간의 모든 악의 희생양으로 정기적으로 박해를 받고(중세의 마녀사냥), 악 자체의 "원인"으로 묘사되었다는 점에서 보면 그렇다. 저주가 아닐 수 없다. 유대인은 희생양이 됨으로써만 아니라 인간 존재의 내면에 있는 악에 대한 설명으로 최초의 심리학을 발명함으로써 이 저주를 여자로부터 넘겨받았다. 덧붙여 말하자면, 내가 볼 때에 최초의 심리학을 발명했다는 사실이 유대인을 증오하는 가장 깊은 이유인 것 같다. 왜냐하면 유대인이 자신에게 가해진 처벌을 정당화하기 위해 인간의 내면에 있는 악의 원천을 지적함으로써, 악의 대리자가 되고 악 자체를 의미하게 되었기 때문이다.

여자를 대하는 경멸적인 태도는 지금도 프로이트의 여자 개념에 그대로 나타나고 있다. 프로이트는 여자를 남자의 성적 욕망을 충족시키게 되어 있는, 남자의 욕망의 "대상"으로만 보았다. 여자를 거세된 남자로 보는 프로이트의 심리학은 그가 남자 중심의 시각에서 여자를 'no-man'으로 보고 있음을 말해주는 증거이다. 그렇게 함으로써 그는 단지 여자의 진정한 심리까지 닿지도 않은 상태에서 전통적인 편견을 따랐다. 한참 시간이 흐른 뒤에야, 말하자면 자신의 심리 치료 경력이 끝날 때쯤에야 그는 "여성의 심리학"을 다시 발견할 때라고 생각했다. 말하자면 어린 소녀의 발달을 소년의 발달과 분리시킬 필요가 있다고 판단한 것이다. 여성의 심리를 분리하길 꺼리던 그의 태도는 그렇듯 점진적으로만 극복되었다. 그것도 자신의 일부 추종자들, 특히 여자들과의 이론적 불일치를 거치면서였다. 프로이트의 그 같은 망설임은 그런 차이를 인정할 경우에 그의 근본적인 개념인 오이디푸스 콤플렉스가 무효화될 것이라는 사실로 이해될 수 있다. 마지못해, 그래서 순수하게 이론적으로만, 프로이트는 아주 중요하게 여겨왔던 아버지라는 존재를 두 번째 자리로 끌어내리면서 소녀의 발달에는 어머니가 지배적인 역할을 맡는다는 점을 인정했다.

프로이트의 여자 개념은 남성 심리학에서 나온 것일 뿐만 아니라 보다 구체적으로는 구약 성경의 가부장적 태도에서 나온 것이었다. 과학적으로 본다면, 이는 남자까지도 그에게 심리학적으로 남자로 인식되지 않고 아버지나 예비 아버지 혹은 예비 아들로 인식되었다는 의미이다. 즉 프로이트에게는 남자가 종(種)의 생물학적 계획에서 하는 생식적 역할이 중요했다는 뜻이다. 여기서 다시 우리는 구약 성경이 문화적으로 좌절된 민족을 위한 유일한 불멸의 수단으로 생식을 강조하고 있다는 점을 확인한다. 프로이트의 여자 개념은 자신의 권리를 행사하는 그런 독립적인 개인이 아니고 남자의 생식적인 이데올로기를 위한 도구이다. 이 점에서, 여자의 생식적인 본질은 생식적인 것으로 받아들여지지 않고 생물학적 불멸을 추구하려는 남자의 욕구에 이바지하게 된다. 따라서 유대인들 사이에 엄격한 성적 터부가, 섹스를 금지하는 것이 아니라 실제로 보면 섹스를 권장하지만 원시인들의 족외혼과 반대로 유대인 이외의 여자와의 성교를 비난하는 그런 터부가 생겨났다. 결과적으로 원시인들 사이에 불가능했던 근친상간의 관계가 구약 성경에 아주 많이 나오게 되었고, 그래서 프로이트는 고대에 이데올로기의 문제였고 현대에 와서 도덕적 이슈가 된 근친상간의 문제를 현실주의적으로 인식하게 되었다.

프로이트의 여자 개념은 구약 성경 속의 가부장적 태도의 결과처럼 보인다. 그러나 그것으로 인해 그도 그의 선배들, 예를 들면 쇼펜하우어와 니체, 그리고 그의 동시대인인 오스트리아 철학자 바이닝거(Otto Weininger)가 성 심리학에서 겪은 것과 똑같은 혼동의 희생자가 되었다. 이들은 유대인의 심리와 여자의 심리를 서로 비교했다. 프로이트의 이론 체계에 여자의 진정한 심리가 거의 없듯이, 거기서 유대인의 심리를 찾아봐야 아마 헛수고일 것이다. 그럼에도 유대인은 어쨌든 비(非)유대인과

322

는 다른 특별한 심리를 가져야 한다. 이런 역설적인 현상을 해결하기 위한 시도로, 나는 다음과 같은 결론을 내렸다. 프로이트의 일반 심리학에서 구체적인 유대인의 심리가 노예화되었다거나 열등하다거나 거세되었다고 묘사되는 여자에게로 전적으로 투사되고 있는 반면, 남자의 심리학에서 남자의 특징들은 리비도 넘치는 초인으로 과장된 것 같다고 말이다.

여자가 역사의 처음부터 실제로 유대인과 비슷한 운명으로, 말하자면 억압과 노예제도, 억압, 박해 등으로 고통을 받았기 때문에, 유대인이 초기의 불행한 운명의 결과로 갖게 된 심리는 기본적으로 여자의 심리였다고 할 수 있다. 그러므로 프로이트가 자신의 이데올로기에서 무의식적으로 시도한 것은 유대인의 그런 여자 같은 특징들을 여자에게로 투사하는 것이었으며, 그리하여 유대인을 위한 일종의 자기 치료를 성취하고 있다.

구약 성경에 표현되어 있는 강력한 아버지의 이상이라는 이데올로기가 약화되는 것을 막기 위해 이처럼 유대인의 열등 콤플렉스를 여자에게로 투사하는 것은 당연히 실패로 끝나게 되어 있었다. 최초의 반응은 아들러에게서 나왔다. 아들러는 열등을 그 소유자인 남자에게로 즉각 돌려주었으나 그와 동시에 자신만의 심리와 어떤 성격을 추구하려는 여자의 노력을 여자의 역할에 반대하며 남자의 모습을 추구하려 하는 "남성 지향"(masculine protest) 이외의 다른 차원에서는 보지 못하는 한계를 드러냈다. 여자는 적어도 생물학적으로 남자보다 우수하며, 여자에 대한 남자의 두려움에 그 뿌리를 내리고 있는 남자의 열등감에서 본다면 분명 "거세된" 존재로 여겨질 수 있다. 성 심리학의 이런 측면은 융에 의해 강조되었다. 융은 동시에 프로이트의 이론에서 어떤 인종 심리학을 감지했지만 이 인종 심리학은 융으로 하여금 자신만의 또 다른 인종 심리학으로 그것을 상쇄하도록 만들었을 뿐이다.

이 같은 심리학적 혼돈과 확산이 지니는 문화적 의미는 복합적이고 또 중요하다. 프로이트가 창조적인 표현을 "신경증"이라고 부르는 것도 남자의 열등감을 여자에게로 투사하는 것과 비슷하다. 해석상의 이런 실수들은 모든 인간의 심리학을 어떤 신경증적 세계관의 공통분모로 전반적으로 평등화하는 결과를 낳는다. 이 신경증적 세계관에 따르면, 인간의 사고와 행동의 거의 모든 징후에는 "병적"이거나 "비정상"이라는 딱지가 붙게 된다. 거기서 예외가 될 수 있는 것은 결코 실패할 수 없는 기준이라고 주장하는 심리학뿐이다. 이 기준은 아주 정교하게 위장한 이성적인 자아로 인식되기 쉽다. 따라서 심리학의 용어를 보면, 이성적인 관점에서 의식적으로 통제된 자아는 모든 비이성적인 징후에 "신경증"이라는 꼬리표를 붙이고 있다. 그리하여 "신경증"이라는 용어는 우리 시대에도 자신이 동의하지 않거나 인정하지 않는 모든 것에 붙일 딱지로 편리하게 사용되고, 아니 남용되고 있다. 이 점에서 본다면, 합리적인 심리학은 단지 우리 시대의 사고방식의 결과물에 지나지 않는다. 그런데 우리 시대가 이성을 지나치게 강조하다 보니 지금은 비이성적인 것은 신경증적 형태로만 표현될 수밖에 없는 지경에 이르렀다. 그러나 합리주의의 이 같은 결과를 합리성을 더욱 강조하는 쪽으로 치유하려는 시도는 전쟁을 종식시키기 위해 전쟁을 일으키거나 약화되고 있는 민주주의를 더욱 많은 민주주의로 강화하려고 하는 것만큼이나 모순적이다.

유일한 치료법은 인간 존재와 삶에서 확인되는 근본적인 비이성적 측면을 전반적으로 받아들이는 것이다. 우리의 기본적인 "원시성"을 인정하고 우리의 대표적인 지식인들의 혈관 속으로 흡수해야 할 뿐만 아니라 그 원시성이 인간의 행동에서 역동적으로 기능할 수 있도록 해줘야 한다는 뜻이다. 인간의 행동은 비이성적인 원시성이 배제될 경우에 생생하지 못할 것이다. 비이성적인 요소가 이성적인 삶과 더불어 그런 식으로 건설적이고 역동적으로 표현될 기회를 누리지 못할 때, 그 요소는 폭력적으로 왜곡되어 터져 나오게 된다. 이 왜곡은 개인의 경우에는 신경증으로 나타나고, 문화적으로는 다양한 형태의 혁명적 운동으로 나타난다. 그런데 이 혁명적 운동은 비이성적이기 때문에 성공하는 것이지 비이성적임에도 성공하는 것은 아니다.

나는 어떤 보완적인 심리학의 필요성을 이해한다. 실제로 보면 삶의 모든 차원에서 그런 심리학이 작동하고 있는 것이 확인되고 있다. 그런 예를 들자면 우리가 "쌍둥이 관계"라고 이름을 붙인 거기서 확인되듯이, 개인마다 '더블'의 개념을 갖고 있는 것에서부터 시작하여, 대중이 일탈자의 예외적인 심리를 받아들이는 현상, 또 전 세계에 걸쳐서 한 문명이 다른 문명에 작용하는 문화의 확산 과정에 이르기까지, 우리 삶의 아주 넓은 범위에서 확인되고 있다. 에고가 '자기'가 되기 위해선 '너'가 필요하다. 인간관계라는 개인적인 차원에서도 그렇고, 외국의 집단 이데올로기라는 사회적 차원에서도 그렇고, 어떤 문명이 발달과 보전을 꾀하기 위해 다른 문명을 필요로 하는 그런 넓은 바탕에서도 그렇다. 이 과정에 작용하는 비극적인 요소는 에고가 강인한 자기를 구축하기 위해 '너'를 필요로 하면서도 이 '너'에게 맞선다는 점이다.

개인적 치료에서 이 보완적인 '너'가 부분적으로만 흡수되고 또 부분적으로는 서로 교류되는 것과 똑같이, 문화적 확산뿐만 아니라 영감을 불어넣는 모든 이데올로기들은 최종적으로 보면 치료적이다. 말하자면 반대 유형으로부터 지지를 차용함으로써 개인적이든, 사회적이든, 국가적이든 어떤 자아를 강화한다는 뜻이다. 이 점에서 본다면, 우리가 성격을 이루고 있는 내용물을 보여줌으로써 개인의 심리학 그 너머로까지 끌고 갈 필요는 없다. 왜냐하면 성격 형성이 그 성격상 개인을 벗어나 있는 것이 확실하기 때문이다. 자기의 심리는 타자에게서도 발견되게 되어 있다. 이때 타자는 개인적인 너가 될 수도 있고, 영감을 불러일으키는 지도자의 이데올로기가 될 수도 있고, 아니면 다른 문명의 공생적 확산이 될 수도 있다. 이 공생적 쌍둥이 관계가 상호 보완적으로 작용하는 한, 그 관계는 치료적이다. 말하자면 기껏 일시적으로만 이어질 차용한 힘을 바탕으로 한 것이기는 하지만 그래도 강화의 효과를 발휘한다는 뜻이다. 그러나 2개의 상반된 성격이나 이데올로기 혹은 문명들이 차이를 강하게 내세우는 한, 개인적인 관계의 경우에는 혁명적 성격의 폭력적인 반응들이 일어나고, 보다 큰 규모에서는 사회적 위기 같은 것이 일어나게 되어 있다. 그러면 이 반응들은 이성적인 자아로부터 신경증이라는 비난을 듣게 된다. 인간 존재와 삶 전반에 있는 근본적인 비합리성을 받아들이고 그 비합리성이 인간 행동에서 역동적으로 기능할 수 있도록 허용한다면, 인류가 향상을 꾀하기 위해 개인적 및 사회적 능력을 충분히 발휘할 발판이 마련될 것이다.

오토 랑크는 누구인가?

오토 랑크(1884-1939)는 지그문트 프로이트가 '리틀 랑크'라 부르며 가장 아끼던 제자였다. 랑크가 1905년에 정신분석과 인연을 맺게 된 것도 프로이트를 통해서였고, 직업학교를 나와 자물쇠 제조공으로 일하던 랑크에게 돈을 대주며 공부를 다시 하도록 해 심리학자가 되도록 이끌었던 사람도 프로이트였다. 프로이트의 전폭적인 지지를 받는 가운데 정신분석 분야에서 성장을 이뤘지만, 학문적 깊이가 더해질수록 프로이트와의 거리는 더욱 벌어지게 되었다.

당시에 프로이트 추종자들 사이에는 이론에서나 치료 과정에서 프로이트의 이론을 충실히 따르는 분위기가 강했는데, 랑크는 스승의 이론을 무조건적으로 따르기를 거부했다. 급기야 프로이트 추종자들 사이에 랑크를 따돌리는 현상까지 나타났다. 그러자 랑크는 이들의 등살에 버티지 못하고 1926년에 프랑스 파리로 옮겼다가 1935년에 미국으로 영구히 이주했다. 이때엔 랑크의 재능을 높이 평가했던 스승 프로이트도 랑크에게 등을 돌렸다. 한마디로, 랑크는 프로이트 이론의 반항아였다.

그러다 보니 랑크가 생전에 정신분석이나 심리치료 분야에 기여한 공로가 제대로 평가받기 어려웠다. 심지어 에리히 프롬 같은 심리학자는 1939년에 랑크의 '의지 치유법'에 대해 나치 스타일의 철학이라고 혹평하기도 했다. 그러다 1970년대 들어서 심리학자 롤로 메이와 칼 로저스, 작가 아나이스 닌 등을 통해 랑크는 재평가를 받기에 이르렀다.

오늘날 랑크의 심리학은 '창의성의 심리학'이라 불리며, 액션 러닝이나 집단적 문제해결, 팀 구축, 리더십 개발과 조직 학습 등에서 널리 활용되고 있다. 모든 사람의 위대성은 바로 자기 자신의 경계를 뛰어넘는 능력에, 또 자신이 소중히 간직해온 이데올로기를 깨부술 수 있는 능력에 있다는 것이 랑크의 지론이다.

랑크가 정신분석의 경력을 따지자면 아버지나 다름없는 프로이트에게 맞설 수 있었던 힘은 어디에서 나왔을까? 랑크는 어떤 한 사람을 추종하며 살기에는 자기주장이 뚜렷하고 관심의 폭이 너무 넓었다.

프로이트를 만나던 때 이미 랑크는 미술과 음악, 문학, 인류학, 역사, 과학, 철학 분야에 조예가 상당히 깊었다. 알프레드 아들러가 랑크를 프로이트에게 소개한 것도 랑크가 프로이트의 꿈 이론을 예술가들의 창의성에 적용시킨 원고가 계기였다고 하니, 랑크에겐 분명 천재성이 있었다.

프로이트의 이론에 대한 도전으로 여겨진 랑크의 책은 1924년에 발표된 『출생의 외상』이었다. 아이와 어머니의 관계에 새롭게 초점을 맞춘 책이었으니, 아들과 아버지의 관계를 강조하는 오이디푸스 콤플렉스를 바탕으로 한 프로이트의 이론을 그 근간부터 흔들어놓을 수도 있는 책이었다. 이 책에 대해 프로이트는 처음에는 "정신분석 발견 이후 가장 위대한 진전"이라고 극찬했다. 그러나 랑크가 미국 등에서 강연을 통해 하는 행태를 보고는 그것이 프로이트 이론을 확장하는 것이 아니라 랑크 본인의 이론을 내세우는 것이라고 판단하면서, 프로이트는 애제자에 대한 사랑을 거둬들였다. 이때 프로이트는 랑크의 변화에 대해 미국 물을 먹은 결과라고 생각했다. 그런 분위기 속에서 랑크는 프로이트 학파 이너 서클의 칼 아브라함, 이니스트 존스 같은 인물에 밀려 이 책이 나오고 2년 뒤에 오스트리아를 떠났다. 프랑스를 거쳐 1935년에 미국에 정착한 랑크는 펜실베이니아 대학에서 학생들을 가르치고, 뉴욕에서 심리치료 활동을 하면서 심리치료사로 성공을 거두었다.

랑크는 충동보다 의식적인 의지를, 기억이나 역사보다 현재를, 전이보다 실제 관계를 더 중요시했다. 낡은 사고와 감정, 행동과 결별하는 것이 곧 심리적 성장과 발달의 핵심이라는 견해를 갖고 있었다. 그런 관점에서 그는 환자마다 다 다른 이론을 적용했다. 랑크의 기본적인 입장이 이렇다 보니, 프로이트와의 결별은 어쩌면 운명이랄 수 있다. 심리학은 절대로 과학이 될 수 없다는 것이 그의 신념이었으니 말이다. 그런 랑크에겐 프로이트의 심리학도 수많은 심리학들 중 하나일 뿐이었다.

랑크는 새로 이주한 미국을 뜨겁게 사랑하면서 활발한 활동을 펴다 그만 1939년에 신장 감염으로 55세의 나이에 세상을 떠났다. 그의 스승이었던 프로이트가 의사의 도움으로 83세에 영국 런던에서 자살을 하고 겨우 한 달 뒤의 일이었다.